BIBLIOTHÈQUE
LATINE-FRANÇAISE

PUBLIÉE

PAR

C. L. F. PANCKOUCKE.

PARIS. — IMPRIMERIE DE C. L. F. PANCKOUCKE,
Rue des Poitevins, n° 14.

TRAGÉDIES

DE

L. A. SÉNÈQUE

TRADUCTION NOUVELLE

PAR M. E. GRESLOU

TOME PREMIER.

PARIS
C. L. F. PANCKOUCKE
MEMBRE DE L'ORDRE ROYAL DE LA LÉGION D'HONNEUR
ÉDITEUR, RUE DES POITEVINS, N° 14

M DCCC XXXIV.

INTRODUCTION.

Il n'y a point de peuple moderne qui puisse être bien venu à reprocher aux Latins leur imitation presque servile de la littérature et des arts de la Grèce. Nous avons tous fait la même faute, si c'en est une, ou nous avons subi les mêmes conditions de l'existence humaine, si c'est une loi fatale pour les peuples nouveaux de traduire en leurs langues et d'approprier à leurs époques les monumens des littératures antérieures. Sous ce rapport même nous sommes en quelque sorte plus étonnans que les premiers imitateurs de la Grèce. Depuis l'âge de Thésée jusqu'au siècle d'Auguste, aucun principe nouveau n'avait été mis dans le monde; Rome adorait les mêmes dieux qu'Athènes, et lorsque, après avoir achevé son œuvre de guerre et de conquête, elle voulut recueillir aussi l'héritage intellectuel des peuples vaincus, rien ne s'opposait à ce qu'un théâtre païen prît place dans la ville éternelle à côté des temples païens. Nous, au contraire, nous sommes tombés dans cette contradiction remarquable, d'être chrétiens à la messe et païens à l'Opéra, comme l'a dit Voltaire. Nous aussi nous nous sommes parés des dépouilles du paganisme vaincu : la même puissance qui avait plié le génie conquérant des Romains sous le génie plastique des Grecs, a soumis notre foi, notre science, notre morale chrétiennes à l'adoration de ce qu'elles devaient détruire, au culte de ce qu'elles avaient remplacé. Il nous a fallu percer la couche épaisse de civilisation que dix-sept siècles avaient formée sur les débris de l'ancien monde, pour en exhumer des richesses qui ne l'ont pas empêché de périr; et comme ces Romains qui allaient demander l'initiation des arts, de la philosophie et des lettres à une ville que Sylla avait presque noyée dans le sang de ses habitans, nous nous sommes mis à l'école de ces Grecs et de ces Romains que la science juive et le glaive des Barbares avaient dépossédés en même temps du double empire qu'ils exerçaient sur les idées et sur les choses.

Et si cette manie de refaire ce qui a été fait nous semble surtout préjudiciable en ce que, ramenant sans cesse l'esprit humain sur un thème usé, elle remplace nécessairement les créations nouvelles qui pourraient surgir par des contrefaçons ou des copies des anciens modèles, le mal est encore bien plus grand chez nous que chez les Romains. Nous ne croyons pas sans doute, pour ne parler que du théâtre, que les tragédies d'Eschyle, de Sophocle et d'Euripide, les comédies d'Aristophane et de Ménandre, n'aient été traduites ou imitées qu'une seule fois dans la langue romaine; mais il est sûr au moins que jamais elles ne l'ont été aussi souvent que chez nous : Rome alors était le monde; ce n'était qu'à Rome, et dans la langue de Rome, que l'on traduisait le théâtre des Grecs : aujourd'hui que les royaumes ont germé sur les débris de l'unité païenne, et que la poussière du grand empire a produit de tous côtés une moisson de peuples nouveaux et vivans de leur vie propre, des centres nombreux se sont formés, les langues sont arrivées à l'âge littéraire, et, par suite, les traductions, les imitations, les reproductions plus ou moins serviles des littératures anciennes se sont multipliées, non plus dans une seule capitale, comme autrefois à Rome, non plus dans une seule langue, mais dans toutes les capitales et dans toutes les langues de l'Europe moderne. Le mal, comme on voit, s'est agrandi dans une effrayante proportion.

Que l'Italie donc ait pris aux Grecs leurs sciences, leurs arts et leur littérature, c'est une vérité certaine ; mais cette vérité ne peut être un reproche adressé par nous aux Latins, puisque nous les avons imités nous-mêmes dans leur imitation ; et ce qu'il y a de plus curieux à observer dans ce rapprochement, c'est que ni de leur part ni de la nôtre ce joug d'une influence étrangère ne fut volontairement accepté. Mêmes efforts à Rome et à Paris pour échapper à cette étreinte fatale, même protestation du génie moderne et du génie romain contre l'envahissement du génie antique et du génie grec, même résistance et même inutilité dans la résistance.

Ce fut vers le temps de la seconde guerre contre Carthage, que Rome sentit les premières atteintes de la Grèce.

« Rome alors, dit M. Michelet[*], recevait docilement

---

[*] *Histoire romaine*, tome II, page 87.

en littérature le joug de la Grèce, comme en politique celui de l'aristocratie protectrice des Grecs, celui des Metellus, des Fabius, des Quintius, des Émilius, des Marcius, des Scipions surtout. Ces nobles orgueilleux qui foulaient si cruellement la vieille Italie, dont les armes leur soumettaient le monde, accueillaient avec faveur les hommes et les mœurs étrangères. Ils fermaient Rome aux Italiens pour l'ouvrir aux Grecs. Peu à peu s'effaçait le type rude et fruste du génie latin. On ne trouvait plus de vrais Romains que hors de Rome, chez les Italiens, par exemple à Tusculum en Caton, et plus tard dans ce paysan d'Arpinum qui fut Marius. »

Cette invasion des idées étrangères avait pour chef politique le premier Scipion, pour chef littéraire le vieil Ennius, qui tous deux poussaient à l'hellénisme, l'un par ses mœurs, par son langage, par l'autorité de son nom, l'autre par ses écrits. Le génie du vieux Latium se leva pour défendre son originalité compromise, et leur suscita deux puissans adversaires, un homme d'état et un poète, Caton et Névius. Caton se déclara l'ennemi personnel des Grecs, et des Scipions qui les avaient pris sous leur patronage; Névius attaqua les uns et les autres dans ses vers mordans et pleins de sel, mais rudes comme le génie latin qu'il représentait. La lutte fut longue et les succès balancés. Le parti national sembla un moment vaincu : Névius, banni par la cabale victorieuse des Scipions, s'exila de Rome en prédisant à ses concitoyens que, lui mort, ils n'auraient plus personne pour leur apprendre à parler leur langue : mais le génie persévérant de l'homme d'état vint au secours du poète ; Caton vengea l'exil forcé de Névius par l'exil volontaire de Scipion, qui, en mourant, déclara sa patrie ingrate, et la déshérita *de ses os* parce qu'elle avait repoussé dans sa personne les mœurs, les idées et les arts de la Grèce.

Mais ce triomphe du génie latin ne fut pas de longue durée ; il semble même que la Grèce ne fut un instant repoussée de Rome que grâce au zèle immodéré de ses patrons qui voulaient l'y faire entrer avec trop de puissance et de fracas ; naturellement et sans violence, elle devait s'emparer de cette terre vers laquelle un certain vide attirait tous les souffles de l'Orient. Caton lui-même, le plus ardent défenseur du génie latin, finit par reconnaître l'inutilité de sa résistance ; il étudie les lettres grecques avant de mourir, et, tout en maudissant le génie corrupteur et la perversité des Grecs, il déclare à son fils qu'il est peut-être bon d'effleurer leurs arts. Après lui, Rome n'eut plus qu'à se laisser aller tout ouvertement dans cette voie, où une puissance mystérieuse l'entraînait ; et cent ans plus tard les compatriotes d'Ennius avaient mérité l'épithète que ce poète calabrois leur avait donnée : ils étaient Grecs autant qu'ils pouvaient l'être, c'est-à-dire autant qu'un peuple qui adopte les idées d'un autre peut cesser d'être lui-même.

La même chose est arrivée chez nous, avec la même résistance du génie national ou plutôt de l'esprit moderne. « Si les Latins, dit La Harpe, ont tout emprunté des Grecs, nous avons tout emprunté des uns et des autres. » Mais ce qui nous semble n'avoir pas été assez remarqué, c'est que nous devons plus aux premiers qu'aux seconds, et que notre imitation de la littérature grecque est avant tout une imitation de la littérature latine. Il suffit de comparer attentivement les trois littératures pour s'en convaincre. C'est en copiant nous-mêmes les premiers copistes que nous avons reproduit les originaux; c'est à Rome que nous avons pris Athènes, c'est par l'Italie que la Grèce nous est venue.

L'imitation des Romains et la nôtre une fois placées sur la même ligne, il s'agit de les qualifier toutes deux, et d'en trouver la raison : elle est tout entière, selon nous, dans les conditions mêmes de l'existence humaine, qui, considérée d'un point de vue élevé, se résume toujours en une œuvre synthétique, en une majestueuse unité; trame savante qui se développe à travers le temps sous la main des générations. Sous d'autres rapports, cette unité du travail de l'homme est peut-être plus sensible; en politique, par exemple, et en morale, on découvre plus facilement cette liaison des faits qui nous montre l'œuvre d'un peuple se poursuivant chez un autre peuple, la vie des anciens continuée par les modernes. Mais la même loi n'agit pas moins dans la littérature et dans l'art. La distraction seule empêche de l'y voir, et sans doute aussi l'erreur commune, qui, ramenant l'art pour ainsi dire à lui-même, prétend lui donner je ne sais quelle existence absolue et indépendante de la vie réelle des sociétés.

Séparé de toutes les circonstances qui l'inspirent et le modifient, retiré du temps et de l'espace, l'art n'a plus qu'une existence abstraite, vague et idéale. Mais, considéré comme l'expression d'une œuvre et d'une pensée, il acquiert une valeur plus positive, une forme plus saisissable; il devient pour ainsi dire actif, et se mêle à la vie humaine. Debout sur le faîte d'une société parvenue à la complète expression de son principe, il reprend les idées générales au point où le dernier peuple, avant de s'éteindre, les a laissées, et les augmente ou les modifie de tout le travail qui s'est accompli dans la société qu'il représente.

De ce point de vue, l'imitation des Grecs par les Romains, celle des anciens par les modernes, s'offrent à nous comme la continuation d'une œuvre éternelle qui se déroule dans le temps, qui se poursuit toujours et ne se recommence jamais; ancienne parce qu'elle se fait dès le commencement; nouvelle parce qu'elle se fait encore aujourd'hui; toujours même et toujours autre, comme dirait Platon. Tout se suit, tout s'enchaîne dans cette ŒUVRE merveilleuse des peuples et des siècles: les premiers hommes avaient semé; d'autres, plus tard, sont entrés dans leurs travaux; et, après avoir recueilli ce qui n'était point venu par leurs soins, ils ont dû semer eux-mêmes pour transmettre à leurs successeurs l'héritage qu'ils avaient reçu.

Si les Romains n'avaient fait que traduire en leur langue les chefs-d'œuvre littéraires de la Grèce, les Romains n'auraient point de littérature : il faudrait en dire autant des modernes, s'ils s'étaient bornés à une reproduction stérile de l'antiquité; mais il n'en est point ainsi; dans la littérature latine, on reconnaît l'empreinte du génie romain, et dans toutes nos littératures le cachet du génie moderne. Le peu d'étendue de cette notice ne nous permet pas de donner à cette idée les développemens nécessaires, ni de l'exposer avec détail. Mais tout ce que nous pourrions dire ne serait que la justification de ce principe évident par lui-même, que chaque peuple, placé dans des conditions particulières de temps et de lieu, a une physionomie propre, une personnalité distincte, un caractère sien, qui se retrouvent nécessairement dans la part qu'il a prise à l'œuvre humaine.

Il semble jusqu'ici que, dans le jugement porté sur la littérature latine, on ait pris au pied de la lettre ce nom de Grecs donné aux Romains par Ennius, peu de temps après la seconde guerre punique. On a oublié que l'imitation des formes n'a rien de commun avec le fond des idées. En admettant que, dans les lettres et les arts, la Grèce ait découvert le beau, et nous ait transmis des modèles qui ne nous ont guère laissé que le mérite de les imiter, il faut toujours comprendre que le beau dans l'art n'est que la meilleure manière d'exprimer des idées quelconques, et que ces modèles ne se rapportent qu'à la forme et à la manifestation de ces idées. Que Rome ait tout pris à la Grèce, il faut en convenir; mais s'ensuit-il qu'elle n'y ait pas ajouté? qu'elle ne nous ait transmis exactement que ce qu'elle avait reçu? il n'est pas permis de le croire. En principe, l'œuvre humaine ne demeure pas stationnaire d'un peuple à l'autre, d'un siècle à l'autre; en fait, la comparaison des deux littératures marque la différence et le progrès. Dans Virgile, par exemple, le poète romain, nous trouvons trois poètes grecs résumés en un seul, Homère, Hésiode et Théocrite; mais toutes les différences de temps et de lieu sont parfaitement observées. La description des enfers dans l'*Énéide* n'est point la servile copie de celle de l'*Odyssée*; les *Géorgiques* sont romaines ; et si le poète bucolique reste Grec dans quelques églogues, il ne l'est point dans Gallus, il est presque chrétien dans Pollion. Ainsi de toute la littérature vraiment latine: Horace n'a pas seulement reproduit les idées de Pindare, de Stésichore et d'Alcée; il a mis dans la forme grecque l'esprit de son temps, il a touché l'avenir en s'appuyant sur le passé. Il faut en dire autant de Lucrèce, de Catulle, d'Ovide et des poètes latins qui n'ont pas écrit seulement pour écrire, et qui ont pensé que le premier point pour faire de l'art, c'était d'avoir une idée à exprimer.

Voilà comment nous croyons qu'il faut comprendre l'imitation littéraire. Cette manière n'a pas l'inconvénient de stériliser l'art en l'isolant de tout ce qui peut lui prêter une valeur positive. Envisagé comme l'expression des idées et des faits de chaque époque, il devient le témoin du passé, le représentant des peuples dont il éternise la mémoire et les œuvres ; il marque le rapport des temps et la succession des idées. De ce point de vue, les questions d'art sont vraiment utiles, et servent à résoudre d'autres questions plus graves et plus profondes ; au lieu qu'en séparant l'art de ce qui le fait vivre, de manière à ne lui laisser d'autre but et d'autre fin que lui-même, on se perd dans un abîme de divagations stériles, et de questions mal posées, sans fruit et sans sagesse, comme celle qui fut agitée au dix-septième siècle sur le mérite relatif des anciens et des modernes.

Il ne s'agit donc plus de s'enquérir si les Romains ont une littérature propre, si cette littérature est inférieure à celle des Grecs. On a déjà trop dit de paroles inutiles sur ce texte. Les Romains ont dû prendre des idées générales au point même où la Grèce les avait laissées, et c'est ce qu'ils ont fait. Au temps d'Ennius et de Scipion, l'âge littéraire n'était pas venu pour l'Italie; à cette époque, le génie d'Athènes eût étouffé celui de Rome, et déjà, sans l'opposition vigoureuse du parti national, la langue latine allait être sacrifiée à la grecque, parce qu'elle était faible encore pour les œuvres de l'art, comme au treizième siècle l'italien fut méprisé par Pétrarque, et faillit céder au latin l'épopée catholique du moyen âge. C'est qu'une littérature est pour ainsi dire le testament de mort d'une société qui, avant de commencer à mourir, doit avoir fini de vivre. Rome, au temps de Scipion, n'était point encore arrivée à ce point culminant où l'on ne peut plus que descendre; il lui restait encore quelque chemin à faire pour atteindre la plénitude et remplir le cadre de sa destinée. Ni la langue, ni les idées n'étaient mûres, pas plus que le cercle politique n'était complet dans les vagues et flottantes limites de l'empire. Ce ne fut que plus tard, au temps de César et d'Auguste, que Rome devait trouver une littérature au bout de ses conquêtes.

À ce moment, elle put imiter la Grèce impunément, et sans compromettre l'originalité de son génie; elle avait en elle-même tous les élémens de sa littérature, elle était sûre d'exprimer ses propres idées dans la forme étrangère qu'elle empruntait. De plus, cette forme devenaît sienne par l'emploi. Le monde oriental, à cette époque, était épuisé de sève et de vie; la forme s'affaissait, n'étant plus soutenue par l'esprit; l'art, après avoir tout dit, tout exprimé, ne savait plus où se prendre : il était temps que le monde occidental ou barbare vînt remplir le moule sans le briser. C'est ce que firent les Latins. Homère avait fermé les temps héroïques et ouvert l'âge de l'histoire : Virgile à son tour ferma le monde païen, et annonça les siècles nouveaux, comme Dante, après treize siècles de catholicisme, vint fermer le moyen âge, et marquer le point de départ de ce qu'on nomme les temps modernes. L'épopée d'Homère est grecque, celle de Virgile est romaine, celle du Dante est catholique : mais au fond ces trois poëmes n'en font qu'un. C'est la même épopée qui se déroule et se continue, comme l'œuvre humaine dont elle est l'expression croissante et progressive*. Les Grecs avaient localisé dans leur pays les faits obscurs des premiers âges, et donné la forme de leur génie à ce que l'Orient leur avait transmis des traditions primitives. La science et l'antiquité se résumaient en eux, quoique Bacon leur reproche d'avoir ignoré tout ensemble et l'antiquité de la science et la science de l'antiquité. Pour continuer l'œuvre humaine, il fallait, au temps d'Auguste, continuer l'œuvre des Grecs, de même qu'au quatorzième siècle il fallut continuer celle des Romains. Voilà comment Virgile fut le

---

* *Voir* ce point de vue très-heureusement développé dans l'*Étude sur Virgile*, en tête du premier volume de la traduction de ce poète, par M. Charpentier, professeur de rhétorique au collège royal de Saint-Louis.

poète universel après Homère, et Dante le poète catholique après Virgile. Rome avec l'*Énéide* reçut les origines de Troie et son berceau dans l'Orient. Par le poète florentin, la vie des peuples modernes se rattache à celle de l'ancien monde, en traversant l'Italie pour arriver à la Grèce, et la Grèce pour atteindre au commencement de toutes choses.

Ainsi une littérature considérée du point de vue le plus élevé, n'est que l'expression de la vie d'un peuple: d'où il s'ensuit que tout peuple a sa littérature propre, imitée sans doute, en la manière que nous avons dite, mais originale encore et tout empreinte des conditions spéciales de temps et de lieu qu'elle doit réfléchir. Une littérature est un fruit du temps qui suppose toujours une longue existence antérieure, et qui, comme les fruits de la terre, ne garde qu'un moment les couleurs et les parfums de la maturité. L'âge heureux où l'homme sent en lui toute sa vie, suppose l'enfance et la jeunesse dans le passé, la vieillesse et la décrépitude dans l'avenir. La virilité d'un peuple, c'est cette époque de force et d'accomplissement, de calme et de plénitude, qui marque l'entier développement des facultés. Telle fut pour les Romains l'époque d'Auguste, où Rome avait touché tous les points du cercle qu'elle devait remplir, et où il ne restait plus qu'à poser les bornes de toutes choses. Ces bornes furent en effet posées, dans la littérature comme dans la politique, pour un seul moment; car le sommet d'une montagne n'est qu'un point presque sans étendue entre deux longues pentes, l'une qu'il faut monter, l'autre qu'il faut descendre. En gravissant la pyramide romaine, on rencontre, avant d'arriver au faîte, Ennius et Scipion; au faîte même, Virgile et Auguste; au dessous du côté de la descente, Sénèque et Néron, le commencement, la force, la décadence, la jeunesse, la virilité, la vieillesse, trois âges qui résument la vie des sociétés comme celle des individus.

C'est à ce dernier âge de la littérature latine qu'appartient le poète dont nous avons à parler, l'auteur, quel qu'il soit, du *Théâtre* qu'on attribue à Sénèque. La tragédie est regardée généralement comme la partie faible de cette littérature; Boileau, Racine, La Harpe en ont porté ce jugement. Nous ne voulons certes pas y contredire; mais il est juste d'observer que cette sentence, rendue contre la tragédie latine en général, ne doit frapper que les restes de ce genre de littérature qui sont parvenus jusqu'à nous; le siècle d'Auguste échappe nécessairement à cette décision, puisqu'aucune tragédie de cette époque n'a été soumise à l'appréciation des critiques. Leur jugement ne porte donc que sur le *Théâtre* de Sénèque, débris de la décadence. Reste à examiner si le génie romain dans sa force pouvait enfanter des œuvres comparables à celles du temps de Périclès, et si la tragédie, qui n'est après tout qu'une forme à exprimer des idées, trouvait à Rome les mêmes conditions d'existence et de succès qu'elle avait trouvées dans Athènes. Virgile, Varius, Ovide, à n'en pas douter, avaient composé des tragédies dont nous connaissons même les titres; c'étaient les premiers génies de l'époque et les plus capables de lutter contre les modèles de la Grèce. Horace parle aussi d'un certain Titius, dont il demande avec intérêt, « s'il se livre en vers pompeux à de tragiques fureurs*. »

Dans un autre endroit**, cet excellent juge se plaît à reconnaître aux écrivains de son époque d'heureuses dispositions pour ce genre de poëme : « Le génie romain, dit-il, ne manque naturellement ni d'élévation, ni de force; il a l'accent tragique et montre une heureuse audace. » Il est vrai qu'il ajoute : « Nos auteurs craignent trop les ratures et les corrections. » Mais que penser de cette parole ? Elle s'applique évidemment à tous les écrivains de l'époque en général, et cependant ceux de ces auteurs dont les œuvres nous sont parvenues, ne nous semblent en rien inférieurs aux plus grands d'entre les Grecs. On peut croire qu'il en serait de même des poètes tragiques, si le temps les avait épargnés.

Cette erreur, de voir toute la tragédie latine dans le *Théâtre* de Sénèque, a fait chercher dans la nature même du génie romain, dans les institutions, dans les mœurs, des raisons à l'appui du jugement abusif qu'on en a porté. Ce qu'on a pu dire dans ce sens, Horace l'avait déjà dit. Il ne cache pas le peu de goût des Romains pour la tragédie, ou plutôt leur préférence pour d'autres spectacles moins nobles et moins dignes de leur attention. « Ce qui effraie, dit-il, et chasse de la scène le poète le plus hardi, c'est de voir la multitude ignorante et stupide, sans mérite et sans dignité, mais fière de la puissance du nombre, et prête à fermer le

---

* *Épîtres*, livre Ier, ép. 3, *An tragica desœvit et ampullatur in arte.*

** *Épîtres*, livre II, ép. 1.

poing si les chevaliers la contrarient, demander au milieu de la pièce un ours ou des lutteurs. C'est là ce qui charme la populace. » Mais de ce que la foule grossière et brutale ne savait point goûter ces nobles jeux du théâtre, il ne s'ensuit pas que les œuvres qu'elle dédaignait fussent indignes de plaire à de meilleurs juges. Horace lui-même en fait un éloge que ne méritent point à notre avis les tragédies de Sénèque, et qui devait nécessairement s'adresser à quelque chose de mieux. Il déclare en propres termes que la tragédie latine est ce qu'elle doit être, *quum recte tractent alii*. « J'admire, dit-il encore, le poète qui tourmente mon cœur pour des maux imaginaires, qui l'irrite ou l'apaise à son gré, et le remplit de fausses terreurs; qui, comme un magicien, me transporte tantôt à Thèbes, et tantôt dans Athènes*. » La conséquence que nous voulons tirer de ce passage s'appuie encore sur le témoignage de Quintilien, qui, après avoir avoué la faiblesse de la comédie latine, cite avec éloge quelques tragédies romaines, et surtout la *Médée* d'Ovide**; il donne même à entendre que le *Thyeste* de Varius était comparable à tout ce que les Grecs avaient laissé de plus parfait en ce genre.

Après avoir montré que le jugement porté sur la tragédie latine ne regarde que les tragédies de Sénèque, nous demanderons quelle est au fond la valeur d'un pareil jugement? Aujourd'hui qu'il n'y a plus de questions purement littéraires, il est difficile de savoir pré-

---

* *Épîtres*, livre II, ép. I.
** Quintilien, *Institution oratoire*, livre x.

cisément ce que c'est qu'une bonne tragédie. La Harpe le savait; mais on ne le sait plus guère depuis lui. La tragédie est chose humaine et suit le mouvement des sociétés. Si les hommes du siècle de Louis XIV voyaient dans la tragédie grecque le type et la perfection du genre, pourquoi ne l'ont-ils pas mieux imitée? pourquoi même sont-ils plus redevables au tragique romain, pour lequel assurément ils ne cachaient pas leur mépris? C'est que, dans ce dernier, il y avait à la fois décadence et progrès, et que, tout en exaltant la belle simplicité du théâtre d'Athènes, nos grands poètes sentaient profondément la différence des temps et les conditions particulières de leur époque : Corneille, Racine, Voltaire ont imité Sénèque en mille endroits, sans en rien dire, tandis qu'ils parlaient beaucoup de Sophocle et d'Euripide, qu'ils n'imitaient pas. Un examen comparé de la *Phèdre* grecque, de l'*Hippolyte* latin et de la *Phèdre* de Racine, mettrait cette vérité dans tout son jour. En retranchant de la dernière tout ce qui est moderne, tout ce qui est français, on y trouvera la pièce latine, comme, en ôtant de celle-ci tout ce qui est romain, tout ce qui est du siècle de Néron, il n'en restera plus que les élémens primitifs de la tragédie grecque. Voilà comment nous concevons la difficulté d'établir un jugement juste en cette matière, et de prononcer en dernier ressort et d'une manière absolue sur le mérite des trois tragédies dont il s'agit. Ce qu'il y a de mieux à dire, c'est que chacun d'eux a été le meilleur en son temps, puisqu'il en exprimait la vie et les idées. Nous concevons la supériorité de la *Phèdre* de Racine sur celle de Pradon, celle de l'*Antigone* de Sophocle sur l'œuvre de quelque mauvais poète du même temps; nous concevons que les pièces d'un théâtre puissent être classées suivant leur mérite relatif, parce que la raison de ce jugement est prise dans les conditions mêmes de l'époque; mais qu'on doive abaisser un siècle pour en élever un autre, en les jugeant du point de vue d'un idéal qu'on ne connaît pas encore, c'est à quoi nous ne pouvons souscrire.

Le *Théâtre* de Sénèque, nous l'avons déjà dit, représente, pour nous, toute la tragédie latine. Le temps ne nous a rien laissé des poëmes de ce genre qui furent écrits au siècle d'Auguste, et de tous ceux des temps antérieurs il ne nous reste que de très-courts fragmens. Ce fut l'an de Rome 514, que Livius Andronicus donna, pour la première fois, ce spectacle aux Romains : ses tragédies étaient des traductions du grec. Après lui vint Névius, dont Horace* disait qu'on ne lisait pas les ouvrages, mais qu'on les savait par cœur ; il fut suivi d'Ennius, le plus chaud partisan des Grecs au temps de la seconde guerre punique; de Pacuvius, à qui Cicéron paraît accorder le premier rang dans ce genre**; d'Accius enfin ou Attius, dont Horace*** vante la profondeur. On parle aussi d'un Afranius, poète comique, mais qui composa quelques tragédies. Ce fut le premier âge du théâtre latin.

Plus tard, on dit que Varron, le plus savant des Romains, Jules César, Quintus Cicéron, frère du grand

---

* *Voyez* Horace, *Épîtres*, liv. II, ép. 1.
** *Voyez de Optimo genere oratorum*, in initio.
*** Horace, au lieu déjà cité.

orateur; Virgile, Auguste, Turanius, et Aristius Fuscus, ami d'Horace, écrivirent pour la scène tragique. Quintilien parle avec éloge d'une *Médée* d'Ovide; mais rien ne reste de ces compositions, qui seules pourraient nous donner une juste idée de la tragédie latine. Cicéron lui-même avait traduit, à ce qu'il paraît, un grand nombre de pièces du théâtre grec; en général, presque tous les écrivains latins, mais surtout les orateurs, avaient traité ce genre comme un exercice utile pour l'éloquence.

Après Auguste, sous les règnes de Caligula et de Claude, peu de temps avant Sénèque, fleurit un auteur de tragédies, le meilleur de l'époque, au jugement de Quintilien* : c'est Pomponius Secundus. Tacite parle d'un décret impérial tendant à réprimer l'irrévérence du peuple envers ses ouvrages, et l'auteur du *Dialogue sur la corruption de l'éloquence* le cite comme un exemple de la vie honorable et glorieuse que donne le culte des Muses; mais il ne nous est rien resté de ses ouvrages, non plus que de ceux de Maternus, l'un des interlocuteurs du même Dialogue, homme de talent, qui avait aussi composé quatre tragédies, *Médée*, *Thyeste*, *Caton* et *Domitius*. Ces deux dernières étaient tirées de l'histoire romaine, comme leur titre même l'indique; mais en général les sujets des tragédies latines étaient empruntés à la tragédie grecque. Horace parle avec éloge des écrivains qui avaient osé mettre sur la scène des faits tirés de l'histoire nationale, *celebrare domestica facta*.

---

* *Institution oratoire*, livre x, 1, 98.

Mais ce n'était guère qu'une exception, comme chez nous; et cela doit être, par la raison que l'actualité n'est jamais poétique : tandis que la distance et le temps donnent aux hommes et aux choses une réalité plus grande, une forme plus arrêtée, et que le poète, au lieu de créer ses personnages, fait mieux de les prendre tout faits dans la mémoire des hommes, et vivant d'une vie plus forte que celle qu'il pourrait leur communiquer.

L'appréciation du *Théâtre* de Sénèque par La Harpe nous paraît pleine de justesse et de mesure : il fait la part des beautés et des défauts avec une sage impartialité. « On y trouve en général, dit-il, peu de connaissance du théâtre, et du style qui convient à la tragédie. Ce sont les plus beaux sujets d'Euripide et de Sophocle, traduits en quelques endroits, mais le plus souvent transformés en longues déclamations du style le plus boursoufflé. La sécheresse, l'enflure, la monotonie, l'amas des descriptions gigantesques, le cliquetis des antithèses recherchées, dans les phrases une concision entortillée, et une insupportable diffusion dans les pensées, sont les caractères de ces imitations maladroites et malheureuses, qui ont laissé leurs auteurs si loin de leurs modèles.

« Il ne faut pas pourtant croire que les pièces de Sénèque soient absolument sans mérite : il y a des beautés, et les bons esprits, qui savent tirer parti de tout, ont bien su les apercevoir. On y remarque des pensées ingénieuses et fortes, des traits brillans, et même des morceaux éloquens et des idées théâtrales. Racine a bien su profiter de l'*Hippolyte,* qui est ce qu'il y a de mieux dans Sénèque.

« Les heureux larcins qu'on a faits à Sénèque font voir que, comme poète, il n'est pas indigne d'attention ni de louange; mais le peu de réputation qu'il a laissé en ce genre, et le peu de lecteurs qu'il a eu, sont la preuve de cette vérité, toujours utile à mettre sous les yeux de ceux qui écrivent, que ce n'est pas le mérite de quelques traits semés de loin en loin qui peut faire vivre les ouvrages, et qu'il faut élever des monumens durables, pour attirer les regards de la postérité. »

On peut reprocher néanmoins à cet habile critique de ramener à un point de vue moderne le jugement qu'il porte sur un écrivain de l'antiquité, quand il parle de *connaissance du théâtre* et du *style qui convient à la tragédie*. Qu'est-ce que le théâtre? est-ce quelque chose dont on connaisse le type nécessaire, éternel, invariable? Non, certes. Cette parole de La Harpe ne signifie donc rien autre chose, sinon que le tragique latin ne concevait pas la tragédie comme les modernes l'ont conçue plus tard. Les Grecs non plus ne la concevaient pas comme nous, et sous ce rapport ils méritent de la part du critique la même condamnation. Il faut en dire autant sur le *style qui convient à la tragédie*. Racine admirait certainement celui de Sophocle, mais il ne l'imitait pas; s'il eût fait dire, par exemple, à quelqu'un de ses personnages ce que le prince des tragiques grecs a mis dans la bouche de Déjanire* : « Hercule m'a donné plusieurs enfans; mais à leur égard il est tel qu'un laboureur qui, devenu possesseur d'un champ dans une

---

* Sophocle, *Trachiniennes*, acte I, sc. I.

terre éloignée, n'y paraît qu'au temps des semences et de la moisson, » la justesse de la comparaison n'eût pas empêché le public français d'en rire et de trouver que l'auteur n'entendait rien au style qui convient à la tragédie. Autre temps, autre goût. Cent ans avant Racine, un de nos vieux poètes, Robert Garnier, ne craignait pas de comparer la trace du sang d'Hippolyte à celle d'un limaçon :

> Comme on voit un limas qui rampe adventureux
> Le long d'un sep tortu laisser un tract glaireux.

Sa pièce était reçue avec enthousiasme : on trouvait que c'était là le vrai style de la tragédie ; Ronsard, l'aristarque du temps, proclamait la gloire immortelle de l'auteur, et le docte Amyot le félicitait en vers latins.

Ce n'est pas certes que nous ne trouvions rien à redire au style de Sénèque, il s'en faut même beaucoup. Mais, pour le juger, nous le comparons avec celui de Virgile ou d'Horace, et, sans prétendre définir le langage propre à la tragédie, nous disons que l'auteur est homme de la décadence, et qu'il écrit comme on écrit à ces époques. Son style est une ombre qui fait ressortir la lumière du grand siècle, comme celui de nos écrivains du jour met en relief la gloire de nos grands maîtres. Parvenue à son plus haut degré de puissance et d'unité, la pensée humaine s'affaiblit et se divise ; un certain trouble se répand dans les idées, et les esprits défaillans ne savent plus rien concevoir avec cette netteté, cette plénitude, cette puissance de vue, dont la condition première est le calme intellectuel. C'est un malheur dont il n'est pas besoin d'aller chercher l'exemple dans Sénèque ; mais on le trouve chez lui à un degré très-remarquable. Ce défaut peut n'être pas uniquement la faute du siècle, si ces tragédies sont réellement l'ouvrage de Lucius Annéus Sénèque le Philosophe. On sait qu'il était de cette famille espagnole des Annéus, chez qui l'emphase et le mauvais goût semblent un don naturel, un privilège héréditaire. Lucain et Florus prouvent, avec lui, cette vertu du sang. De plus, il paraît certain que, même au temps d'Auguste, le langage et le ton de la tragédie n'étaient rien moins que simples et naturels. Horace parle, dans son *Art poétique*, des *phrases ampoulées* et de *l'orgueil des grands mots*, que Télèphe et Pélée doivent rejeter dans le malheur et à cause de leur malheur ; ce qui prouve que, dans une position plus heureuse, ils pouvaient se les permettre :

Projicit ampullas, et sesquipedalia verba.

Dans un autre endroit*, voulant savoir si un de ses amis, dont il estime le talent, s'occupe de quelque tragédie, il demande en propres termes s'il se livre à la fureur et à l'emphase du vers tragique, *an*

Tragica desævit et ampullatur in arte.

Du reste, ce poète, d'un goût si pur, ne voit point, dans cette pompe et dans cette élévation du style, un défaut général de la tragédie latine. Elle pouvait être plus grandiose et plus imposante que la tragédie grecque, sans être pour cela plus mauvaise. Le génie romain le

---

* *Épîtres*, livre 1, ep. 3.

permettait, l'exigeait même. Ce qui nous choque dans Sénèque, c'est l'excès d'un esprit vigoureux, mais souvent faux et déréglé, qui ne sait pas garder une juste mesure. La grandeur des théâtres romains, la multitude des spectateurs, le besoin de frapper l'attention d'un peuple affamé de fortes émotions, et surtout de répondre à la magnificence de l'appareil théâtral*, de sorte que l'oreille fût remplie comme les yeux, avaient dû nécessairement introduire dans la tragédie romaine une pompe et une élévation de style inconnues sur les théâtres grecs et sur les nôtres. Le malheur de notre poète, c'est que chaque pensée qu'il veut exprimer le domine; il court après elle, et souvent il ne l'atteint pas; il monte, il s'élève, et ne trouve plus ce qu'il a cherché dans les nuages.

Au reste, les défauts qu'on peut lui reprocher sont trop connus et trop célèbres pour qu'il soit nécessaire de nous y arrêter long-temps. Le passage du *Cours de littérature* que nous avons cité plus haut les résume tous. Seulement, la critique du dix-huitième siècle, plus littéraire que philosophique, s'est trop exclusivement renfermée dans la question d'art, toujours vaine et toujours stérile, comme nous l'avons dit, quand on l'isole de toutes les circonstances de temps et de lieu qui seules peuvent lui donner une véritable importance. Les tragédies de Sénèque sont surtout une peinture fidèle et souvent hideuse de la société romaine, sous les règnes de Claude et de

---

* Horace nous en donne une idée. Voyez *Épîtres*, livre II, ép. 1, v. 87 et suiv.

Néron. C'est un sombre tableau dans lequel l'auteur semble avoir jeté précipitamment les débris du vieux monde qui s'éteignait sous ses yeux; nuls principes arrêtés, beaucoup de regrets, et plus encore de doutes; des lambeaux de morale et de poésie, disparates brillantes, jetées par intervalles pour l'effet*. On sent que l'auteur écrit comme il voit vivre, c'est-à-dire, au hasard, sans règle, sans mesure et sans conviction. La vertu, sous sa plume, perd toute réalité; le crime acquiert des proportions monstrueuses; il affirme et nie l'immortalité de l'âme, d'une page à l'autre; parle des dieux pour dire qu'ils n'existent pas, de la vie humaine comme d'une chose à laquelle il ne trouve pas de sens; mêle toutes les doctrines, toutes les opinions, comme un homme qui sait beaucoup et qui ne croit à rien.

La haine de la tyrannie, l'instabilité des grandeurs humaines, le regret de la vie primitive, et l'éloge de la médiocrité, reviennent souvent sous sa plume. Le premier de ces thèmes favoris est toujours, comme on le conçoit, le moins développé; mais son expression, pour être plus brève, n'en devient que plus forte, comme si, plus que toute autre, elle était le cri du cœur, témoin ces vers fameux et souvent cités:

> Victima haud ulla amplior
> Potest, magisque opima mactari Jovi,
> Quam rex iniquus.
>
> (*Hercul. fur.*, v. 923 et ss.)

Mais rien ne peint mieux l'état violent de la société ro-

---

* Purpureus late qui splendeat unus et alter
Assuitur pannus.
(Horat. *de Arte poet.*, v. 115 et ss.)

maine que certaines descriptions que nous n'oserions citer à cause de l'horreur et du dégoût qu'elles inspirent. On se demande, en les lisant, quel devait être ce peuple qui avait besoin de pareilles images pour se sentir vivre et s'émouvoir. Le supplice volontaire d'OEdipe, le festin d'Atrée, l'inventaire des membres d'Hippolyte fait sur le théâtre par son père, etc., nous semblent marquer le dernier terme de la dégradation romaine, ou plutôt de la corruption de l'ancien monde. De tels spectacles supposent un endurcissement des fibres du cœur si difficile à concevoir, qu'on croirait que le peuple romain, comme ce roi d'Asie qui s'était ôté la ressource du poison par l'usage du poison même, avait épuisé en lui, par l'abus, la source des émotions de tout genre. On dit que la délicatesse des Grecs avait trouvé la coupe d'Eschyle parfois trop pleine et trop enivrante ; celle où les tragiques latins versaient le crime et la douleur était bien d'une autre mesure et d'un autre goût ; il fallait une nourriture plus forte pour assouvir la sensualité grossière et dépravée du peuple-roi, qui s'asseyait au théâtre comme Vitellius à table ; il fallait des malheurs étranges, des crimes démesurés, pour exciter quelque émotion dans ces âmes durcies, que des images vraies n'eussent pas seulement effleurées ; il fallait remplacer la terreur par l'horreur, outrer les proportions de toutes choses, fausser la nature et la vérité pour leur offrir un spectacle qu'elles pussent aimer et comprendre. C'est surtout dans les rôles de femmes que l'époque se reconnaît. Les vertus de ce sexe ont disparu sur la scène, comme elles avaient disparu dans Rome, et sont remplacées par je ne sais quoi qui ne peut avoir de nom. Rien ne rappelle mieux les mœurs de ces femmes dont Sénèque le Philosophe a si bien parlé dans ses lettres, de ces matrones romaines qui en étaient venues à ne plus compter leurs années par les consuls, mais par le nombre de leurs maris; qui avaient la goutte comme des hommes, chose étrange qui ne s'était jamais vue que dans ce siècle, dit le moraliste; mais juste punition de leurs débordemens, puisqu'en prenant tous les vices de l'autre sexe elles avaient mérité d'en prendre aussi toutes les maladies. Dieu avait livré ce peuple à son sens dépravé*.

Toutefois, il reste une vérité qu'il est impossible de méconnaître : c'est que ce théâtre, malheureux fruit d'une époque de décadence, a puissamment influé sur le nôtre. Il n'en est pas que nos meilleurs écrivains aient copié plus commodément et moins remercié. On dirait qu'ils ont choisi la tragédie grecque pour l'exalter sans en rien prendre, et la tragédie latine pour en dire le plus de mal possible, tout en l'imitant. Ils ont fait deux parts de Sénèque; ils ont mis d'un côté les beautés pour se les approprier sans en rien dire, et de l'autre les défauts pour décrier, en les montrant, l'homme qu'ils avaient dépouillé. C'est ainsi que les bons esprits qui savent tirer parti de tout, dit La Harpe, ont profité du

---

* Nous ne faisons qu'indiquer ces considérations morales qui se peuvent tirer des tragédies de Sénèque ; on en trouvera le développement dans l'excellent ouvrage intitulé : *Études morales et littéraires sur les poètes latins de la décadence*, par M. Nisard.

bien et du mal qu'ils ont rencontré dans ses tragédies. Rotrou, Corneille, Racine, Voltaire, Crébillon, Le Mercier, Alfieri et beaucoup d'autres, ont largement puisé dans cette source commune et publique. Il nous a été impossible d'enregistrer tous les larcins plus ou moins heureux qu'on a faits à notre auteur, mais ceux que nous avons indiqués dans nos notes suffisent pour établir la preuve de ce que nous avançons.

La première question qui se présente quand on veut parler du *Théâtre* de Sénèque, c'est de savoir quel en est le véritable auteur; il est beaucoup de questions plus importantes que celle-là, mais il n'en est point de plus controversée. Heureusement que nul grave intérêt ne dépend d'un article de foi positif sur cette matière; car, après tant d'efforts pour l'éclaircir, nous serions plus embarrassés que les premiers critiques de formuler aucune assertion précise. Il nous semble même que cette question, si vivement débattue à une autre époque où elle devait exciter plus de sympathie, par des hommes bien plus savans que nous et qui y attachaient bien plus d'importance, est demeurée plus obscure que jamais. Les plus habiles critiques n'ont fait que l'embrouiller en voulant l'éclaircir, et les savantes mains de Juste-Lipse, des deux Scaliger, de Nicolas et de Daniel Heinsius, d'Isaac Pontanus, de Klotsch et de Jacobs, etc., au lieu de faire briller la lumière, ont assemblé plus de nuages.

La crainte de nous égarer dans ce dédale, faute d'un fil assez fort pour nous conduire, surtout après les traces décevantes que les commentateurs ont laissées derrière eux, nous fait une loi de nous arrêter à l'entrée :

> Quia me vestigia terrent,
> Omnia te adversum spectantia, nulla retrorsum.
> (Horat., *Epist.* lib. 1, ep. 1.)

Il nous suffira de montrer le résultat de leurs efforts, pour en faire sentir l'impuissance et la stérilité. Le plus grand nombre s'accorde à laisser à L. A. Sénèque le Philosophe, quatre de ces dix tragédies connues de tout temps sous son nom, *OEdipe*, *Hippolyte*, *les Troyennes* et *Médée*, comme les meilleures. Nous ne contesterons point cette paternité qu'on lui attribue ; il nous semble même assez juste de lui faire bonne part dans ces dix pièces orphelines que son nom seul peut-être a sauvées du naufrage, et portées à travers les siècles ; mais la raison qui les a fait déclarer siennes existe-t-elle vraiment, et les tragédies dont on lui fait hommage ont-elles sur les autres une supériorité réelle ? Ce serait encore une nouvelle question à décider, et presque aussi difficile que la question principale, à en juger par les contradictions des critiques à cet égard. Juste-Lipse, par exemple, exalte comme une œuvre *sublime, incomparable et digne du siècle d'Auguste*, les *Phéniciennes*, que Daniel Heinsius et beaucoup d'autres avec lui, notamment Racine, flétrissent de tout leur mépris. Même contradiction pour *les Troyennes*, la meilleure des tragédies de Sénèque, suivant Heinsius, la plus mauvaise au jugement de Juste-Lipse. Quand on voit deux critiques d'une autorité si grande et si respectable se heurter ainsi de front, avant de songer soi-même à rectifier ce que leurs sentimens peuvent avoir de faux et d'exagéré, on apprend à se défier des lumières que l'examen de ces tragédies semble offrir pour déterminer l'auteur soit de toutes, soit de quelques-unes. Ce seul exemple donne une assez juste idée de la manière dont les commentateurs ont procédé dans leurs recherches : toutes leurs hypothèses se sont détruites les unes par les autres; le dernier venu a prouvé l'erreur de ses devanciers, jusqu'à ce qu'un autre vînt lui prouver la sienne, et ainsi de suite. L'un a cru trouver dans les principes des stoïciens, qui se rencontrent à tous momens dans ces tragédies, une raison péremptoire pour les attribuer à Sénèque le Philosophe; mais un autre est venu qui a démontré, par beaucoup de passages, qu'elles étaient évidemment l'œuvre de quelque partisan des doctrines d'Épicure. L'hypothèse du premier se trouvait ainsi renversée, quand un troisième les a mis d'accord en produisant une foule de témoignages tirés des *Lettres à Lucilius*, et des traités philosophiques de Sénèque, par lesquels il est facile de voir que le philosophe, éclectique par excellence, allait et revenait d'Épicure à Zénon, et qu'à ce double titre il pouvait être ou n'être pas l'auteur des tragédies dont on cherchait le père.

Ainsi tous les fils qui devaient conduire les critiques jusqu'à la vérité se sont trouvés courts, ou se sont brisés dans leurs mains; tant d'efforts ne les ont menés qu'au doute, qui sera pour nous la science de Socrate, et dans lequel nous nous reposerons très-volontiers en reconnaissant l'impossibilité d'en sortir. Voici du reste les diverses conjectures hasardées par les critiques :

Pétrarque, Pierre Crinitus et Daniel Caïétan reconnaissent les dix tragédies pour être de L. A. Sénèque le Philosophe.

Érasme adopte la même opinion; mais il retranche *Octavie*, dans laquelle Sénèque joue un rôle, et qui ne peut sérieusement lui être attribuée.

Le P. Brumoi soutient que ce *Théâtre* n'est point de Sénèque le Philosophe, ni d'aucun autre membre de sa famille, mais d'un anonyme qui aura mis son œuvre sous un nom fameux alors dans la littérature latine.

Vulcanius, Delrio, Scriverius, Borrichius, n'hésitent pas à accorder à Sénèque le Philosophe la plus grande partie des pièces de ce *Théâtre*.

Suivant un des derniers traducteurs, l'abbé Coupé, Sénèque est l'auteur de toutes, moins *Octavie*; dans cette hypothèse, il les aurait composées pour l'instruction de son élève; mais il ne les aurait pas publiées ni reconnues pour siennes, par crainte de la jalousie de Néron, que ses doctes leçons n'auraient pas guéri de la manie poétique dont il était dominé jusqu'à faire mourir ceux qui composaient de meilleurs vers que lui.

Le dernier traducteur, Levée, pense au contraire que si Sénèque le Philosophe avait composé ces tragédies pour ramener son siècle à la vertu, comme on l'a dit (à tort, selon nous, car ce n'en était guère le moyen), il devait au contraire les publier pour appliquer le remède au mal, et qu'en tout cas il ne pouvait se défendre de les avouer pour siennes, vu que Néron n'aurait pas manqué de le reconnaître à son style.

Le même critique ajoute qu'il doute fortement que Sénèque soit l'auteur de ces tragédies. Il soupçonne qu'elles pourraient bien être de Pomponius Secundus, qui certainement avait composé des tragédies, dont aucune ne nous est parvenue, au moins sous son nom.

Puis il propose Méla, frère de Sénèque et père de Lucain, homme capable, exclusivement livré à l'étude de l'éloquence et des lettres, et que son père, M. Ann. Sénèque, mettait au dessus de ses deux frères, Luc. Ann. Sénèque et Gallion.

Puis il déclare qu'il abandonne la discussion et laisse aux savans du premier ordre le soin de résoudre ce problème : « Si Sénèque le Philosophe n'est point l'auteur des tragédies publiées sous son nom, ces tragédies sont-elles l'ouvrage d'un écrivain bien postérieur à Sénèque, ou celui d'un poète contemporain, ou parent du précepteur de Néron ? » Ce problème n'est pas nouveau, c'est précisément la question que les savans du premier ordre s'étaient faite et qu'ils n'ont pu résoudre avec certitude.

Puis enfin, et c'est par où peut-être il aurait dû commencer, il dit que « son intention ne fut jamais d'opposer son sentiment personnel à l'opinion la plus accréditée, qui attribue toutes les tragédies à Sénèque le Philosophe. » Conclusion fâcheuse, et qui réduit à rien tout ce qu'il a dit jusque-là. Son exemple serait bien propre à nous guérir de la velléité d'avoir une opinion personnelle en pareille matière. Cependant nous adoptons, comme conjecture et non comme certitude, le sentiment de Scaliger, de D. Heinsius et de quelques autres commentateurs, qui attribuent à Sénèque le Philosophe les quatre meilleures pièces du *Théâtre* qui porte son nom (nous les avons citées plus haut), sans prétendre au reste désigner l'auteur ou les auteurs de celles qui ne lui sont pas attribuées.

N. B. Sénèque le Tragique n'étant point pour nous un personnage réel et distinct du Philosophe, nous renvoyons le lecteur à la *Vie de Sénèque*, publiée en tête du premier volume de ses œuvres, par M. Ch. Du Rozoir.

E. GRESLOU.

SÉNÈQUE.

HERCULE FURIEUX.

DRAMATIS PERSONÆ.

JUNO.
HERCULES.
LYCUS.
MEGARA.
AMPHITRYON.
THESEUS.
CHORUS THEBANORUM.

PERSONNAGES.

JUNON.
HERCULE.
LYCUS.
MÉGARE.
AMPHITRYON.
THÉSÉE.
CHOEUR DE THÉBAINS.

ARGUMENTUM.

Hercules Megaram in matrimonium duxerat, filiam Creontis, qui regnum apud Thebanos obtinebat. Dum vero ille inferos, Eurysthei jussu, penetraret, Euboeus quidam, nomine Lycus, regnum occupat per seditionem, regemque et filios ejus occidit. Tum Megaram ad nuptias sollicitat, et vim parat abnuenti. At Hercules, opportuno reditu, factionem Lyci proturbat, ipsumque interficit. Haec tam feliciter gesta Juno non ferens, immittit illi furorem, quo correptus uxorem suam cum liberis trucidat. Quod ubi saniore mente intellexit, doloris impatiens, vix Amphitryonis et Thesei precibus detinetur, ne sibi mortem inferat, et Athenas cum Theseo purgandus proficiscitur.

ARGUMENT.

Hercule avait épousé Mégare, fille de Créon, roi de Thèbes; mais tandis qu'il descend aux enfers, par ordre d'Eurysthée, un Eubéen nommé Lycus excite une sédition, s'empare du trône, et fait mourir le roi avec ses fils. Cela fait, il offre à Mégare de l'épouser, et, sur son refus, se dispose à l'y contraindre par la force. Mais Hercule, revenant à propos, dissipe la faction de Lycus, et le tue lui-même. Junon, irritée de ces glorieux succès, jette dans son âme une fureur qui le porte à égorger sa femme et ses enfans. Revenu à lui-même, il reconnaît son crime. Sa douleur est si forte, que les prières d'Amphitryon et de Thésée ne peuvent qu'à peine l'empêcher de se donner la mort. Il part pour Athènes, avec Thésée, pour s'y purifier.

L. ANNÆI SENECÆ
HERCULES FURENS.

ACTUS PRIMUS.

SCENA I.

JUNO.

Soror Tonantis (hoc enim solum mihi
Nomen relictum est), semper alienum Jovem
Ac templa summi vidua deserui ætheris,
Locumque, cælo pulsa, pellicibus dedi.
Tellus colenda est; pellices cælum tenent.
Hinc Arctos alta parte glacialis poli
Sublime classes sidus Argolicas agit:
Hinc, qua tepenti vere laxatur dies,
Tyriæ per undas vector Europæ nitet:
Illinc timendum ratibus ac ponto gregem
Passim vagantes exserunt Atlantides.
Fera coma hinc exterret Orion deos;
Suasque Perseus aureas stellas habet:

HERCULE FURIEUX
DE L. A. SÉNÈQUE.

ACTE PREMIER.

SCÈNE I.

JUNON.

Sœur du dieu de la foudre, car c'est le seul nom qui me reste, j'ai fui cet époux toujours infidèle, et, me bannissant moi-même des demeures éthérées, j'ai quitté l'Olympe, et cédé la place à mes indignes rivales. Il faut bien habiter la terre, puisque les courtisanes ont pris le ciel. Là, sur la partie la plus élevée du pôle glacial, je vois l'astre brillant de Calisto, qui conduit les flottes d'Argos. Là, du côté où se font sentir les tièdes haleines du printemps, je vois le taureau qui ravit Europe la Tyrienne. D'un autre côté, dans ces astres errans et redoutés des navigateurs, je reconnais les nombreuses filles d'Atlas. Ici, Orion, qui étale son effrayante chevelure, et les étoiles d'or de Persée. Là, brillent les

Hinc clara gemini signa Tyndaridæ micant;
Quibusque natis mobilis tellus stetit.
Nec ipse tantum Bacchus, aut Bacchi parens,
Adiere superos : ne qua pars probro vacet,
Mundus puellæ serta Gnossiacæ gerit.

Sed vetera querimur : una me dira ac fera
Thebana nuribus sparsa tellus impiis
Quoties novercam fecit? escendat licet,
Meumque victrix teneat Alcmene locum,
Pariterque natus astra promissa occupet,
In cujus ortu mundus impendit diem,
Tardusque Eoo Phœbus effulsit mari,
Retinere mersum jussus Oceano jubar ;
Non sic abibunt odia. Vivaces aget
Violentus iras animus, et sævus dolor
Æterna bella pace sublata geret.
Quæ bella? quidquid horridum tellus creat
Inimica ; quidquid pontus aut aer tulit
Terribile, dirum, pestilens, atrox, ferum,
Fractum atque domitum est : superat, et crescit malis,
Iraque nostra fruitur ; in laudes suas
Mea vertit odia : dum nimis sæva impero,
Patrem probavi ; gloriæ feci locum :
Qua sol reducens, quaque reponens diem,
Binos propinqua tingit Æthiopas face,
Indomita virtus colitur, et toto deus
Narratur orbe. Monstra jam desunt mihi,
Minorque labor est Herculi jussa exsequi,
Quam mihi jubere : lætus imperia excipit.

Gémeaux brillans, fils de Tyndare, et les enfans de Latone, dont la naissance rendit à l'île de Délos son ancienne stabilité. Ce n'était pas assez de Bacchus et de sa mère dans le séjour des dieux ; pour qu'il n'y ait aucune partie du ciel exempte de cette profanation, la couronne d'Ariadne y trouve aussi sa place.

Mais ce sont là d'anciens outrages. Combien de fois la malheureuse Thèbes, féconde en femmes adultères et impies, n'a-t-elle pas donné à mon époux des enfans dont je n'étais que la marâtre ! Que la mère d'Alcide monte au ciel, et triomphe à ma place ; que les honneurs divins soient accordés à son fils, dont la naissance prit au monde un jour tout entier, le soleil ayant dû ralentir sa marche pour obéir à Jupiter, et retenir sa lumière captive au sein des flots ; je ne resterai pas sans vengeance. Mon cœur se remplira d'une haine implacable et vivante ; point de paix entre nous, mais une guerre cruelle comme mon ressentiment. La guerre ? — Mais tous les fléaux qu'une terre ennemie peut enfanter, tout ce que l'air et les flots peuvent produire de terreurs, de monstres, de pestes, de bêtes cruelles et sauvages, il a tout soumis, tout dompté. Il triomphe et se fortifie par les dangers même. Il jouit de ma colère, et trouve dans ma haine l'élément de sa gloire. Les travaux surhumains que je lui impose ne servent qu'à prouver sa haute origine ; je suis moi-même l'ouvrière de sa renommée. Aux lieux où le soleil, éteignant ou rallumant ses feux, noircit l'Éthiopien rapproché de ces deux points extrêmes, son indomptable courage lui fait dresser des autels, et l'univers tout entier le révère comme un dieu. Les mons-

Quæ fera tyranni jussa violento queant
Nocere juveni? nempe pro telis gerit
Quæ timuit, et quæ fudit: armatus venit
Leone et hydra. Nec satis terræ patent:
Effregit ecce limen inferni Jovis,
Et opima victi regis ad superos refert.
Parum est reverti; fœdus umbrarum perit.
Vidi ipsa, vidi, nocte discussa inferum,
Et Dite domito, spolia jactantem patri
Fraterna. Cur non vinctum et oppressum trahit
Ipsum catenis paria sortitum Jovi?
Ereboque capto potitur, et retegit Styga?
Patefacta ab imis manibus retro via est,
Et sacra diræ mortis in aperto jacent.
At ille, rupto carcere umbrarum, ferox
De me triumphat, et superbifica manu
Atrum per urbes ducit Argolicas canem.
Viso labantem Cerbero vidi diem;
Pavidumque solem: me quoque invasit tremor,
Et terna monstri colla devicti intuens,
Timui imperasse. Levia sed nimium queror:
Cælo timendum est, regna ne summa occupet,
Qui vicit ima. Sceptra præripiet patri:
Nec in astra lenta veniet, ut Bacchus, via;
Iter ruina quæret, et vacuo volet
Regnare mundo. Robore experto tumet,
Et posse cælum viribus vinci suis
Didicit ferendo: subdidit mundo caput,
Nec flexit humeros molis immensæ labor,
Mediusque collo sedit Herculeo polus;

tres manquent à ma vengeance, et il est moins difficile à Hercule d'exécuter mes ordres, qu'à moi d'ordonner. Il reçoit mes commandemens avec joie; et certes, que pourraient contre ce jeune et puissant guerrier les arrêts du tyran le plus barbare? Ses armes, ce sont maintenant les monstres qu'il a redoutés et qu'il a vaincus. L'hydre de Lerne et le lion de Némée font sa force dans les combats. La terre n'est déjà plus assez grande pour lui. Il a brisé les portes du Jupiter souterrain ; il est remonté vers les vivans chargé des dépouilles opimes du roi des morts. C'est peu même d'en revenir; il a rompu le pacte que le ciel avait fait avec les ombres. Je l'ai vu moi-même, je l'ai vu tirer le voile qui recouvre les abîmes des enfers, triompher du roi des morts, et venir étaler aux yeux de Jupiter les trophées ravis à son frère. Qui l'empêche de charger de chaînes et d'emmener captif ce dieu même, dont la puissance est égale à celle du maître des dieux ? Qui l'empêche de garder les enfers comme sa conquête, et de briser pour jamais les barrières du Styx? Il a bien pu trouver une voie pour remonter du séjour des mânes, et profaner, en les exposant à tous les yeux, les profondeurs mystérieuses de la mort. Tout fier d'avoir brisé les portes du séjour des ombres, il triomphe de ma puissance, et traîne insolemment le chien du Ténare à travers les villes de l'Argolide: j'ai vu le jour défaillir à l'aspect de Cerbère, et le soleil trembler ; moi-même j'en ai pâli, et, à la vue des trois têtes de ce monstre vaincu, je me suis repentie de l'ordre que j'avais donné. Mais ce sont là de faibles sujets de plainte : il faut craindre pour le ciel même. Vainqueur des divinités infernales,

Immota cervix sidera et caelum tulit,
Et me prementem. Quaerit ad superos viam:
Perge ira, perge, et magna meditantem opprime;
Congredere; manibus ipsa jam lacera tuis.
Quid tanta mandas odia? discedant ferae:
Ipse imperando fessus Eurystheus vacet.
Titanas ausos rumpere imperium Jovis
Emitte : Siculi verticis laxa specum.
Tellus gigante Doris excusso tremens
Supposita monstri colla terrifici levet.
Sublimis alias luna concipiat feras.

Sed vicit ista. Quaeris Alcidae parem?
Nemo est, nisi ipse : bella jam secum gerat.
Adsint ab imo Tartari fundo excitae
Eumenides : ignem flammeae spargant comae;
Viperea saevae verbera incutiant manus.

il pourrait triompher aussi de celles d'en haut. Il ravira le sceptre à son père : au lieu de s'élever lentement jusqu'au ciel, comme Bacchus, il voudra s'en ouvrir la route à travers des ruines, et régner seul dans l'univers après en avoir chassé tous les dieux. C'est l'épreuve de sa force qui lui donne cet excès d'audace; en portant le ciel, il s'est reconnu assez fort pour le vaincre. Sa tête s'est tenue ferme sous le monde, et ses épaules n'ont point fléchi sous cet immense fardeau. Le firmament tout entier, avec tous ses astres et moi-même qui le pressais de tout mon poids, a reposé sur Hercule sans l'ébranler. Maintenant il cherche à envahir le ciel. Poursuis, ô ma colère ! poursuis; frappe-le au milieu de ces vastes projets. Dresse-toi en bataille contre lui; déchire-le de tes propres mains. Pourquoi chercher ailleurs l'instrument d'une haine si forte ? Laisse là tous les monstres; laisse là Eurysthée, il n'a plus de force pour commander. Déchaîne contre ton ennemi les Titans, qui osèrent attaquer Jupiter lui-même; lâche le prisonnier que presse le volcan de Sicile; que le géant monstrueux soulève sa tête effroyable, enchaînée sous le poids de la terre de Doris; que la lune, du haut des cieux, laisse tomber de nouveaux monstres qu'elle aura conçus.

Mais tous ces fléaux, il les a surmontés : veux-tu trouver un rival à Hercule? il n'en peut avoir d'autre que lui-même : qu'il se fasse donc la guerre à lui-même. Il faut appeler du fond des enfers les terribles Euménides; qu'elles viennent en agitant leur chevelure de flammes, et en brandissant dans leurs mains cruelles leurs fouets de serpens enlacés.

I nunc, superbe, cælitum sedes pete;
Humana temne. Jam Styga et manes ferox
Fugisse credis? hic tibi ostendam inferos.
Revocabo, in alta conditam caligine
Ultra nocentum exsilia, discordem deam,
Quam munit ingens montis oppositi specus.
Educam, et imo Ditis e regno extraham
Quidquid relictum est. Veniat invisum Scelus,
Suumque lambens sanguinem Impietas ferox,
Errorque, et in se semper armatus Furor.

Hoc, hoc ministro noster utatur dolor.
Incipite, famulæ Ditis: ardentem incitæ
Concutite pinum; et agmen horrendum anguibus
Megæra ducat, atque luctifica manu
Vastam rogo flagrante corripiat trabem.
Hoc agite: pœnas petite violatæ Stygis:
Concutite pectus: acrior mentem excoquat
Quam qui caminis ignis Ætnæis furit.
Ut possit animum captus Alcides agi,
Magno furore percitus, nobis prius
Insaniendum est. Juno, cur nondum furis?
Me, me, sorores, mente dejectam mea
Versate primam, facere si quidquam apparo
Dignum noverca. Jam odia mutentur mea.
Natos reversus videat incolumes precor,
Manuque fortis redeat: inveni diem,
Invisa quo nos Herculis virtus juvet:
Me pariter et se vincat; et cupiat mori
Ab inferis reversus: hic prosit mihi,

Va maintenant, superbe ; porte jusqu'au ciel tes vœux hardis, et méprise la terre. Tu crois avoir échappé au Styx, et à la puissance des divinités infernales? sur la terre même tu vas retrouver l'enfer. Je ramènerai sur toi la Discorde affreuse des lieux profonds et ténébreux qu'elle habite au dessous du Tartare, sous l'épaisseur d'une montagne énorme qui l'enferme dans ses flancs ; avec elle, je susciterai ce qui reste encore de monstres dans le royaume de Pluton. Viennent donc le Crime odieux, l'Impiété farouche, qui lèche son propre sang, l'Égarement, et la Fureur toujours armée contre elle-même.

La Fureur ! oui, c'est elle qui sera le ministre de mon ressentiment. Hâtez-vous, filles d'enfer; secouez vos torches ardentes ; que Mégère conduise la troupe effroyable des Furies, et que sa main funèbre s'arme d'une poutre brûlante, prise dans les flammes d'un bûcher ! Allons, punissez les profanateurs du Styx; frappez vos seins ; que vos cœurs s'embrasent de plus de feux que n'en peuvent contenir les forges de l'Etna ! Pour mieux bouleverser l'âme d'Hercule, et la transporter de fureur, il faut d'abord me rendre moi-même furieuse. Je suis trop calme encore. C'est moi, fières sœurs, c'est moi dont vous devez premièrement troubler la raison, si vous voulez allumer en moi toute la rage d'une marâtre. Donnons à ma haine un autre cours. Je veux qu'il revienne ici victorieux, et qu'il ait la joie de revoir ses enfans. Le jour est venu où son courage abhorré doit enfin trouver grâce à mes yeux. Qu'il triomphe de moi, qu'il triomphe de lui-même ; qu'il souhaite de mourir après être remonté des enfers, et qu'alors je ne regrette

Jove esse genitum. Stabo, et ut certo exeant
Emissa nervo tela, librabo manum:
Regam furentis arma: pugnanti Herculi
Tandem favebo. Scelere perfecto, licet
Admittat illas genitor in caelum manus.
Movenda jam sunt bella; clarescit dies,
Ortuque Titan lucidus croceo subit.

SCENA II.

CHORUS THEBANORUM.

Jam rara micant sidera prono
Languida mundo: nox victa vagos
Contrahit ignes: luce renata
Cogit nitidum Phosphoros agmen:
Signum celsi glaciale poli
Septem stellis Arcades ursae
Lucem verso temone vocant:
Jam caeruleis evectus aquis
Titan summum prospicit OEtam.:
Jam Cadmeis inclyta Bacchis
Aspersa die dumeta rubent;
Phœbique fugit reditura soror.
Labor exoritur durus, et omnes
Agitat curas, aperitque domos.

plus qu'il soit né de Jupiter. Je me tiendrai à ses côtés, et pour que ses flèches ne manquent pas leur but, je conduirai moi-même sa main ; je dirigerai les coups qu'il frappera dans sa fureur ; pour la première fois, je lui prêterai mon secours dans ses combats. Le crime commis, je consens à ce que Jupiter l'admette enfin dans le ciel avec des mains si pures. Allons, il faut se mettre à l'œuvre : le jour commence à paraître, et le char brillant du Soleil s'avance déjà sur les pas de l'Aurore.

SCENE II.

CHOEUR DE THÉBAINS.

Déjà les étoiles, moins nombreuses, commencent à pâlir ; la nuit, vaincue, rassemble ses feux épars ; la lumière renaît, et l'astre brillant du matin chasse devant lui le cortège lumineux des astres nocturnes. Les sept constellations de l'Ourse d'Arcadie, qui brille au sommet du pôle glacé, retournent le timon du Chariot, et appellent le jour. Déjà, traîné par ses coursiers d'azur, le Soleil dore la cime de l'OEta ; déjà les bruyères du Cithéron, théâtre des fêtes de Bacchus, se colorent des premiers feux du jour, et la sœur d'Apollon s'en va pour revenir encore.

Avec la lumière le travail aussi renaît, éveillant toutes les inquiétudes, ouvrant toutes les demeures des

Pastor gelida cana pruina
Grege dimisso pabula carpit.
Ludit prato liber aperto
Nondum rupta fronte juvencus.
Vacuæ reparant ubera matres.
Errat cursu levis incerto
Molli petulans hœdus in herba.
Pendet summo stridula ramo,
Pennasque novo tradere soli
Gestit querulos inter nidos
Thracia pellex; turbaque circa
Confusa sonat, murmure misto
Testata diem. Carbasa ventis
Credit, dubius navita vitæ,
Laxos aura complente sinus.
Hic exesis pendens scopulis,
Aut deceptos instruit hamos,
Aut suspensus spectat pressa
Præmia dextra : sentit tremulum
                    Linea piscem.
Hæc, innocuæ quibus est vitæ
Tranquilla quies, et læta suo
Parvoque domus, spes et in agris.

Turbine magno spes sollicitæ
Urbibus errant, trepidique metus.
Ille superbos aditus regum,
Durasque fores, expers somni,
Colit : hic nullo fine beatas
Componit opes, gazis inhians,

hommes. Le berger tire ses troupeaux des étables, et les lâche dans les prairies, toutes blanches de la fraîche rosée du matin. Le jeune taureau, dont le front n'est pas encore armé, s'élance en liberté dans les pâturages, tandis que les mères remplissent leurs mamelles épuisées. Errant et folâtre, le chevreau bondit sur l'herbe tendre. La triste Philomèle, suspendue au sommet d'une branche, redit sa chanson au dessus de sa couvée bruyante, et brûle de déployer ses ailes au soleil nouveau. Les oiseaux en chœur mêlent confusément leurs voix à la sienne, et saluent de concert le réveil du jour. Le nocher développe et livre au souffle des vents sa voile aventureuse. Là, sur des roches creusées par le temps, c'est un pêcheur qui remet un appât à l'hameçon trompé, ou qui, penché sur les eaux, suit de l'œil et d'une main attentive la proie qu'il va saisir, et qui, en se débattant, courbe la ligne.

Voilà pour les hommes heureux qui goûtent la paix d'une vie simple et paisible, qui se contentent de ce qu'ils possèdent, et bornent leur espérance à la mesure de leurs champs.

Mais les soucis inquiets et les tristes alarmes s'agitent au sein des villes en noirs tourbillons. L'un se dérobe au sommeil pour aller assiéger l'entrée du palais des rois, et frapper à ces portes si lentes à s'ouvrir; l'autre s'amasse des trésors sans fin, se consume à contempler ses richesses, et reste pauvre sur des monceaux d'or; un

Et congesto pauper in auro est.
Illum populi favor attonitum,
Fluctuque magis mobile vulgus
Aura tumidum tollit inani :
Hic clamosi rabiosa fori
Jurgia vendens, improbus iras
Et verba locat. Novit paucos
Secura quies, qui velocis
Memores ævi, tempora nunquam
Reditura tenent.

    Dum fata sinunt,
Vivite læti : properat cursu
Vita citato, volucrique die
Rota præcipitis vertitur anni.
Duræ peragunt pensa sorores,
Nec sua retro fila revolvunt.
At gens hominum fertur rapidis
Obvia fatis, incerta sui :
Stygias ultro quærimus undas.
Nimium, Alcide, pectore forti
Properas mœstos visere manes.
Certo veniunt ordine Parcæ :
Nulli jusso cessare licet,
Nulli scriptum proferre diem :
Recipit populos urna citatos.
Alium multis gloria terris
Tradat, et omnes fama per urbes
Garrula laudet, cæloque parem
Tollat et astris ; alius curru
Sublimis eat : me mea tellus

autre boit jusqu'à l'ivresse le doux poison de la faveur populaire, et se repaît des vains applaudissemens d'une multitude plus inconstante que les flots de la mer. Un autre enfin trafique des luttes orageuses du barreau, et se fait un revenu honteux de ses paroles et de ses emportemens oratoires. Il en est peu qui connaissent le prix du repos, et qui, songeant à la brièveté de notre vie, sachent profiter d'un temps qui ne doit plus revenir.

Pendant que les destins le permettent, vivez heureux ; la vie s'écoule avec vitesse, et le cercle du jour entraîne rapidement celui de l'année. Les cruelles sœurs travaillent sans relâche, et ne ramènent point en arrière leurs fuseaux. Cependant la race humaine va d'elle-même au devant de sa destinée, dans l'égarement qui l'aveugle. Oui, nous allons chercher volontairement les eaux du Styx avant l'appel du destin.

O Hercule ! pourquoi ton noble cœur t'a-t-il entraîné si tôt vers le ténébreux séjour des Mânes ? Les Parques ont leur jour marqué d'avance. Il n'est donné à aucun mortel de prévenir ce terme fatal, ni de le devancer ; la mort ne reçoit que ceux qu'elle appelle.

Qu'un autre porte bien loin la gloire de son nom, et remplisse la terre du bruit de ses exploits ; qu'un autre s'élève jusqu'au ciel sur les ailes de la gloire, et marche au dessus des hommes sur un char triomphal ; pour moi, je ne demande qu'un asile obscur et tranquille, sur la

Lare secreto tutoque tegat.
Venit ad pigros cana senectus,
Humilique loco, sed certa sedet
Sordida parvæ fortuna domus:
Alte virtus animosa cadit.
Sed mœsta venit crine soluto
Megara, parvum comitata gregem;
Tardusque senio graditur Alcidæ parens.

terre qui m'a vu naître. Le repos seul mène jusqu'à la plus longue vieillesse, et ce n'est que sous un humble toit que se rencontre l'heureuse médiocrité d'une fortune obscure mais assurée. Le courage qui s'élève doit aussi tomber de plus haut.

Mais voici Mégare qui s'avance, triste, les cheveux en désordre, et suivie de ses jeunes enfans. Le vieux père d'Hercule vient derrière elle à pas pesans.

ACTUS SECUNDUS.

SCENA I.

MEGARA.

O magne Olympi rector, et mundi arbiter,
Jam statue tandem gravibus ærumnis modum,
Finemque cladi! Nulla lux unquam mihi
Secura fulsit : finis alterius mali
Gradus est futuri. Protenus reduci novus
Paratur hostis : antequam lætam domum
Contingat, aliud jussus ad bellum meat.
Nec ulla requies, tempus aut ullum vacat,
Nisi dum jubetur. Sequitur a primo statim
Infesta Juno. Numquid immunis fuit
Infantis ætas? monstra superavit prius,
Quam nosse posset. Gemina cristati caput
Angues ferebant ora, quos contra obvius
Reptavit infans; igneos serpentium
Oculos remisso lumine ac placido intuens,
Arctos serenis vultibus nodos tulit,
Et tumida tenera guttura elidens manu,
Prolusit hydræ. Mænali pernix fera,
Multo decorum præferens auro caput,
Deprensa cursu est. Maximus Nemeæ timor,

ACTE SECOND.

SCÈNE I.

MÉGARE.

Puissant maître de l'Olympe, et roi du monde, mets enfin un terme à mes cruelles disgrâces, une borne à mes malheurs! Jamais un jour tranquille ne s'est levé sur moi. La fin d'un malheur n'est pour moi que le commencement d'un autre. A peine mon époux revient-il vainqueur d'un ennemi, qu'un ennemi nouveau se lève; avant qu'il ait pu toucher le seuil de sa maison, joyeuse de son retour, il reçoit l'ordre de marcher à d'autres combats. Point de relâche pour lui, point de repos que le temps nécessaire pour lui imposer de nouveaux périls. La colère de Junon le poursuit dès le berceau; son enfance même ne fut pas à l'abri de cette persécution; il a vaincu les monstres avant de les pouvoir connaître. Deux serpents dressaient contre lui leurs crêtes menaçantes; Hercule enfant s'est traîné à leur rencontre; il a soutenu d'un œil calme et serein les regards enflammés de ces reptiles; leurs nœuds, étroitement serrés autour de son corps, n'ont fait monter aucun trouble à son visage; il a pressé de ses tendres mains leurs terribles anneaux, et préludé par cette victoire à ses combats

Gemuit lacertis pressus Herculeis leo.
Quid stabula memorem dira Bistonii gregis,
Suisque regem pabulum armentis datum?
Solitumque densis hispidum Erymanthi jugis
Arcadia quatere nemora Mænalium suem?
Taurumque centum non levem populis metum?
Inter remotos gentis Hesperiæ greges
Pastor triformis litoris Tartessii
Peremptus : acta est præda ab Occasu ultimo;
Notum Cithæron pavit Oceano pecus.
Penetrare jussus Solis æstivi plagas,
Et adusta medius regna quæ torret dies,
Utrinque montes solvit; abrupto objice,
Latam ruenti fecit Oceano viam.
Post hæc, adortus nemoris opulenti domos,
Aurifera vigilis spolia serpentis tulit.
Quid? sæva Lernæ monstra, numerosum malum,
Non igne demum vicit, et docuit mori?
Solitasque pennis condere obductis diem
Petiit ab ipsis nubibus Stymphalidas?
Non vicit illum cælibis semper tori
Regina gentis vidua Thermodontiæ :
Nec ad omne clarum facinus audaces manus
Stabuli fugavit turpis Augiæ labor.

contre l'hydre. La biche du mont Ménale, si légère et si orgueilleuse de ses cornes d'or, fut par lui vaincue à la course, et saisie comme une proie. Le lion terrible de la forêt de Némée expira sous l'étreinte des bras d'Hercule, avec un profond rugissement. Parlerai-je des sanglantes étables des chevaux de la Thrace, et de ce roi cruel livré lui-même à ces monstres qu'il nourrissait du sang des hommes? Rappellerai-je l'affreux sanglier qui, descendu des sommets touffus d'Érymanthe, désolait les bocages de l'Arcadie? et le taureau de Crète, qui seul faisait trembler cent peuples différens? Sur les bords lointains de l'Hespérie, le berger de Tartesse, aux trois corps, a péri sous le bras d'Hercule au milieu de ses troupeaux, que le vainqueur emmena des rivages de la mer Occidentale jusqu'aux prairies du Cithéron. Sommé de s'ouvrir un chemin à travers ces régions brûlées que le soleil du midi consume de ses feux, il sépare deux montagnes, et livre une large voie à l'Océan, en brisant cette barrière qui divisait ses eaux. Plus tard, il attaque les riches jardins des Hespérides, trompe la vigilance du dragon, et s'empare des pommes d'or. N'a-t-il pas aussi entouré de flammes et fait périr le monstre de Lerne, ce fléau renaissant et multiple? Ses flèches n'ont-elles pas atteint au milieu des nues les oiseaux cruels du lac de Stymphale, dont les sombres ailes déployées cachaient la lumière du soleil? La reine des vierges guerrières du Thermodon, cette femme sans époux, n'a point prévalu contre lui; et ses mains, si ardentes aux plus hautes entreprises, n'ont point dédaigné la tâche ignoble qu'il fallut remplir dans les étables d'Augias.

Quid ista prosunt? orbe defenso caret.
Sensere terrae pacis auctorem suae
Abesse terris. Prosperum ac felix scelus
Virtus vocatur : sontibus parent boni ;
Jus est in armis, opprimit leges timor.
Ante ora vidi nostra, truculenta manu
Natos paterni cadere regni vindices,
Ipsamque Cadmi nobilis stirpem ultimam.
Occidere : vidi regium capitis decus
Cum capite raptum. Quis satis Thebas fleat ?
Ferax deorum terra, quem dominum tremis?
E cujus arvis, eque foecundo sinu
Stricto juventus orta cum ferro stetit,
Cujusque muros natus Amphion Jove
Struxit, canoro saxa modulatu trahens ;
In cujus urbem non semel divûm parens
Caelo relicto venit; haec quae caelites
Recepit, et quae fecit, et (fas sit loqui)
Fortasse faciet, sordido premitur jugo.
Cadmea proles, civitasque Amphionis,
Quo recidistis? Tremitis ignavum exsulem,
Suis carentem finibus, nostris gravem ?
Qui scelera terra, quique persequitur mari,
Ac saeva justa sceptra confringit manu,
Nunc servit absens, fertque quae ferri vetat;
Tenetque Thebas exsul Herculeas Lycus.
Sed non tenebit : aderit, et poenas petet,
Subitusque ad astra emerget; inveniet viam,
Aut faciet. Adsis sospes et remees, precor,
Tandemque venias victor ad victam domum.

Mais quel est le prix de tant de travaux? Il ne jouit pas de ce monde qu'il a défendu. La terre sent aujourd'hui l'absence du héros qui lui a donné la paix. Le crime heureux et triomphant s'appelle vertu; les bons obéissent aux méchans, la force fait le droit, et la terreur fait taire toutes les lois. J'ai vu de mes yeux des fils de rois, nobles soutiens du trône paternel, périr sous une main sanglante, et les derniers rejetons de la noble race de Cadmus indignement égorgés. J'ai vu ravir la tête et le bandeau royal de mon père. Où trouver assez de larmes pour les malheurs de Thèbes? Terre si féconde en dieux, sous quel maître trembles-tu maintenant? toi dont le sein fertile et les fortes campagnes firent croître une valeureuse moisson de guerriers en armes; toi dont le fils de Jupiter, Amphion, bâtit les murs aux sons de sa lyre qui commandait aux pierres mêmes; toi pour qui le père des dieux a plus d'une fois déserté le ciel; toi qui as reçu des dieux dans ton sein, qui en as produit, et qui peut-être en produiras encore, tu rampes sous un joug avilissant. Race de Cadmus, cité d'Amphion, en quel abîme de misères êtes-vous retombées! Vous tremblez devant un fugitif sans cœur, chassé de son pays, et le fléau du nôtre! et le héros qui, sur terre et sur mer, poursuit la vengeance des crimes, qui de ses justes mains brise les sceptres de fer, il est maintenant esclave pendant son absence, et souffre lui-même les maux dont il délivre les autres. Lycus, le banni, règne en souverain dans Thèbes, la ville d'Hercule; mais il n'y règnera pas long-temps: Hercule va revenir, il va nous venger; il remontera tout à coup vers la lumière, et s'il ne trouve

Emerge, conjux, atque dispulsas manu
Abrumpe tenebras : nulla si retro via,
Iterque clausum est, orbe diducto redi,
Et quidquid atra nocte possessum latet,
Emitte tecum : dirutis qualis jugis
Præceps citato flumini quærens iter,
Quondam stetisti, scissa quum vasto impetu
Patuere Tempe; pectore impulsus tuo
Huc mons et illuc cecidit, et rupto aggere
Nova cucurrit Thessalus torrens via;
Talis parentes, liberos, patriam petens,
Erumpe, rerum terminos tecum efferens;
Et quidquid avida tot per annorum gradus
Abscondit ætas, redde; et oblitos sui,
Lucisque pavidos ante te populos age.
Indigna te sunt spolia, si tantum refers,
Quantum imperatum est.

       Magna sed nimium loquor,
Ignara nostræ sortis. Unde illum mihi,
Quo te tuamque dexteram amplectar, diem,
Reditusque lentos nec mei memores querar?
Tibi, o deorum ductor, indomiti ferent
Centena tauri colla : tibi, frugum potens,
Secreta reddam sacra : tibi muta fide
Longas Eleusi tacita jactabo faces.
Tum restitutas fratribus rebor meis

pas une voie, il s'en fera une lui-même. Oh! reviens, cher époux, reviens, reparais vainqueur au milieu de ta famille vaincue; remonte vers nous, et brise la prison de ténèbres qui te retient. Si l'enfer s'est refermé sur toi, si tu ne trouves point d'issue pour revenir, entr'ouvre le monde même, et laisse paraître avec toi tous les trésors que la nuit éternelle cache dans son sein. Comme on t'a vu cherchant à creuser un lit aux flots impétueux du Pénée, t'affermir sur tes pieds, et former tout à coup la profonde vallée de Tempé, d'un seul effort de ta poitrine, qui sépara violemment deux montagnes, et ouvrit une issue nouvelle au torrent de la Thessalie; ainsi, pour remonter vers tes parens, tes enfans, ta patrie, il te faut trouver une voie, et ramener avec toi les entrailles mêmes du monde; rends à la vie tout ce que l'action destructive du temps a plongé dans l'ombre de la mort, depuis tant de siècles; chasse devant toi les générations éteintes qui ont bu dans les eaux du Léthé l'oubli de l'existence, et tous ces morts que la lumière du soleil effraiera. Il serait indigne de toi de ne rapporter de dépouilles que celles qu'on t'a demandées.

Mais je m'égare en des vœux insensés, ignorant le sort qui nous attend. Qui me fera voir ce jour heureux où je t'embrasserai, cher Hercule? où je baiserai tes mains puissantes? ou je te reprocherai ta longue absence et l'oubli de ton épouse? J'immolerai au maître des dieux cent taureaux indomptés; j'offrirai à la déesse des moissons de secrets sacrifices; j'irai dans la silencieuse Éleusis, avec la discrétion qu'exigent les mystères, jeter de longs flambeaux sur ses autels. Le jour où mon époux reviendra, je croirai

Animas, et ipsum regna moderantem sua
Florere patrem. Si qua te major tenet
Clausum potestas, sequimur : aut omnes tuo
Defende reditu sospes, aut omnes trahe.
Trahes, nec ullus eriget fractos deus.

SCENA II.

AMPHITRYON, MEGARA.

AMPHITRYON.

O socia nostri sanguinis, casta fide
Servans torum natosque magnanimi Herculis,
Meliora mente concipe, atque animum excita.
Aderit profecto, qualis ex omni solet
Labore, major.

MEGARA.

   Quod nimis miseri volunt,
Hoc facile credunt.

AMPHITRYON.

    Immo quod metuunt nimis,
Nunquam amoveri posse, nec tolli putant :
Prona est timori semper in pejus fides.

MEGARA.

Demersus, ac defossus, et toto insuper

voir tous mes frères rendus à la vie, et mon père lui-même assis plein de gloire sur son trône. Si une puissance invincible t'enchaîne là-bas, je vais te suivre ; reviens ici pour nous sauver tous, ou entraîne-nous tous après toi. Ah ! tu nous entraîneras tous dans ta ruine, et aucune divinité ne viendra nous relever de l'abaissement où nous sommes.

SCÈNE II.

AMPHITRYON, MÉGARE.

AMPHITRYON.

Épouse de mon fils, chaste gardienne de la couche et des enfans du magnanime Hercule, ouvrez votre âme à de meilleures espérances, et ranimez votre courage abattu. Il reviendra, soyez-en sûre, et vous le verrez, comme au retour de toutes ses entreprises, plus grand que vous ne l'avez quitté.

MÉGARE.

Les malheureux croient facilement ce qu'ils désirent.

AMPHITRYON.

Ils sont encore plus portés, quand ils craignent, à ne point espérer de remède ni de fin à leurs maux. Toujours la peur met les choses au pire.

MÉGARE.

Descendu dans les entrailles de la terre, enseveli sous

Oppressus orbe, quam viam ad superos habet?

AMPHITRYON.

Quam tunc habebat, quum per arentem plagam,
Et fluctuantes more turbati maris
Abiit arenas, bisque discedens fretum,
Et bis recurrens; quumque deserta rate
Deprensus hæsit Syrtium brevibus vadis,
Et puppe fixa maria superavit pedes.

MEGARA.

Iniqua raro maximis virtutibus
Fortuna parcit : nemo se tuto diu
Periculis offerre tam crebris potest.
Quem sæpe transit casus, aliquando invenit.
Sed ecce sævus, ac minas vultu gerens,
Et qualis animo est, talis incessu venit,
Aliena dextra sceptra concutiens Lycus.

SCENA III.

LYCUS, MEGARA, AMPHITRYON.

LYCUS.

Urbis regens opulenta Thebanæ loca,
Et omne quidquid uberi cingit solo
Obliqua Phocis, quidquid Ismenos rigat,
Quidquid Cithæron vertice excelso videt,

elle, écrasé sous le poids du monde, quelle voie trouvera-t-il pour remonter à la vie?

AMPHITRYON.

Celle qu'il a trouvée dans les plaines brûlantes de l'Afrique, à travers ces sables mouvans comme les flots de la mer orageuse qui deux fois les couvre de ses vagues, et deux fois les laisse à découvert; et lorsque, ayant quitté son navire échoué dans les sables, au milieu des écueils étroits des deux Syrtes, il franchit à pied cette mer furieuse.

MÉGARE.

Rarement l'injustice du sort épargne les plus nobles courages : nul mortel ne peut impunément braver tant de fois de si grands périls; le malheur finit toujours par atteindre celui qui long-temps avait échappé à ses coups.

Mais voici venir Lycus, portant en ses mains un sceptre usurpé; son visage cruel respire la menace, et son déportement annonce tout ce qui se passe dans son âme.

SCÈNE III.

LYCUS, MÉGARE, AMPHITRYON.

LYCUS.

Roi de l'opulent territoire de Thèbes, de tout le fertile pays qu'entoure obliquement la Phocide, de toutes les terres que l'Ismène arrose, de celles que le Cithéron découvre de sa cime orgueilleuse, jusqu'à l'Isthme étroit

Et bina findens Isthmos exilis freta,
Non vetera patriæ jura possideo domus
Ignavus heres : nobiles non sunt mihi
Avi, nec altis inclytum titulis genus,
Sed clara virtus : qui genus jactat suum,
Aliena laudat. Rapta sed trepida manu
Sceptra obtinentur : omnis in ferro est salus ;
Quod civibus tenere te invitis scias,
Strictus tuetur ensis : alieno in loco
Haud stabile regnum est : una sed nostras potest
Fundare vires, juncta regali face
Thalamisque Megara : ducet e genere inclyto
Novitas colorem nostra. Non equidem reor
Fore ut recuset, ac meos spernat toros :
Quod si impotenti pertinax animo abnuet,
Stat tollere omnem penitus Herculeam domum.
Invidia factum ac sermo popularis premet ?
Ars prima regni, posse te invidiam pati.
Tentemus igitur : fors dedit nobis locum.
Namque ipsa tristi vestis obtentu caput
Velata, juxta præsides adstat deos,
Laterique adhæret verus Alcidæ sator.

MEGARA.

Quidnam iste, nostri generis exitium ac lues,
Novi parat? quid tentat?

LYCUS.

    O clarum trahens
A stirpe nomen regia, facilis mea

qui sépare deux mers, je ne suis point assis sur le trône comme un lâche héritier de rois, qui règne en vertu de droits antiques et transmis par ses pères. Je n'ai point de nobles aïeux, et je ne puis montrer dans ma famille de titres éclatans; mais j'ai la gloire que donne le courage. Vanter son origine, c'est exalter le mérite d'un autre. Toutefois un sceptre usurpé tremble toujours dans la main qui le porte : il n'a de salut que dans la force. Quand on sait que les sujets n'obéissent qu'en frémissant, il faut tenir le glaive levé sur eux, pour assurer ses droits. Rien de moins stable qu'un trône où l'on s'assied à la place d'un autre. Mais il est un moyen de fortifier ma position; il suffit pour cela que Mégare me soit unie par les liens d'un royal hymen. La noblesse de sa naissance rehaussera l'éclat de ma gloire nouvelle. Je ne pense pas qu'elle refuse, et qu'elle ose rejeter mon alliance : mais si elle s'obstine dans un refus superbe, je suis résolu d'avance à exterminer toute la famille d'Hercule; cet acte soulèvera la haine et les murmures du peuple : le premier point de l'art de régner, c'est de savoir braver la haine. Essayons donc ; le hasard me favorise : voici Mégare elle-même, triste et voilée, debout auprès de ses dieux protecteurs, et le véritable père d'Hercule est à ses côtés.

MÉGARE.

Quel nouveau dessein médite ce monstre, le fléau et la ruine de notre maison? quel attentat?

LYCUS.

O vous, noble héritière du sang des rois! daignez pour un moment prêter à mes paroles une oreille favo-

Parumper aure verba patienti excipe.
Si æterna semper odia mortales agant,
Nec cœptus unquam cedat ex animis furor,
Sed arma felix teneat, infelix paret,
Nihil relinquent bella : tum vastis ager
Squalebit arvis; subdita tectis face
Altus sepultas obruet gentes cinis.
Pacem reduci velle, victori expedit,
Victo necesse est. Particeps regno veni :
Sociemus animos : pignus hoc fidei cape;
Continge dextram. Quid truci vultu siles ?

MEGARA.

Egone ut parentis sanguine aspersam manum
Fratrumque gemina cæde contingam ? Prius
Exstinguet Ortus, referet Occasus diem ;
Pax ante fida nivibus et flammis erit,
Et Scylla Siculum junget Ausonio latus;
Priusque multo vicibus alternis fugax
Euripus unda stabit Euboica piger.
Patrem abstulisti, regna, germanos, larem,
Patriam : quid ultra est ? Una res superest mihi,
Fratre ac parente carior, regno ac lare,
Odium tui : quod esse cum populo mihi
Commune doleo; pars quota ex illo mea est ?
Dominare tumidus; spiritus altos gere :
Sequitur superbos ultor a tergo deus.
Thebana novi regna. Quid matres loquar
Passas et ausas scelera ? quid geminum nefas,

rable. S'il faut que les hommes nourrissent entre eux des haines éternelles, que la fureur, une fois entrée dans leur sein, n'en sorte plus, mais que le vainqueur ait toujours la main à l'épée pour maintenir sa victoire, et le vaincu pour réparer sa défaite, cet état de guerre ne laissera rien subsister : les campagnes ravagées resteront sans culture, les cités seront la proie des flammes, et les peuples disparaîtront sous des monceaux de cendres. Ramener la paix, c'est l'intérêt du vainqueur et le besoin des vaincus. Partagez avec moi l'autorité suprême, unissons nos cœurs; voici le gage de ma foi, touchez la main que je vous présente. Pourquoi ce silence, et ces regards irrités?

MÉGARE.

Moi, que je touche une main couverte du sang de mon père, et souillée par le meurtre de mes deux frères! On verra plutôt le jour s'éteindre au lever du soleil, et renaître à son coucher; la flamme s'unir fraternellement à la neige, Scylla joindre la côte de Sicile aux rivages d'Ausonie, et l'Euripe calmer la violence de son flux et reflux, pour baigner doucement d'un flot paisible le rivage de l'Eubée. Vous m'avez ravi père, couronne, frères, foyer domestique, patrie : que me reste-t-il encore? Un bien plus précieux que mon père, mes frères, ma couronne, et mon foyer domestique, la haine que je vous porte; je regrette que tout un peuple doive la partager avec moi, la part qui m'en reste s'en trouve affaiblie d'autant. Règne avec insolence; élève bien haut l'orgueil de tes pensées; un dieu vengeur s'attache aux pas des hommes superbes. Je connais la destinée des rois

Mixtumque nomen conjugis, nati, patris?
Quid bina fratrum castra? quid totidem rogos?
Riget superba Tantalis luctu parens,
Mœstusque Phrygio manat in Sipylo lapis.
Quin ipse torvum subrigens crista caput
Illyrica Cadmus regna permensus fuga,
Longas reliquit corporis tracti notas.
Hæc te manent exempla. Dominare, ut lubet,
Dum solita regni fata te nostri vocent.

LYCUS.

Agedum, efferatas rabida voces amove,
Et disce regum imperia ab Alcide pati.
Ego, rapta quamvis sceptra victrici geram
Dextra, regamque cuncta sine legum metu,
Quas arma vincunt, pauca pro causa loquar
Nostra. Cruento cecidit in bello pater?
Cecidere fratres? arma non servant modum,
Nec temperari facile, nec reprimi potest
Stricti ensis ira; bella delectat cruor.
Sed ille regno pro suo, nos improba
Cupidine acti? quæritur belli exitus,
Non causa. Sed nunc pereat omnis memoria:
Quum victor arma posuit, et victum decet
Deponere odia. Non ut inflexo genu
Regnantem adores, petimus: hoc ipsum placet,
Animo ruinas quod capis magno tuas.
Es rege conjux digna: sociemus toros.

de Thèbes. Faut-il rappeler les attentats commis ou
soufferts par des reines? le double crime d'OEdipe, qui
mêla en sa personne les noms d'époux, de fils, et de
père? et le camp des deux frères ennemis, et leurs deux
bûchers? la douleur a changé en pierre la superbe fille
de Tantale, qui, tout insensible qu'elle est, verse encore
des pleurs sur le mont Sipyle. Cadmus lui-même, dres-
sant une crête menaçante, et obligé de fuir à travers
les champs de l'Illyrie, a laissé partout sur la terre l'empreinte de ses anneaux. Voilà le sort qui t'attend ; règne
au gré de ton caprice, pourvu que tu viennes un jour
à subir la fatalité qui pèse sur ce royaume.

LYCUS.

Épargnez-vous ces discours pleins de fiel et de fureur;
femme d'Hercule, apprenez, par son exemple, à plier
sous l'autorité des rois. Quoique je porte un sceptre
conquis par mes mains victorieuses, et que je règne
souverainement, sans craindre des lois qui ne résistent
jamais à la puissance des armes, je veux bien descendre
à me justifier en peu de mots. Votre père a succombé,
vos frères ont péri dans une lutte sanglante; mais on sait
que la guerre ne connaît point de mesure, et qu'il n'est
point facile de calmer ou d'éteindre la fureur du glaive
une fois sorti du fourreau. Il faut du sang aux batailles.
Mais il combattait, lui, pour le droit de sa couronne; moi,
par une coupable ambition; c'est le résultat qu'il faut
considérer dans ces guerres, et non la cause. Mais périsse désormais le souvenir de ce qui s'est passé. Quand
le vainqueur a déposé ses armes, le vaincu doit aussi
déposer sa haine. Je ne demande pas que vous fléchis-

MEGARA.
Gelidus per artus vadit exsangues tremor.
Quod facinus aures pepulit? Haud equidem horrui,
Quum pace rupta bellicus muros fragor
Circumsonaret; pertuli intrepide omnia :
Thalamos tremisco; capta nunc videor mihi.
Gravent catenæ corpus, et longa fame.
Mors protrahatur lenta, non vincet fidem
Vis ulla nostram : moriar, Alcide, tua.

LYCUS.
Animosne mersus inferis conjux facit?

MEGARA.
Inferna tetigit, posset ut supera assequi.

LYCUS.
Telluris illum pondus immensæ premit.

MEGARA.
Nullo premetur onere, qui cælum tulit.

LYCUS.
Cogere.

MEGARA.
Cogi qui potest, nescit mori.

siez le genou devant moi pour adorer ma puissance. Au contraire, j'aime en vous ce fier courage que vous montrez dans vos malheurs. Vous méritez d'avoir un roi pour époux, unissons nos destinées.

MÉGARE.

Une sueur glacée découle de tous mes membres dont le sang se retire. Quelle affreuse parole a frappé mes oreilles! Je n'ai point éprouvé cette horreur quand le cri de la guerre et le fracas des armes ébranlaient nos murailles. J'ai supporté sans pâlir tous ces malheurs. Mais l'idée de ce mariage m'épouvante, et me fait sentir enfin mon esclavage. Qu'on m'accable de chaînes, que le long supplice de la faim me conduise lentement à la mort, nulle puissance ne vaincra ma fidélité. Je mourrai ton épouse, ô Hercule!

LYCUS.

Est-ce donc cet époux descendu aux enfers qui vous inspire cet orgueil?

MÉGARE.

Il n'est descendu aux enfers que pour conquérir le ciel.

LYCUS.

Mais la terre immense pèse sur lui de tout son poids.

MÉGARE.

Il a porté le ciel, nul fardeau ne saurait l'accabler.

LYCUS.

Je saurai bien vous contraindre.

MÉGARE.

Pour se laisser contraindre, il faut ne savoir pas mourir.

LYCUS.
Effare, thalamis quod novis potius parem
Regale munus?

MEGARA.
Aut tuam mortem, aut meam.
LYCUS.
Moriere demens.

MEGARA.
Conjugi occurram meo.
LYCUS.
Sceptrone nostro potior est famulus tibi?
MEGARA.
Quot iste famulus tradidit reges neci!

LYCUS.
Cur ergo regi servit, et patitur jugum?

MEGARA.
Imperia dura tolle, quid virtus erit?
LYCUS.
Objici feris monstrisque, virtutem putas?

MEGARA.
Virtutis est domare, quae cuncti pavent.

LYCUS.
Tenebrae loquentem magna Tartareae premunt.

MEGARA.
Non est ad astra mollis e terris via.

LYCUS.

Dites, quel est le présent de mariage qui flatterait le plus votre cœur, et que je pourrais vous offrir?

MÉGARE.

Votre mort, ou la mienne.

LYCUS.

Eh bien, insensée que vous êtes, vous mourrez.

MÉGARE.

J'irai au devant de mon époux.

LYCUS.

Vous préférez donc un esclave à mon sceptre de roi?

MÉGARE.

Combien de rois sont tombés sous le bras de cet esclave!

LYCUS.

Pourquoi donc sert-il Eurysthée, et rampe-t-il sous le joug?

MÉGARE.

Ôtez les tyrans du monde, à quoi servira le courage?

LYCUS.

Être exposé aux bêtes et aux monstres, vous appelez cela du courage?

MÉGARE.

Il y a du courage à vaincre ce qui fait trembler tous les hommes.

LYCUS.

Avec ses hautes prétentions, il est maintenant plongé dans la nuit du Tartare.

MÉGARE.

Le sentier qui mène de la terre au ciel est rude et difficile.

LYCUS.
Quo patre genitus cælitum sperat domos?

AMPHITRYON.
Miseranda conjux Herculis magni sile :
Partes meæ sunt, reddere Alcidæ patrem,
Genusque verum : post tot ingentis viri
Memoranda facta, postque pacatum manu
Quodcunque Titan ortus et labens videt,
Post monstra tot perdomita, post Phlegram impio
Sparsam cruore, postque defensos deos,
Nondum liquet de patre? mentimur Jovem?
Junonis odio crede.

LYCUS.
Quid violas Jovem?
Mortale cælo non potest jungi genus.

AMPHITRYON.
Communis ista pluribus causa est deis.

LYCUS.
Famuline fuerant ante quam fierent dei?

AMPHITRYON.
Pastor Pheræos Delius pavit greges.

LYCUS.
Sed non per omnes exsul erravit plagas.

AMPHITRYON.
Quem profuga terra mater errante edidit.

LYCUS.

Et quelle est donc sa naissance, pour espérer une place dans le séjour des dieux?

AMPHITRYON.

Triste épouse du grand Hercule, ne répondez pas; c'est à moi de faire connaître la naissance d'Alcide et de nommer son père. Tant de nobles exploits, le monde pacifié, depuis le couchant jusqu'à l'aurore, par le bras de ce héros, tant de monstres vaincus, la Thessalie trempée du sang coupable des géants, et les dieux défendus par sa valeur, ne révèlent-ils pas assez clairement son père? n'est-il pas fils du maître des dieux? croyez-en du moins la haine de Junon.

LYCUS.

Pourquoi faire cette injure à Jupiter? Est-il possible que le sang des dieux se mêle à celui des mortels?

AMPHITRYON.

Telle est pourtant l'origine d'un grand nombre de dieux.

LYCUS.

Mais avaient-ils aussi connu la servitude, avant de monter au ciel?

AMPHITRYON.

Le dieu de Délos a gardé les troupeaux du roi de Thessalie.

LYCUS.

Mais il n'a jamais erré par le monde comme un vil proscrit.

AMPHITRYON.

Il avait reçu le jour d'une mère vagabonde, sur une terre flottante.

LYCUS.
Num monstra, sævas Phœbus aut timuit feras?

AMPHITRYON.
Primus sagittas imbuit Phœbi draco.

LYCUS.
Quam gravia parvus tulerit, ignoras, mala?

AMPHITRYON.
E matris utero fulmine ejectus puer,
Mox fulminanti proximus patri stetit.
Quid? qui gubernat astra, qui nubes quatit,
Non latuit infans rupis exesæ specu?
Sollicita tanti pretia natales habent,
Semperque magno constitit, nasci deum.

LYCUS.
Quemcunque miserum videris, hominem scias.

AMPHITRYON.
Quemcunque fortem videris, miserum neges.

LYCUS.
Fortem vocemus, cujus ex humeris leo
Donum puellæ factus, et clava excidit,
Fulsitque pictum veste Sidonia latus?
Fortem vocemus, cujus horrentes comæ
Maduere nardo? laude qui notas manus
Ad non virilem tympani movit sonum.

LYCUS.

Du moins il ne fut point exposé à la fureur des monstres ni des bêtes féroces.

AMPHITRYON.

Les premières flèches qu'il lança furent teintes du sang d'un dragon.

LYCUS.

Ignorez-vous les maux cruels qui assiégèrent l'enfance d'Hercule?

AMPHITRYON.

Le jeune Bacchus fut tiré du ventre de sa mère par un coup de foudre, et bientôt il prit place à côté du dieu qui lance le tonnerre. Mais quoi? le roi des cieux lui-même, qui ébranle les nuages, ne fut-il pas caché pendant son enfance dans un antre du mont Ida? Une si haute naissance ne va jamais sans de grandes infortunes, et l'honneur d'une céleste origine veut être chèrement payé.

LYCUS.

Là où vous voyez le malheur, sachez bien qu'il n'y a qu'un homme.

AMPHITRYON.

Là où vous voyez le courage, sachez bien qu'il n'y a point de malheur.

LYCUS.

Appelez-vous courageux celui qui, laissant tomber de ses épaules sa massue et la peau du lion de Némée, aux pieds d'une jeune fille, ne rougit pas de revêtir une robe de pourpre tyrienne? Appelez-vous courageux celui qui frotta de parfums sa rude chevelure? qui tira de ses mains guerrières les sons efféminés des tambours de

Mitra ferocem barbara frontem premens?

AMPHITRYON.

Non erubescit Bacchus effusos tener
Sparsisse crines, nec manu molli levem
Vibrare thyrsum, quum parum forti gradu
Auro decorum syrma barbarico trahit.
Post multa virtus opera laxari solet.

LYCUS.

Hoc Euryti fatetur eversi domus,
Pecorumque ritu virginum oppressi greges.
Hoc nulla Juno, nullus Eurystheus jubet:
Ipsius hæc sunt opera.

AMPHITRYON.

    Non nosti omnia.
Ipsius opus est, cæstibus fractus suis
Eryx, et Eryci junctus Antæus Libys;
Et qui hospitali cæde manantes foci
Bibere justum sanguinem Busiridis.
Ipsius opus est, vulneri et ferro obvius,
Mortem coactus, integer Cygnus, pati:
Nec unus una Geryon victus manu.
Eris inter istos; qui tamen nullo stupro
Læsere thalamos.

LYCUS.

    Quod Jovi, hoc regi licet:
Jovi dedisti conjugem, regi dabis.

Phrygie ? qui ceignit autour de son front terrible la mitre des Barbares?

AMPHITRYON.

Bacchus ne rougit point de laisser flotter les anneaux de sa blonde chevelure, d'agiter dans ses jeunes mains les thyrses légers, en traînant dans sa marche efféminée les plis ondoyans de la robe longue et enrichie d'or des Barbares. Il faut bien qu'après de grands exploits le courage se repose.

LYCUS.

Oui, la maison d'Eurytus détruite, et ses cinquante filles brutalement violées, sont des monumens de ce repos. Ce sont là des exploits que ni Eurysthée ni Junon n'avaient commandés ; à lui seul en revient tout l'honneur.

AMPHITRYON.

Vous ne savez pas tout ; on peut citer d'autres traits qui n'appartiennent qu'à lui seul, Eryx vaincu au combat du ceste, et tué avec ses propres armes, Antée, le roi des sables de Libye, subissant le même sort, le sang de Busiris justement répandu sur les autels qu'il arrosait du sang de ses hôtes. Ajoutez encore à sa gloire la défaite de Cygnus, qui, tout invulnérable, et tout inaccessible qu'il était aux coups, périt néanmoins sous le bras d'Hercule, sans blessure ; et le triple Géryon trois fois vaincu par ce puissant adversaire. Vous partagerez le sort de ces criminels dont aucun cependant n'avait souillé sa couche par l'adultère.

LYCUS.

Ce que peut Jupiter, un roi le peut. Vous avez donné une épouse à Jupiter, vous m'en donnerez une aussi.

Et te magistro non novum hoc discet nurus,
Etiam viro probante, meliorem sequi.
Sin copulari pertinax tædis negat;
Vel ex coacta nobilem partum feram.

MEGARA.

Umbræ Creontis, et Penates Labdaci,
Et nuptiales impii OEdipodæ faces,
Nunc solita nostro fata conjugio date.
Nunc, nunc cruentæ regis Ægypti nurus,
Adeste, multo sanguine infectæ manus.
Deest una numero Danais : explebo nefas.

LYCUS.

Conjugia quoniam pervicax nostra abnuis,
Regemque terres, sceptra quid possint, scies.
Complectere aras, nullus eripiet deus
Te mihi; nec, orbe si remolito queat
Ad supera victor numina Alcides vehi.
Congerite silvas : templa supplicibus suis
Injecta flagrent; conjugem et totum gregem
Consumat unus igne subjecto rogus.

AMPHITRYON.

Hoc munus a te genitor Alcidæ peto,
Rogare quod me deceat, ut primus cadam.

LYCUS.

Qui morte cunctos luere supplicium jubet,

Personne, mieux que vous, ne peut apprendre à votre belle-fille à choisir le plus digne, avec l'approbation même de son mari. Au reste, si elle refuse d'allumer avec moi le flambeau de l'hyménée, j'emploierai la force, et j'en aurai toujours des enfans de race illustre.

MÉGARE.

Mânes de Créon, dieux domestiques de Labdacus, torches nuptiales de l'incestueux OEdipe, attachez à cet hymen les destinées héréditaires de notre famille. Cruelles fiancées des fils d'Egyptus, venez, avec le sang qui découle de vos mains homicides ; une seule d'entre vous a manqué au crime ; je ferai ce qu'elle n'a pas voulu faire.

LYCUS.

Puisque vous repoussez obstinément l'hymen que je vous propose, et que vous menacez votre roi, vous apprendrez à connaître ma puissance. Embrassez les autels, aucune divinité ne vous arrachera de mes mains, pas même Hercule, quand il pourrait soulever la terre qui l'écrase de son poids, et remonter vainqueur au séjour des vivans. Apportez ici les dépouilles des forêts, que ce temple s'embrase, et tombe sur la tête des supplians qui y cherchent un refuge ; qu'il devienne un bûcher où la femme d'Hercule et tous ses enfans périssent consumés.

AMPHITRYON.

Je ne vous demande qu'une seule grâce, et, comme père d'Hercule, j'ai le droit de la demander, c'est de périr le premier.

LYCUS.

N'infliger à tous qu'un supplice commun, la mort,

Nescit tyrannus esse : diversa irroga;
Miserum veta perire, felicem jube.
Ego, dum cremandis trabibus accrescit rogus,
Sacro regentem maria votivo colam.

AMPHITRYON.

Proh numinum vis summa, proh cælestium
Rector parensque, cujus excussis tremunt
Humana telis, impiam regis feri
Compesce dextram! quid deos frustra precor?
Ubicunque es, audi, nate. Cur subito labant
Agitata motu templa? cur mugit solum?
Infernus imo sonuit e fundo fragor.
Audimur : est, est sonitus Herculei gradus.

SCENA IV.

CHORUS THEBANORUM.

O fortuna viris invida fortibus,
Quam non æqua bonis præmia dividis!
Eurystheus facili regnet in otio :
Alcmena genitus bella per omnia
Monstris exagitet cæliferam manum;
Serpentis resecet colla feracia;
Deceptis referat mala sororibus,
Quum somno dederit pervigiles genas
Pomis divitibus præpositus draco.
Intravit Scythiæ multivagas domos,

c'est ne savoir pas jouir de la tyrannie. Il faut varier les peines. Il faut condamner les malheureux à vivre, et les heureux à mourir. — Pendant qu'on amasse ici le bois qui doit servir à brûler ce temple, je vais offrir au dieu des mers le sacrifice que je lui ai promis.

AMPHITRYON.

O toi, le souverain des dieux! ô toi, le père et le maître des Immortels! toi, dont les traits enflammés font trembler la terre, arrête la main sacrilège de ce roi cruel! Mais pourquoi adresser aux dieux de vaines prières? où que tu sois, mon fils, écoute-moi! Quel puissance inconnue ébranle tout à coup les fondemens de ce temple? Pourquoi ce mugissement sourd qui sort de la terre? Un bruit infernal s'échappe du fond de ses entrailles. Je suis exaucé; j'entends, oui j'entends retentir les pas d'Hercule.

SCÈNE IV.

CHOEUR DE THÉBAINS.

O fortune jalouse des grands courages, que tu sais mal récompenser la vertu! Tu donnes à Eurysthée un règne heureux et tranquille; tandis que le fils d'Alcmène, occupé sans cesse à de nouveaux combats, fatigue, à tuer des monstres, ses mains qui ont porté les cieux : il lui faut couper les mille têtes renaissantes de l'hydre de Lerne, dérober les pommes d'or du jardin des Hespérides, après avoir endormi le dragon, gardien vigilant de ce précieux trésor. Il pénètre dans le désert des Scythes errans qui vivent comme étrangers sur la terre de

Et gentes patriis sedibus hospitas;
Calcavitque freti terga rigentia,
Et mutis tacitum litoribus mare.
Illic dura carent aequora fluctibus;
Et, qua plena rates carbasa tenderant,
Intonsis teritur semita Sarmatis.
Stat pontus vicibus mobilis annuis,
Navem nunc facilis, nunc equitem pati.
Illic quae viduis gentibus imperat,
Aurato religans ilia balteo,
Detraxit spolium nobile corpori,
Et peltam, et nivei vincula pectoris,
Victorem posito suspiciens genu.
Qua spe praecipites actus ad inferos,
Audax ire vias irremeabiles,
Vidisti Siculae regna Proserpinae?
Illic nulla Noto, nulla Favonio
Consurgunt tumidis fluctibus aequora.
Non illic geminum Tyndaridae genus
Succurrunt timidis sidera navibus.
Stat nigro pelagus gurgite languidum;
Et, quum Mors avidis pallida dentibus
Gentes innumeras Manibus intulit,
Uno tot populi remige transeunt.
Evincas utinam jura ferae Stygis,
Parcarumque colos non revocabiles!
Hic, qui rex populis pluribus imperat,
Bello quum peteres Nestoream Pylon,
Tecum conseruit pestiferas manus,
Telum tergemina cuspide praeferens:

leurs aïeux. Il affronte les glaces d'une mer effrayante dont les flots dorment sans bruit sur les grèves silencieuses ; mer affreuse et durcie, qui n'a point de vagues mouvantes, qui, après avoir porté des navires aux voiles enflées, présente une route solide et ferme aux Sarmates sauvages ; et qui, par une étrange révolution, suivant les époques de l'année, se courbe tantôt sous le sillon du vaisseau, tantôt sous les pas du coursier. C'est dans ces déserts que la reine des vierges belliqueuses du Thermodon, qui ceint d'un baudrier d'or ses flancs généreux, a détaché de son corps ce précieux ornement, et son bouclier, et l'écharpe qui couvrait son sein d'albâtre, pour les déposer aux pieds de son vainqueur.

Mais quel espoir te poussait dans l'abîme profond du Ténare ? quelle imprudente audace entraînait tes pas dans le sentier sans retour qui mène au sombre royaume de Proserpine ? là, point de mers dont le Notus ou le Zéphyr soulèvent les flots roulans. Là, ne brillent point les deux frères d'Hélène, astres chers aux pâles matelots. Là, croupissent les eaux noires et dormantes du fleuve infernal ; et les générations sans nombre que la mort pâle et dévorante amène sur ses bords, n'ont besoin que d'un seul nocher pour les passer toutes dans sa barque. Ah ! puisses-tu vaincre les fatales puissances de l'enfer, et braver les fuseaux des Parques impitoyables ! Déjà, quand tu portas la guerre contre Pylos, patrie du vieux Nestor, le roi des Ombres se mit en bataille contre toi, brandissant de sa main funeste une lance à trois dards. Mais il prit la fuite, légèrement blessé, et le roi de la mort craignit lui-même de mourir.

Effugit tenui vulnere saucius,
Et mortis dominus pertimuit mori.
Fatum rumpe manu : tristibus inferis
Prospectus pateat lucis, et invius
Limes det faciles ad superos vias.
Immites potuit flectere cantibus
Umbrarum dominos, et prece supplici
Orpheus, Eurydicen dum repetit suam.
Quæ silvas et aves saxaque traxerat
Ars, quæ præbuerat fluminibus moras,
Ad cujus sonitum constiterant feræ,
Mulcet non solitis vocibus inferos,
Et surdis resonat clarius in locis.
Deflent Eurydicen Threiciæ nurus,
Deflent et lacrymis difficiles dei ;
Et qui fronte nimis crimina tetrica
Quærunt, ac veteres excutiunt reos,
Flentes Eurydicen juridici sedent.
Tandem mortis, ait, « Vincimur, » arbiter :
« Evade ad superos, lege tamen data :
« Tu post terga tui perge viri comes ;
« Tu non ante tuam respice conjugem,
« Quam quum clara deos obtulerit dies,
« Spartanique aderit janua Tænari. »
Odit verus amor, nec patitur moras.
Munus, dum properat cernere, perdidit.
Quæ vinci potuit regia carmine,
Hæc vinci poterit regia viribus.

Brise les lois du trépas; fais descendre le jour dans le sombre abîme des enfers, et que ses portes infranchissables deviennent une voie facile pour remonter vers la terre des vivans. Orphée a bien su par ses chants et par ses prières attendrir les inflexibles souverains des Mânes, et les forcer à lui rendre son Eurydice. Cette lyre enchanteresse qui entraînait les oiseaux, les bois, les rochers, qui suspendait le cours des fleuves, qui forçait les bêtes farouches à s'arrêter pour l'entendre, charme les enfers par des sons inconnus, et résonne avec plus de puissance dans les sourdes cavités du Tartare. Les beautés de la Thrace pleurent Eurydice, les divinités insensibles de l'enfer la pleurent aussi; les trois juges même, qui, d'un front si sévère, interrogent les coupables et recherchent les crimes, pleurent sur leurs sièges. Enfin le roi de la mort s'écrie : « Je cède; remonte vers la vie, mais à une condition : tu marcheras derrière ton époux, et lui ne se retournera pas pour te regarder, avant d'être arrivé à la clarté des cieux et d'avoir touché la porte du Ténare, voisin de Lacédémone. » Hélas! le véritable amour ne sait pas attendre ni souffrir aucun délai; trop pressé de voir sa beauté rendue, Orphée la perd une seconde fois. Si la cour de Pluton a pu se laisser vaincre à la puissance de l'harmonie, elle doit céder à la force d'un héros.

ACTUS TERTIUS.

SCENA I.

HERCULES.

O lucis alme rector, et cæli decus,
Qui alterna curru spatia flammifero ambiens,
Illustre lætis exseris terris caput,
Da, Phœbe, veniam, si quid illicitum tui
Videre vultus: jussus in lucem extuli
Arcana mundi. Tuque cælestum arbiter
Parensque, visus fulmine opposito tege;
Et tu secundo maria qui sceptro regis,
Imas pete undas. Quisquis ex alto aspicit
Terrena, facie pollui metuens nova,
Aciem reflectat, oraque in cælum erigat,
Portenta fugiens: hoc nefas cernant duo,
Qui advexit, et quæ jussit. In pœnas meas,
Atque in labores non satis terræ patent.
Junonis odio vidi inaccessa omnibus,
Ignota Phœbo, quæque deterior polus
Obscura diro spatia concessit Jovi;
Et si placerent tertiæ sortis loca,
Regnare potui. Noctis æternæ chaos,
Et nocte quiddam gravius, et tristes deos,

ACTE TROISIÈME.

SCÈNE I.

HERCULE.

Dispensateur de la lumière, ornement du ciel, toi qui, le parcourant d'une extrémité jusqu'à l'autre sur ton char enflammé, réjouis la terre par l'éclat radieux de ton visage, pardonne, ô Soleil, si j'offre à tes yeux un spectacle qu'ils ne devraient point voir. Je ne fais qu'obéir en traînant à la lumière du jour les mystères du monde invisible. Et toi, père et souverain des dieux immortels, mets la foudre au devant de ton visage; et toi aussi, qui tiens sous ton sceptre le second empire, celui des mers, plonge-toi au sein de tes eaux profondes. Vous tous, dieux, qui du haut du ciel abaissez vos regards sur la terre, détournez vos yeux si vous ne voulez pas les souiller par l'aspect d'un objet étrange, et reportez-les vers les demeures étoilées pour ne pas voir un monstre inconnu. Il ne doit être regardé que par celui dont la main l'a traîné sur la terre, et par celle qui a commandé cet exploit. La terre ne suffit plus à mon châtiment et à mes épreuves; la haine de Junon m'a forcé d'entrer dans des profondeurs inaccessibles à tous les yeux, inconnues du soleil, cachées sous le pôle inférieur,

Et fata vici : morte contempta redii.
Quid restat aliud? vidi, et ostendi inferos.
Da, si quid ultra est; tam diu pateris manus
Cessare nostras, Juno? quæ vinci jubes?
Sed templa quare miles infestus tenet,
Limenque sacrum terror armorum obsidet?

SCENA II.

MEGARA, AMPHITRYON, HERCULES, THESEUS.

AMPHITRYON.

Utrumne visus vota decipiunt meos,
An ille domitor orbis, et Grajum decus,
Tristi silentem nubilo liquit domum?
Estne ille natus? membra lætitia stupent.
O nate! certa et sera Thebarum salus!
Teneone in auras editum, an vana fruor
Deceptus umbra? tune es? agnosco toros,
Humerosque, et alto nobilem trunco manum.

HERCULES.

Unde iste, genitor, squalor, et lugubribus

ténébreux royaume du Jupiter souterrain. Si j'avais voulu régner sur cette troisième partie du monde, il ne tenait qu'à moi. J'ai vaincu le chaos de la nuit éternelle, et quelque chose de plus terrible encore, des dieux cruels, et l'inflexible destin. Je retourne vainqueur de la mort. Que me reste-t-il à entreprendre? j'ai vu et j'ai fait voir les enfers. Connais-tu quelque nouveau travail à m'imposer, ô Junon? Pourquoi laisser mes mains si long-temps oisives? quelle victoire vas-tu me demander? — Mais pourquoi des soldats entourent-ils ce temple, et d'où vient que la terreur en assiège les portes sacrées?

SCÈNE II.

MÉGARE, AMPHITRYON, HERCULE, THÉSÉE.

AMPHITRYON.

Est-ce une illusion de mes yeux trompés par mes désirs, ou Hercule, vainqueur du monde et l'orgueil de la Grèce, est-il remonté du noir séjour des Ombres silencieuses? Est-ce bien mon fils que je vois? Tout mon corps tressaille de joie. O mon fils, sûre mais tardive espérance de Thèbes! est-ce réellement toi qui m'es rendu sur la terre, ou n'est-ce qu'une ombre vaine qui m'abuse? Est-ce toi? Oui, je reconnais tes bras vigoureux, tes fortes épaules, et ta main chargée de ta noble massue.

HERCULE.

O mon père, que veut dire ce deuil qui m'environne,

Amicta conjux? unde tam foedo obsiti
Paedore nati? quae domum clades gravat?

AMPHITRYON.

Socer est peremptus : regna possedit Lycus;
Natos, parentem, conjugem leto petit.

HERCULES.

Ingrata tellus! nemo ad Herculeae domus
Auxilia venit? vidit hoc tantum nefas
Defensus orbis? Cur diem questu tero?
Mactetur hostis.

THESEUS.

Hanc ferat virtus notam,
Fiatque summus hostis Alcidae Lycus?
Ad hauriendum sanguinem inimicum feror.

HERCULES.

Theseu, resiste, ne qua vis subita ingruat :
Me bella poscunt. Differ amplexus, parens,
Conjuxque, differ : nuntiet Diti Lycus
Me jam redisse.

THESEUS.

Flebilem ex oculis fuga,
Regina, vultum : tuque nato sospite
Lacrymas cadentes reprime : si novi Herculem,
Lycus Creonti debitas poenas dabit :
Lentum est, dabit, dat : hoc quoque est lentum, dedit.

et ces habits lugubres que porte mon épouse? Pourquoi ce honteux désordre dans la parure de nos enfans? Quel malheur est venu s'appesantir sur ma famille?

AMPHITRYON.

Ton beau-père a été tué : Lycus règne à sa place; la vie de tes enfans, de ton père, de ta femme, est par lui menacée.

HERCULE.

Terre ingrate! Personne n'est venu au secours de la famille d'Hercule? l'univers défendu par ces mains a pu voir avec indifférence un pareil attentat! Mais pourquoi perdre le temps en plaintes inutiles; il faut immoler mon ennemi.

THÉSÉE.

Ton courage doit-il recevoir un pareil affront? Lycus sera-t-il le dernier ennemi d'Hercule? Non, c'est moi qui cours verser le sang de ce misérable.

HERCULE.

Reste ici, cher Thésée, pour repousser toute attaque soudaine; moi, je vole au combat. Je recevrai plus tard vos embrassemens, ô mon père! et les tiens aussi, chère épouse. Il faut d'abord que Lycus aille porter à Pluton la nouvelle de mon retour en ces lieux.

THÉSÉE.

Reine, séchez ces pleurs qui défigurent votre visage; et vous, puisque votre fils est vivant, retenez les larmes qui tombent de vos yeux. Je connais Hercule : bientôt la mort de Lycus aura vengé celle de Créon; dire qu'il mourra, c'est trop peu; il meurt, que dis-je? non, mais il est déjà mort.

AMPHITRYON.

Votum secundet, qui potest, nostrum deus,
Rebusque lapsis adsit. O magni comes
Magnanime nati, pande virtutum ordinem;
Quam longa mœstos ducat ad Manes via;
Ut vincla tulerit dura Tartareus canis.

THESEUS.

Memorare cogis acta, securæ quoque
Horrenda menti : vix adhuc certa est fides
Vitalis auræ : torpet acies luminum,
Hebetesque visus vix diem insuetum ferunt.

AMPHITRYON.

Pervince, Theseu, quidquid alto in pectore
Remanet pavoris ; neve te fructu optimo
Frauda laborum : quæ fuit durum pati,
Meminisse dulce est : fare casus horridos.

THESEUS.

Fas omne mundi, teque dominantem precor
Regno capaci, teque, quam tota irrita
Quæsivit Ætna mater, ut jura abdita
Et operta terris liceat impune eloqui.

Spartana tellus nobile attollit jugum,
Densis ubi æquor Tænarus silvis premit :
Hic ora solvit Ditis invisi domus,
Hiatque rupes alta, et immenso specu

AMPHITRYON.

Que la divinité qui peut nous secourir soit propice à nos vœux, et nous relève de l'abaissement où nous sommes. Généreux compagnon de mon noble fils, racontez-nous la suite de ses hauts faits; dites-moi combien longue est la route qui mène au triste séjour des Mânes; et comment le chien du Tartare a pu être chargé de chaînes aussi pesantes.

THÉSÉE.

Quelque rassuré que je sois, les images du récit que vous me demandez me troublent encore : à peine suis-je certain de respirer l'air des vivans : mes yeux sont éblouis, et ma vue émoussée ne supporte que difficilement le vif éclat du jour dont elle avait perdu l'habitude.

AMPHITRYON.

Tâchez de vaincre, ô Thésée, ce reste de frayeur que vous portez encore au fond de l'âme; ne vous privez pas du plus précieux fruit de vos travaux : les périls sont durs à l'épreuve, mais doux au souvenir : redites-nous vos terribles aventures.

THÉSÉE.

Dieux suprêmes, et toi, souverain de l'immense empire des morts, et toi, que ta mère chercha en vain sur tout l'Etna, qu'il me soit permis de raconter impunément les secrets de l'abîme, et les mystères enfouis dans le sein profond de la terre.

Sur le sol de Sparte s'élève une montagne fameuse, le Ténare, qui projette sur la mer coulant à ses pieds l'ombre de ses noires forêts. Là s'ouvre l'entrée du royaume de Pluton; là, par la crevasse d'une roche pro-

Ingens vorago faucibus vastis patet,
Latumque pandit omnibus populis iter.
Non caeca tenebris incipit primo via :
Tenuis relictae lucis a tergo nitor,
Fulgorque dubius solis afflicti cadit,
Et ludit aciem : nocte sic mista solet
Praebere lumen primus aut serus dies.
Hinc ampla vacuis spatia laxantur locis,
In quae omne mersum pereat humanum genus.
Nec ire labor est; ipsa deducit via :
Ut saepe puppes aestus invitas rapit,
Sic pronus aer urget atque avidum chaos,
Gradumque retro flectere haud unquam sinunt
Umbrae tenaces. Intus immensi sinus
Placido quieta labitur Lethe vado,
Demitque curas : neve remeandi amplius
Pateat facultas, flexibus multis gravem
Involvit amnem. Qualis incerta vagus
Maeander unda ludit, et cedit sibi,
Instatque, dubius, litus an fontem petat.
Palus inertis foeda Cocyti jacet.
Hic vultur, illic luctifer bubo gemit,
Omenque triste resonat infaustae strigis :
Horrent opaca fronde nigrantes comae,
Taxo imminente, quam tenet segnis Sopor,
Famesque moesta tabido rictu jacens,
Pudorque serus conscios vultus tegit;
Metus, Pavorque, Funus, et frendens Dolor,
Aterque Luctus sequitur, et Morbus tremens,

fonde, se découvre une caverne immense aux flancs vastes et ténébreux, large route par où doivent passer toutes les générations humaines. L'entrée de cet abîme n'est pas entièrement obscurcie de ténèbres, on y trouve encore quelques rayons de la lumière qu'on a laissée derrière soi, et de pâles reflets d'un soleil blafard qui trompe la vue : c'est un demi-jour assez semblable à ce mélange de lumière et d'ombre qu'offre le crépuscule du soir, et celui du matin. A partir de là se déroulent des espaces infinis, dans lesquels toute la race humaine doit se perdre et disparaître. Il n'est pas difficile d'y pénétrer, la route elle-même vous conduit. Comme les courans emportent malgré eux les navigateurs, de même il y a là un certain courant de l'air qui vous presse de son poids ; l'avide Chaos vous attire, et les ténèbres venant à vous prendre ne vous permettent plus de revenir sur vos pas. Au centre de ce vaste abîme, coulent les flots pesans et paresseux du Léthé, qui portent avec eux l'oubli des maux de la vie ; et pour fermer aux Mânes le chemin du retour, ce fleuve tranquille étend partout ses mille bras en replis sinueux, imitant le cours bizarre et capricieux du Méandre, qui semble tantôt se chercher, tantôt se fuir lui-même, incertain s'il doit descendre à la mer, ou remonter vers sa source. Plus loin, s'étendent les eaux noires et dormantes du Cocyte. On n'entend là que le cri des vautours, le gémissement funèbre des hiboux, la voix sinistre de l'effraie. Là s'élèvent des forêts sombres et effrayantes que domine l'if funéraire : sous son ombrage se tient le Sommeil paresseux, la Faim tristement couchée à terre et la bouche béante, le Remords qui se couvre le

Et cincta ferro Bella : in extremo abdita
Iners Senectus adjuvat baculo gradum.

AMPHITRYON.

Estne aliqua tellus Cereris aut Bacchi ferax?

THESEUS.

Non prata viridi læta facie germinant,
Nec adulta leni fluctuat Zephyro seges;
Non ulla ramos silva pomiferos habet :
Sterilis profundi vastitas squalet soli,
Et fœda tellus torpet æterno situ;
Rerumque mœstus finis et mundi ultima :
Immotus aer hæret, et pigro sedet
Nox atra mundo; cuncta mœrore horrida,
Ipsaque morte pejor est Mortis locus.

AMPHITRYON.

Quid, ille opaca qui regit sceptro loca,
Qua sede positus temperat populos leves?

THESEUS.

Est in recessu Tartari obscuro locus,
Quem gravibus umbris spissa caligo alligat.
A fonte discors manat hinc uno latex :
Alter, quieto similis (hunc jurant dei),
Tacente sacram devehens fluvio Styga :
At hic tumultu rapitur ingenti ferox,

visage pour n'y pas laisser voir ses crimes, la Peur, l'Épouvante, le Deuil, la Douleur frémissante, le noir Chagrin, la Maladie tremblante, et la Guerre homicide; puis, cachée en un coin, tout au fond, l'impuissante Vieillesse qui appuie d'un bâton ses pas chancelans.

AMPHITRYON.

Y a-t-il au moins quelque partie de ce sol affreux qui produise les dons de Cérès ou de Bacchus?

THÉSÉE.

Non, point de prés fleuris qui charment les yeux par leur douce verdure; point de moissons joyeusement balancées dans l'air par le souffle du Zéphyr, point d'arbres courbés sous le poids de leurs fruits. Ces lieux profonds n'offrent partout que l'image de la mort et de la stérilité: c'est une terre affreuse, éternellement inculte et désolée, la limite du monde où toute vie expire. L'air y est épais et immobile, une nuit sombre pèse lourdement sur ce monde engourdi: tout y respire la tristesse et l'horreur, et ce séjour de la Mort est plus hideux que la mort même.

AMPHITRYON.

Et le dieu qui règne sur ces demeures ténébreuses, où a-t-il son trône et le siège de son triste empire?

THÉSÉE.

Il est dans un obscur enfoncement du Tartare un espace enveloppé de brouillards épais et de sombres nuages. Là, d'une source commune, s'échappent deux fleuves bien différens: l'un, et c'est celui que les dieux prennent à témoin de leurs sermens, roule d'un cours tranquille et doux ses eaux sacrées; l'autre s'élance avec

Et saxa fluctu volvit, Acheron, invius
Renavigari. Cingitur duplici vado
Adversa Ditis regia, atque ingens domus
Umbrante luco tegitur: hic vasto specu
Pendent tyranni limina: hoc umbris iter;
Hæc porta regni: campus hanc circa jacet,
In quo superbo digerit vultu sedens
Animas recentes. Dira majestas deo,
Frons torva, fratrum quæ tamen speciem gerat
Gentisque tantæ: vultus est illi Jovis,
Sed fulminantis. Magna pars regni trucis
Est ipse dominus, cujus aspectus timet,
Quidquid timetur.

AMPHITRYON.

   Verane est fama, inferis
Tam sera reddi jura, et oblitos sui
Sceleris nocentes debitas pœnas dare?
Quis iste veri rector atque æqui arbiter?

THESEUS.

Non unus alta sede quæsitor sedens
Judicia trepidis sera sortitur reis.
Aditur illo Gnossius Minos foro;
Rhadamanthus illo; Thetidis hoc audit socer.
Quod quisque fecit, patitur: auctorem scelus
Repetit, suoque premitur exemplo nocens.
Vidi cruentos carcere includi duces,
Et impotentis terga plebeia manu

un fracas épouvantable, et entraîne des rochers dans ses flots, qu'il est impossible de remonter : c'est l'Achéron. Derrière s'élève le palais de Pluton, vaste demeure ombragée par un bois épais. Des rochers suspendus et creusés forment le vestibule immense de ce noir séjour : c'est le chemin des Mânes, et l'entrée du sombre royaume. Tout autour s'étend la plaine, où Pluton, fièrement assis sur son trône, reconnaît les âmes qui arrivent. Son visage est majestueux, mais terrible ; son front menaçant, mais empreint encore de la beauté de ses frères, et du cachet de sa haute origine : c'est Jupiter, mais Jupiter lançant la foudre. Il résume en lui presque tout le sombre empire qu'il tient sous sa puissance, et son regard fait trembler tout ce qui fait trembler les hommes.

AMPHITRYON.

Est-il vrai que la justice tardive saisit les coupables dans l'Enfer, et que les forfaits, oubliés de ceux même qui les avaient commis, y trouvent leur châtiment ? Quel est le juge qui tient la balance de la justice et recherche la vérité ?

THÉSÉE.

Il n'y a pas un seul juge, mais plusieurs qui, assis sur des sièges élevés, prononcent enfin contre les coupables les sentences qu'ils ont méritées. Ici c'est le tribunal de Minos, là celui de Rhadamanthe, là celui du beau-père de Thétis. Les scélérats souffrent les maux qu'ils ont faits, le crime retourne à son auteur, et le coupable reçoit selon ses œuvres. J'ai vu des rois cruels plongés dans des cachots, et des tyrans impitoyables déchirés de

Scindi tyranni. Quisquis est placide potens,
Dominusque vitæ servat innocuas manus,
Et incruentum mitis imperium regit,
Animæque parcit, longa permensus diu
Felicis ævi spatia, vel cœlum petit,
Vel læta felix nemoris Elysii loca,
Judex futurus. Sanguine humano abstine,
Quicunque regnas : scelera taxantur modo
Majore vestra.

AMPHITRYON.

Certus inclusos tenet
Locus nocentes ? utque fert fama, impios
Supplicia vinclis sæva perpetuis domant?

THESEUS.

Rapitur volucri tortus Ixion rota.
Cervice saxum grande Sisiphia sedet.
In amne medio faucibus siccis senex
Sectatur undas; alluit mentum latex;
Fidemque quum jam sæpe decepto dedit,
Perit unda in ore, poma destituunt famem.
Præbet volucri Tityos æternas dapes :
Urnasque frustra Danaides plenas gerunt.
Errant furentes impiæ Cadmeides;
Terretque mensas avida Phineas avis.

AMPHITRYON.

Nunc ede nati nobilem pugnam mei.

verges par des mains plébéiennes. Mais le roi qui a uni la douceur à la puissance, qui, maître de la vie des hommes, a gardé ses mains pures, qui, au lieu de rougir de sang son sceptre pacifique, a respecté les jours de ses sujets, après avoir mesuré la carrière d'une vie longue et fortunée, il monte au ciel, ou, reçu dans les bocages rians de l'heureux Élysée, devient juge aux Enfers. Épargnez le sang des hommes, rois de la terre, car vous aurez à rendre un compte plus rigoureux.

AMPHITRYON.

Il est donc vrai qu'il y a aux Enfers un lieu réservé aux coupables, et que les impies, comme la renommée nous l'assure, y souffrent chargés de chaînes, et livrés à des tourmens éternels?

THÉSÉE.

Là, Ixion tourne rapidement au branle de sa roue. Un énorme rocher presse la tête de Sisiphe. Tourmenté de la soif au milieu du fleuve dans lequel il est plongé, le vieux Tantale cherche en vain à saisir l'onde qui le fuit; elle vient baigner son menton, et au moment où, tant de fois trompé dans son espérance, il croit la tenir, elle échappe à ses lèvres, ainsi que les fruits dont la présence irrite ses désirs. Un vautour affamé ronge éternellement le foie de Tityus; les Danaïdes se fatiguent vainement à remplir leurs urnes; les filles dénaturées de Cadmus s'agitent dans le même transport de fureur qui fit leur crime; et les avides Harpies menacent toujours la table de Phinée.

AMPHITRYON.

Maintenant, racontez-moi le glorieux combat de mon

Patrui volentis munus, an spolium refert?

THESEUS.

Ferale tardis imminet saxum vadis,
Stupente ubi unda, segne torpescit fretum :
Hunc servat amnem cultu et aspectu horridus,
Pavidosque Manes squalidus gestat senex;
Impexa pendet barba; deformem sinum
Nodus coercet; concavæ lucent genæ :
Regit ipse conto portitor longo ratem.

Hic onere vacuam litori puppim applicans
Repetebat umbras : poscit Alcides viam,
Cedente turba : dirus exclamat Charon :
« Quo pergis audax? siste properantem gradum. »
Non passus ullas natus Alcmena moras,
Ipso coactum navitam conto domat,
Scanditque puppim : cymba populorum capax
Succubuit uni; sedit, et gravior ratis
Utrinque Lethen latere titubanti bibit.
Tunc victa trepidant monstra, Centauri truces,
Lapithæque multo in bella succensi mero.
Stygiæ paludis ultimos quærens sinus,
Fœcunda mergit capita Lernæus labos.

Post hæc avari Ditis apparet domus :
Hic sævus umbras territat Stygius canis,
Qui trina vasto capita concutiens sono
Regnum tuetur : sordidum tabo caput

fils. Cerbère, qu'il ramène, est-il un présent volontaire de son oncle, ou le trophée de sa victoire?

THÉSÉE.

Une roche funèbre domine les eaux dormantes du Styx, à l'endroit où son cours est si lent qu'il semble tout-à-fait immobile. Ce fleuve est gardé par un sombre vieillard dont l'aspect seul épouvante : c'est lui qui passe d'une rive à l'autre les Mânes tremblans ; sa barbe en désordre pend sur sa poitrine ; un nœud grossier ferme sa robe hideuse ; un feu sauvage brille dans ses yeux ardens et enfoncés ; lui-même tient en ses mains la longue rame qui lui sert à conduire sa barque.

Il la ramenait vide au rivage pour y prendre d'autres âmes : Hercule demande à passer, et les Ombres s'écartent devant lui. Où vas-tu, mortel audacieux ? arrête ! s'écrie l'outrageux Charon. Impatient de tout retard, le fils d'Alcmène saisit la rame du vieux nocher, l'en frappe, et s'élance dans sa barque ; cet esquif, assez fort pour porter les générations humaines, fléchit sous le poids du héros ; il s'assied, et les deux côtés de la barque surchargée et tremblante reçoivent l'eau du Léthé. La vue d'Hercule fait pâlir tous les monstres qu'il a vaincus, les cruels Centaures, et les Lapithes enivrés que le vin poussait aux combats. Pour trouver un asile dans les dernières profondeurs du Styx, l'hydre de Lerne enfonce à la fois sous les eaux toutes ses têtes renaissantes.

Alors se découvre le palais de l'avare Pluton : c'est là que le terrible chien des Enfers épouvante les Ombres, et, secouant ses trois têtes avec un bruit affreux, veille à la garde du noir empire. Des serpens lèchent l'écume

Lambunt colubræ : viperis horrent jubæ ;
Longusque torta sibilat cauda draco :
Par ira formæ. Sensit ut motus pedum,
Attollit hirtas angue vibrato comas,
Missumque captat aure subrecta sonum,
Sentire et umbras solitus. Ut propior stetit
Jove natus, antro sedit incertus canis,
Et uterque timuit. Ecce, latratu gravi
Loca muta terret : sibilat totos minax
Serpens per armos : vocis horrendæ fragor
Per ora missus terna felices quoque
Exterret umbras. Solvit a læva feros
Tunc ipse rictus, et Cleonæum caput
Opponit, ac se tegmine ingenti clepit :
Victrice magnum dextera robur gerens,
Huc nunc et illuc verbere assiduo rotat :
Ingeminat ictus. Domitus infregit minas,
Et cuncta lassus capita submisit canis,
Antroque toto cessit.

     Extimuit sedens
Uterque solio dominus, et duci jubet :
Me quoque petenti munus Alcidæ dedit.
Tunc gravia monstri colla permulcens manu
Adamante texto vincit : oblitus sui
Custos opaci pervigil regni canis

sanglante qui sort de ses trois gueules; des vipères se dressent parmi les poils de son cou; sa queue recourbée est un énorme dragon qui toujours siffle. La fureur de ce monstre répond à sa figure: à peine a-t-il entendu le bruit des pas d'un homme, que les serpens de son cou se dressent et se hérissent, et son oreille attentive cherche à recueillir le son qui la frappe, habituée qu'elle est à entendre même le pas silencieux des Ombres. Dès que le fils de Jupiter se fut approché, le monstre s'assit dans son antre, indécis et troublé. Les deux ennemis tremblèrent l'un devant l'autre. Tout à coup Cerbère pousse un aboiement affreux qui ébranle les muettes profondeurs de l'Enfer; les serpens dont il est couvert sifflent tous à la fois. Le son de cette voix horrible s'échappant de ses trois gueules porte l'effroi jusque parmi les Ombres heureuses. Hercule aussitôt ramène autour de son bras gauche une tête effroyable, à la gueule ouverte et menaçante, la tête du lion de Némée, et s'en couvre comme d'un large bouclier. Sa main droite est armée de sa forte massue, instrument de ses victoires; il la tourne rapidement de tous côtés, frappe et redouble ses coups. Cerbère, vaincu, tombe dans l'abattement; épuisé de lassitude, il incline à la fois ses trois têtes, et sort de son antre, qu'il abandonne au vainqueur.

A cette vue, Pluton et Proserpine se troublent sur leur trône, et laissent emmener Cerbère: ils accordent de plus ma liberté à la demande de votre fils. Hercule, caressant de la main les têtes furieuses du monstre qu'il a vaincu, les assujétit avec une chaîne de diamant. Oubliant sa fureur, le gardien vigilant du sombre empire

Componit aures timidus, et patiens trahi,
Herumque fassus, ore submisso obsequens
Utrumque cauda pulsat anguifera latus.
Postquam est ad oras Tænari ventum, et nitor
Percussit oculos lucis ignotæ, novos
Resumit animos vinctus, et vastas furens
Quassat catenas : pæne victorem abstulit
Pronumque retro vexit, et movit gradu.
Tunc et meas respexit Alcides manus :
Geminis uterque viribus tractum canem
Ira furentem, et bella tentantem irrita,
Intulimus orbi. Vidit ut clarum æthera,
Et pura nitidi spatia conspexit poli,
Oborta nox est, lumina in terram dedit,
Compressit oculos, et diem invisum expulit,
Aciemque retro flexit, atque omni petiit
Cervice terram : tum sub Herculea caput
Abscondit umbra.

     Densa sed læto venit
Clamore turba, frontibus laurum gerens,
Magnique meritas Herculis laudes canit.

baisse timidement les oreilles, se laisse emmener, reconnaît son maître, se soumet à sa puissance, et le suit en agitant sans colère, autour de ses flancs, le dragon qui lui sert de queue. Mais arrivé à l'ouverture du Ténare, le vif éclat de la lumière céleste frappant ses yeux pour la première fois, il se ranime tout enchaîné qu'il est, et secoue violemment les chaînes qui l'accablent. Il est au moment d'entraîner son vainqueur, de le ramener en arrière, et de lui faire lâcher pied. Alcide réclame alors l'assistance de mon bras. Je joins mes forces aux siennes, et, après beaucoup d'efforts pour dompter la résistance de ce monstre qui se débattait entre nos bras plein de fureur et de violence, nous parvenons à le traîner sur la terre. A peine a-t-il vu le jour et cet océan de vive lumière qui flotte dans l'espace éthéré, c'est la nuit pour ses yeux; il les attache à la terre, et les ferme afin d'échapper au jour qui le brûle; il tourne ses têtes en arrière, les ramène vers la terre, et finit par les cacher sous l'ombre d'Hercule.

Mais j'entends les pas d'une multitude joyeuse et bruyante, qui, le front ceint de lauriers, célèbre les hauts faits du grand Alcide.

SCENA III.

CHORUS THEBANORUM.

Natus Eurystheus properante partu,
Jusserat mundi penetrare fundum:
Deerat hoc solum numero laborum,
Tertiæ regem spoliare sortis.
Ausus et cæcos aditus inire,
Ducit ad manes via qua remotos
Tristis, et silva metuenda nigra,
Sed frequens magna comitante turba.
Quantus incedit populus per urbes
Ad novi ludos avidus theatri:
Quantus Eleum ruit ad Tonantem,
Quinta quum sacrum revocavit æstas:
Quanta, quum longæ redit hora noctis,
Crescere et somnos cupiens quietos
Libra, Phœbeos tenet æqua currus,
Turba secretam Cererem frequentat,
Et citi tectis properant relictis
Attici noctem celebrare mystæ:
Tanta per campos agitur silentes
Turba! pars tarda gradiens senecta,
Tristis, et longa satiata vita:
Pars adhuc currit melioris ævi,
Virgines nondum thalamis jugatæ,
Et comis nondum positis ephebi,
Matris et nomen modo doctus infans.

SCÈNE III.

CHOEUR DE THÉBAINS.

Eurysthée, que Junon fit naître avant Hercule, avait ordonné à ce héros de pénétrer jusqu'aux dernières profondeurs du monde : il ne lui manquait plus pour fermer la liste de ses travaux que de vaincre Pluton, roi de la troisième partie de l'univers. Hercule a eu l'audace de tenter le ténébreux passage qui mène au sombre pays des Mânes, voie funeste, et semée de noires forêts, mais fréquentée par la foule innombrable des âmes qui descendent aux enfers. Comme les habitans des villes s'empressent au théâtre, attirés par la nouveauté des jeux; comme les peuples accourent aux combats d'Olympie, quand le cinquième été ramène les fêtes de Jupiter ; comme au retour des longues nuits, quand la Balance vient allonger les heures du sommeil et partage également le cours du soleil entre les deux hémisphères, la foule se rend aux mystérieux sacrifices de Cérès, et que les initiés de l'Attique sortent de leurs maisons pour célébrer les nocturnes cérémonies d'Éleusis ; telle et aussi nombreuse est la foule qui chemine sur la route silencieuse des enfers. Les uns se traînent à pas lents, sous le poids des années, tristes, et rassasiés de jours ; d'autres, plus jeunes, marchent aussi plus vite ; ce sont les vierges qui n'ont point connu les nœuds sacrés de l'hymen, des adolescens qui n'ont point coupé leur première chevelure, des enfans qui commencent à peine à bégayer le nom de

His datum solis, minus ut timerent,
Igne praelato relevare noctem.
Caeteri vadunt per opaca tristes;
Qualis est nobis animus, remota
Luce, quum moestus sibi quisque sentit
Obrutum tota caput esse terra.
Stat chaos densum, tenebraeque turpes,
Et color noctis malus, ac silentis
Otium mundi, vacuaeque nubes.
Sera nos illo referat senectus:
Nemo ad id sero venit, unde nunquam,
Quum semel venit, potuit reverti.
Quid juvat durum properare fatum?
Omnis haec magnis vaga turba terris
Ibit ad Manes, facietque inerti
Vela Cocyto. Tibi crescit omne,
Et quod Occasus videt, et quod Ortus:
Parce venturis; tibi, Mors, paramur:
Sis licet segnis; properamus ipsi.
Prima quae vitam dedit hora, carpit.

Thebis laeta dies adest:
Aras tangite supplices;
Pingues caedite victimas:
Permixtae maribus nurus
Solemnes agitent choros:
Cessent deposito jugo
Arvi fertilis incolae.
Pax est Herculea manu
Auroram inter et Hesperum,

leur mère. A eux seuls, pour diminuer leur effroi, il est donné des flambeaux qui dissipent devant eux l'horreur des ténèbres. Les autres âmes cheminent dans la nuit, tristes comme nous le sommes, quand, loin du jour, nous sentons avec un douloureux serrement de cœur la terre tout entière peser sur nos têtes.

Là règne l'épais chaos, d'affreuses ténèbres, une nuit de couleur sinistre, un repos et un silence effrayans, des nuées vides et sans eau.

Puisse une lente vieillesse ne nous conduire que bien tard à cet affreux séjour, où l'on arrive toujours trop tôt puisqu'on n'en revient jamais! Que sert de prévenir l'heure fatale? Toute cette foule d'hommes, qui s'agite confusément sous le soleil, doit un jour descendre au séjour des Mânes, et passer l'eau stagnante du Cocyte. Du couchant à l'aurore, le genre humain croît tout entier comme une moisson que tu dois recueillir; c'est pour toi qu'elle mûrit, ô Mort! épargne du moins les générations futures : quand tu serais lente à venir, qu'importe, ne courons-nous pas nous-mêmes au devant de toi? Le jour où nous recevons la vie, nous commençons à la perdre.

Ce jour est un jour de fête et de joie pour Thèbes. Empressez-vous autour des autels, et immolez de grasses victimes. Hommes et femmes, réunissez-vous pour former des danses solennelles. Que les habitans de nos riches campagnes laissent reposer leurs charrues. Le bras d'Hercule assure la paix au monde, depuis l'astre du matin jusqu'à l'étoile du couchant, et dans ces climats où le soleil, occupant le milieu du ciel, ne laisse point d'ombre autour des corps. Sur toute cette étendue que

Et qua sol medium tenens
Umbras corporibus negat.
Quodcunque alluitur solum
Longo Tethyos ambitu,
Alcidae domuit labor.
Transvectus vada Tartari
Pacatis redit inferis.
Jam nullus superest timor :
Nil ultra jacet inferos.
Stantes sacrificus comas
Dilecta tege populo.

Téthys enferme de sa vaste ceinture, il n'y a plus rien qu'Alcide n'ait surmonté. Il a passé les fleuves du Tartare, et voici qu'il remonte vainqueur des enfers. Que craindre encore désormais? Après les enfers il n'y a plus rien. Prêtre des dieux, faites pour son noble front une couronne du peuplier qu'il aime.

ACTUS QUARTUS.

SCENA I.

HERCULES, THESEUS, AMPHITRYON, MEGARA.

HERCULES.
Ultrice dextra fusus adverso Lycus
Terram cecidit ore: tum quisquis comes
Fuerat tyranni, jacuit et pœnæ comes.
Nunc sacra patri victor et superis feram,
Cæsisque meritas victimis aras colam.

Te, te, laborum socia et adjutrix, precor,
Belligera Pallas, cujus in læva ciet
Ægis feroces ore saxifico minas.
Adsit Lycurgi domitor et Rubri maris,
Tectam virenti cuspidem thyrso gerens;
Geminumque numen, Phœbus et Phœbi soror.
Soror sagittis aptior, Phœbus lyræ;
Fraterque quisquis incolit cælum meus,
Non ex noverca frater.

     Huc appellite
Greges opimos: quidquid Indorum seges,
Arabesque odoris quidquid arboribus legunt,

ACTE QUATRIÈME.

SCÈNE I.

HERCULE, THÉSÉE, AMPHITRYON, MÉGARE.

HERCULE.

Renversé par mon bras vengeur, Lycus a mordu la poussière : tous ceux qui avaient partagé sa tyrannie, ont aussi partagé son trépas. Maintenant je vais offrir des sacrifices à mon père et aux autres dieux, en reconnaissance de ma victoire, et immoler sur leurs autels les victimes qui leur sont dues.

Déesse des combats, ma compagne et mon appui dans mes travaux, toi dont la main gauche porte l'égide redoutable armée de la tête de la Gorgone, je t'invoque, ô Pallas ! Dieu vainqueur de Lycurgue, et conquérant de l'Inde, toi qui balances dans tes mains le thyrse orné de pampres verts, sois-moi propice. Apollon, dieu de la lyre, et toi, Diane, sa sœur, qui te plais à lancer des flèches rapides, vous tous mes frères, qui habitez l'Olympe, et qui ne devez pas le jour à la marâtre qui me poursuit de sa colère, écoutez mes vœux.

Qu'on amène ici les plus grasses victimes. Que les parfums de l'Inde, que l'encens de l'Arabie, brûlent sur les autels; que leur douce vapeur s'élève en épais tourbil-

Conferte in aras ; pinguis exundet vapor.
Populea nostras arbor exornet comas :
Te ramus oleæ fronde gentili tegat,
Theseu. Tonantem nostra adorabit manus :
Tu conditores urbis, et silvestria
Trucis antra Zethi, nobilis Dircen aquæ,
Laremque regis advenæ Tyrium coles.
Date tura flammis.

AMPHITRYON.

Nate, manantes prius
Manus cruenta cæde et hostili expia.

HERCULES.

Utinam cruorem capitis invisi deis
Libare possem ! gratior nullus liquor
Tinxisset aras ; victima haud ulla amplior
Potest, magisque opima mactari Jovi,
Quam rex iniquus.

AMPHITRYON.

Finiat genitor tuos
Opta labores : detur aliquando otium,
Quiesque fessis.

HERCULES.

Ipse concipiam preces
Jove meque dignas. Stet suo cælum loco,
Tellusque et æther : astra inoffensos agant
Æterna cursus : alta pax gentes alat :
Ferrum omne teneat ruris innocui labor,
Ensesque lateant : nulla tempestas fretum
Violenta turbet : nullus irato Jove
Exsiliat ignis : nullus hiberna nive

lons. Que les rameaux du peuplier se tressent en couronnes sur nos têtes ; vous, Thésée, mettez autour de la vôtre l'olivier de la ville de Minerve ; nous adorerons, nous, le maître du tonnerre ; vos hommages s'adresseront aux fondateurs de Thèbes, à la grotte sauvage du belliqueux Zéthus, à la fontaine célèbre de Dircé, au dieu tyrien qu'un roi étranger apporta parmi nous. Jetez de l'encens sur les brasiers sacrés.

AMPHITRYON.

Mon fils, il faudrait d'abord purifier tes mains souillées de carnage et teintes du sang ennemi.

HERCULE.

Que ne puis-je au contraire offrir aux dieux le sang de cet homme impie ! jamais libation plus agréable n'eût coulé sur un autel : la victime la plus méritoire et la plus acceptable qui puisse être sacrifiée à Jupiter, c'est un tyran.

AMPHITRYON.

Demande à ton père la fin de tes rudes travaux ; prie-le de mettre un terme à tes fatigues.

HERCULE.

Je vais prononcer des vœux dignes de Jupiter et dignes de moi. Que le ciel, la terre et l'air maintiennent leur antique harmonie ; que les astres accomplissent sans désordre leurs révolutions éternelles ; qu'une profonde paix descende sur le monde ; que le fer ne serve désormais qu'aux travaux innocens qui fécondent la terre ; que l'épée disparaisse ; plus de vents furieux qui soulèvent les flots, plus de foudres lancées par la main vengeresse

Nutritus agros amnis eversos trahat:
Venena cessent: nulla nocituro gravis
Succo tumescat herba; non saevi ac truces
Regnent tyranni. Si quod etiamnum est scelus
Latura tellus, properet; et si quod parat
Monstrum, meum sit.....

       Sed quid hoc? medium diem
Cinxere tenebrae: Phoebus obscuro meat
Sine nube vultu. Quis diem retro fugat,
Agitque in ortus? unde nox atrum caput
Ignota profert? unde tot stellae polum
Implent diurnae? Primus en noster labor
Caeli refulget parte non minima Leo,
Iraque totus fervet, et morsus parat:
Jam rapiet aliquod sidus: ingenti minax
Stat ore, et ignes efflat, et rutilat jubam
Cervice jactans: quidquid autumnus gravis,
Hiemsque gelido frigida spatio refert,
Uno impetu transiliet, et verni petet
Frangetque Tauri colla.

AMPHITRYON.

      Quod subitum hoc malum est?
Quo, nate, vultus huc et huc acres refers?
Acieque falsum turbida caelum vides?

HERCULES.

Perdomita tellus, tumida cesserunt freta,
Inferna nostros regna sensere impetus:
Immune caelum est; dignus Alcidae labor.

de Jupiter; que nul torrent grossi par les neiges de l'hiver ne déracine les moissons dans son cours; plus de poisons, plus d'herbe malfaisante, aux sucs vénéneux et mortels; plus de tyrans cruels et barbares. Si la terre cache encore dans son sein quelque monstre qui doive en sortir un jour, qu'elle se hâte; que ce fléau paraisse, afin qu'il tombe sous la puissance de mon bras.

Mais quoi? nous sommes au milieu du jour, et la nuit couvre le ciel. Le soleil pâlit, sans qu'aucun nuage le voile. Quelle puissance ramène le jour en arrière, et le fait rétrograder vers l'orient? Pourquoi cette nuit profonde et inconnue? que signifient ces étoiles qui brillent au ciel en plein midi? le lion de Némée, dont la mort fut le premier de mes travaux, éclaire la plus belle partie du firmament; il est tout étincelant de fureur, sa gueule s'ouvre comme pour dévorer quelque constellation; sa tête se dresse avec menace; le feu jaillit de ses naseaux, l'or de sa crinière fauve étincelle autour de son cou. Tous les astres qui ramènent le fertile automne, et ceux qui nous versent les frimas et les glaces de l'hiver, il va les franchir d'un bond, pour attaquer le signe du printemps, et briser la tête du Taureau.

AMPHITRYON.

D'où vient ce trouble soudain? ô mon fils! pourquoi porter çà et là tes yeux ardens, et quel est ce vertige qui change ainsi pour toi l'aspect du ciel?

HERCULE.

J'ai soumis la terre, et vaincu les flots orageux; l'enfer même a éprouvé ma puissance, le ciel seul ne la connaît pas encore : c'est une conquête digne de moi. Je vais

In alta mundi spatia sublimis ferar;
Petatur æther; astra promittit pater.
Quid si negaret? Non capit terra Herculem,
Tandemque superis reddit. En ultro vocat
Omnis deorum cœtus, et laxat fores,
Una vetante. Recipis, et reseras polum?
An contumacis januam mundi traho?
Dubitatur etiam? vincla Saturno exuam,
Contraque patris impii regnum impotens
Avum resolvam. Bella Titanes parent
Me duce furentes : saxa cum silvis feram,
Rapiamque dextra plena Centauris juga.
Jam monte gemino limitem ad superos agam.
Videat sub Ossa Pelion Chiron suum :
In cælum Olympus tertio positus gradu
Perveniet, aut mittetur.

AMPHITRYON.

Infandos procul
Averte sensus : pectoris sani parum,
Magni tamen, compesce dementem impetum.

HERCULES.

Quid hoc? gigantes arma pestiferi movent :
Profugit umbras Tityos, ac lacerum gerens
Et inane pectus, quam prope a cælo stetit!
Labat Cithæron, alta Pallene tremit,
Macetumque Tempe : rapuit hic Pindi juga;
Hic rapuit OEten : sævit horrendum Mimas.
Flammifera Erinnys verbere excusso sonat,

m'élever dans les plus hautes régions du monde céleste ; oui, montons jusqu'au séjour des dieux, Jupiter m'en permet l'entrée. Mais s'il me la refuse ? non, la terre ne peut me porter plus long-temps, elle doit enfin me rendre au ciel ma patrie. Voici que tous les dieux m'appellent de concert, et m'ouvrent les portes de l'Olympe ; Junon seule veut me les fermer. Laisse-moi entrer, ouvre-moi la porte, ô Junon, si tu ne veux pas que je la brise. Tu hésites encore ? je vais rompre les chaînes de Saturne, et lâcher ce vieux roi du ciel contre le fils impie qui l'a détrôné. Que les Titans furieux se préparent à recommencer la guerre, je leur servirai de chef ; j'arracherai les collines avec les forêts qui les couvrent, je déracinerai les montagnes habitées par les Centaures ; je les poserai l'une sur l'autre, comme des degrés pour monter au ciel. Chiron va voir l'Ossa dominer le Pélion ; l'Olympe sera le dernier échelon qui me portera, ou que je lancerai jusqu'au séjour des dieux.

AMPHITRYON.

Écarte, ô mon fils, ces coupables pensées. Ton cœur est noble, mais il s'égare ; hâte-toi de calmer cette fougue impétueuse.

HERCULE.

Que vois-je ? les Géans furieux se dressent tous en armes ! Tityus s'est échappé du séjour des Ombres, le sein déchiré, sans entrailles, et le voilà tout près du ciel ! le Cithéron s'ébranle, l'orgueilleuse Pallène tremble jusque dans ses fondemens, et toute la vallée de Tempé. Un des Titans a soulevé la cime du Pinde, un autre l'OEta. Mimas se livre à toute sa furie. La cruelle Érin-

Rogisque adustas propius ac propius sudes
In ora tendit. Sæva Tisiphone caput
Serpentibus vallata, post raptum canem
Portam vacantem clausit opposita face.
Sed ecce proles regis inimici latet,
Lyci nefandum semen : inviso patri
Hæc dextra jam vos reddet : excutiat leves
Nervus sagittas : tela sic mitti decet
Herculea.

AMPHITRYON.

Quo se cæcus impegit furor ?
Vastum coactis flexit arcum cornibus,
Pharetramque solvit : stridet emissa impetu
Arundo; medio spiculum collo fugit,
Vulnere relicto.

HERCULES.

Cæteram prolem eruam,
Omnesque latebras. Quid moror ? majus mihi
Bellum Mycenis restat, ut Cyclopea
Eversa manibus saxa nostris concidant.
Huc eat et illuc aula disjecto objice,
Rumpatque postes : columen impulsum labet.
Perlucet omnis regia : hic video abditum
Natum scelesti patris.

AMPHITRYON.

En, blandas manus
Ad genua tendens, voce miseranda rogat.
Scelus nefandum, triste, et adspectu horridum,
Dextra precante rapuit, et circa furens

nys agite son fouet terrible, et, balançant dans ses mains des tisons ardens retirés des flammes d'un bûcher, elle en menace ma tête, et toujours de plus près. L'affreuse Tisiphone, avec sa chevelure de serpens, ferme avec sa torche enflammée la porte des enfers, restée sans défense depuis l'enlèvement de Cerbère. Mais j'aperçois ici cachés les enfans de Lycus, race coupable d'un tyran : je vais vous réunir à votre père ; deux flèches rapides vont partir de mon arc ; le but est digne de mes coups.

AMPHITRYON.

Où l'emporte son aveugle fureur ? il a ramené l'une vers l'autre les deux extrémités de son arc immense ; il prend une flèche dans son carquois ; elle s'échappe en sifflant, traverse par le milieu la tête de l'enfant, et n'y laisse que la blessure qu'elle a faite.

HERCULE.

Je découvrirai ce qui subsiste encore de cette race infâme, et ses retraites les mieux cachées. Mais pourquoi différer ? il me reste de plus grands coups à frapper, il me faut combattre Mycènes, et détruire de mes mains ses fortes murailles bâties par les Cyclopes. Allons, renversons ce palais, vain obstacle qui m'arrête, brisons ses portes, et les colonnes qui le soutiennent. Le voilà maintenant à jour ; et je découvre ici caché le fils d'un père abominable.

AMPHITRYON.

Le pauvre enfant lui demande grâce d'une voix timide en étendant vers lui ses petites mains suppliantes. O crime affreux, spectacle horrible et déchirant ! il l'a saisi par cette main qu'il lui tendait, l'a fait tourner trois

Bis ter rotatum misit : ast illi caput
Sonuit ; cerebro tecta disperso madent.
At misera parvum protegens natum sinu
Megara, furenti similis, e latebris fugit.

HERCULES.

Licet Tonantis profuga condaris sinu,
Petet undecunque temet hæc dextra, et feret.

AMPHITRYON.

Quo misera pergis ? quam fugam, aut latebram petis?
Nullus salutis Hercule infenso est locus :
Amplectere ipsum potius, et blanda prece
Lenire tenta.

MEGARA.

Parce jam, conjux, precor;
Agnosce Megaram : natus hic vultus tuos
Habitusque reddit : cernis ut tendat manus?

HERCULES.

Teneo novercam : sequere, da pœnas mihi,
Jugoque pressum libera turpi Jovem.
Sed ante matrem parvulum hoc monstrum occidat.

MEGARA.

Quo tendis amens? sanguinem fundes tuum?

AMPHITRYON.

Pavefactus infans igneo vultu patris
Perit ante vulnus : spiritum eripuit timor.

fois autour de sa tête, et l'a lancé avec fureur. La tête a retenti en se brisant contre la pierre, et la cervelle a jailli contre les murailles. Mais voici la malheureuse Mégare qui, tremblante et égarée, s'échappe de sa retraite en cachant dans son sein le plus jeune de ses enfans.

HERCULE.

Quand même tu pourrais fuir jusque dans les bras de Jupiter et t'y cacher, ma main saurait bien t'y atteindre et t'en arracher.

AMPHITRYON.

Où courez-vous, malheureuse! quelle retraite, quel asile pensez-vous chercher? il n'en est point au monde contre la fureur d'Hercule; jetez-vous plutôt dans ses bras, en essayant de le fléchir par de douces prières.

MÉGARE.

Grâce! ô mon époux, grâce! reconnais Mégare; cet enfant, c'est ta vivante image, c'est toi-même : vois-tu comme il te tend les mains?

HERCULE.

Cette cruelle marâtre est en ma puissance; viens, je vais te punir, et délivrer Jupiter du joug honteux que tu fais peser sur lui; mais avant la mère il faut tuer d'abord ce petit monstre.

MÉGARE.

Insensé, que vas-tu faire? c'est ton sang que tu vas répandre!

AMPHITRYON.

Le pauvre enfant est déjà mort, avant d'avoir été frappé, de la peur que lui causent les regards enflammés

In conjugem nunc clava libratur gravis.
Perfregit ossa : corpori trunco caput
Abest, nec usquam est. Cernere hoc audes nimis
Vivax senectus? si piget luctus, habes
Mortem paratam : pectus in tela indue,
Vel stipitem istum, cæde monstrorum illitum,
Converte : falsum ac nomini turpem tuo
Remove parentem, ne tuæ laudi obstrepat.

THESEUS.

Quo te ipse, senior, obvium morti ingeris?
Quo pergis amens? profuge, et obtectus late,
Unumque manibus aufer Herculeis scelus.

HERCULES.

Bene habet : pudendi regis excisa est domus.
Tibi hunc dicatum, maximi conjux Jovis,
Gregem cecidi : vota persolvi libens
Te digna ; et Argos victimas alias dabit.

AMPHITRYON.

Nondum litasti, nate : consumma sacrum.
Stat, ecce, ad aras hostia ; exspectat manum
Cervice prona : præbeo, occurro, insequor ;
Macta. Quid hoc est? errat acies luminum,
Visusque mœror hebetat. En video Herculis
Manus trementes? Vultus in somnum cadit,
Et fessa cervix capite submisso labat :
Flexo genu jam totus ad terram ruit ;
Ut cæsa silvis ornus, aut portus mari
Datura moles. Vivis? an leto dedit

de son père ; il ne respire plus. Maintenant c'est contre son épouse qu'il brandit sa pesante massue ; il lui brise les os ; sa tête, séparée, manque au tronc, et ne peut se retrouver nulle part. O malheureuse et trop longue vieillesse! peux-tu bien contempler ce spectacle? Si ma douleur l'irrite, je suis prêt à mourir ; prends-moi pour but de tes flèches, ou tourne contre moi cette massue, couverte du sang des monstres ; délivre-toi d'un homme qui n'est pas ton père, et dont le nom déshonorerait ta gloire.

THÉSÉE.

Pourquoi, malheureux vieillard, vous offrir de vous-même à la mort? que voulez-vous faire? fuyez, cachez-vous, épargnez un crime à la main d'Hercule.

HERCULE.

C'est bien. J'ai entièrement détruit la famille d'un odieux tyran. C'est à toi, épouse de Jupiter, que je viens d'immoler ces victimes ; mes vœux étaient dignes de toi, je les accomplis sans regret ; je trouverai dans Argos d'autres victimes à t'offrir.

AMPHITRYON.

Ton sacrifice n'est pas complet, mon fils ; il faut l'achever. La victime est au pied des autels ; la tête inclinée, elle n'attend que la main qui doit l'immoler. Me voici, j'appelle, je provoque tes coups. Frappe donc. Mais quoi! sa vue se trouble, un nuage de douleur se répand sur ses yeux, sa main tremble! le sommeil descend sur lui, sa tête fatiguée s'incline et se penche sur sa poitrine. Ses genoux s'affaissent, et le voilà qui roule à terre de tout son poids, comme un orme qui tombe dans les forêts, comme une digue jetée à la mer pour y

Idem, tuos qui misit ad mortem, furor ?
Sopor est ; reciprocos spiritus motus agit.
Detur quieti tempus, ut somno gravi
Vis victa morbi pectus oppressum levet.
Removete, famuli, tela, ne repetat furens.

SCENA II.

CHORUS THEBANORUM.

Lugeat æther, magnusque parens
Ætheris alti, tellusque ferax,
Et vaga ponti mobilis unda.
Tuque ante omnes, qui per terras,
Tractusque maris fundis radios,
Noctemque fugas ore decoro,
Fervide Titan : obitus pariter
Tecum Alcides vidit et ortus,
Novitque tuas utrasque domos.
Solvite tantis animum monstris,
Solvite, superi : rectam in melius
Flectite mentem. Tuque, o domitor,
Somne, laborum, requies animi,
Pars humanæ melior vitæ,
Volucer, matris genus Astrææ,
Frater duræ languide Mortis,
Veris miscens falsa, futuri
Certus, et idem pessimus auctor :

former un port. Vis-tu, ou si ta fureur, qui t'a porté à détruire ta famille, t'a détruit toi-même? Il dort : on le sent vivre et respirer. Laissons-lui prendre quelques momens de repos, afin que le calme profond du sommeil apaise le trouble violent qui l'agite. Enlevez-lui ses armes, pour que sa fureur ne les reprenne pas au réveil.

SCENE II.

CHOEUR DE THÉBAINS.

Que le ciel et le dieu puissant qui le tient sous ses lois, que la terre féconde, et les flots mouvans de la mer prennent le deuil; et toi surtout, brillant Soleil, qui colores de tes feux la terre et les mers, et chasses les ténèbres devant l'éclat de tes rayons : de l'aurore au couchant, Hercule a suivi ta marche. Il connaît le lieu de ton lever et celui de ton coucher. Dieux suprêmes, dissipez les terribles visions qui l'obsèdent, et ramenez à la raison ses esprits égarés. Sommeil réparateur des maux, repos de l'âme, toi, la meilleure partie de l'existence humaine, fils ailé d'Astrée, et frère compatissant de la cruelle Mort, qui, mêlant l'erreur à la vérité, tantôt nous révèles, et tantôt nous caches les secrets de l'avenir : père de toutes choses, port assuré contre les orages de la vie, repos du jour, compagnon de la nuit, qui répands également tes dons sur le monarque et sur l'esclave, verse le baume adoucissant de tes pavots sur Hercule, et calme l'affreux désordre de son âme. Toi

Pater o rerum, portus vitæ,
Lucis requies, noctisque comes,
Qui par regi famuloque venis,
Placidus fessum lenisque fove.
Pavidum leti genus humanum
Cogis longam discere mortem;
Preme devinctum torpore gravi :
Sopor indomitos alliget artus;
Nec torva prius pectora linquat,
Quam mens repetat pristina cursum.
En, fusus humi, sæva feroci
Corde volutat somnia : nondum est
Tanti pestis superata mali;
Clavæque gravi lassum solitus
Mandare caput, quærit vacua
Pondera dextra, motu jactans
Brachia vano; nec adhuc omnes
Expulit æstus, sed, ut ingenti
Vexata Noto servat longos
Unda tumultus, et jam vento
Cessante tumet. Pelle insanos
Fluctus animi : redeat pietas,
Virtusque viro. Vel sit potius
Mens vesano concita motu :
Error cæcus, qua cœpit, eat;
Solus te jam præstare potest
Furor insontem : proxima puris
Sors est manibus, nescire nefas.
Nunc Herculeis percussa sonent
Pectora palmis : mundum solitos

qui donnes aux mortels tremblans à l'idée du trépas un avant-goût de la mort véritable, embrasse tout son corps de tes fortes étreintes ; qu'un assoupissement profond enchaîne ses bras invincibles, et ne cesse point de peser sur sa large poitrine jusqu'à ce que sa raison ait repris son cours accoutumé.

Le voilà étendu sur la terre ; des songes affreux s'agitent dans son cœur ; le transport furieux qui s'est emparé de lui n'est pas encore apaisé. Habitué à reposer sa tête fatiguée sur sa lourde massue, il étend vainement sa main pour la saisir, et ses bras s'agitent en mouvemens inutiles. Tout le feu de sa rage n'est pas éteint, mais l'orage gronde encore dans son âme, comme sur une mer qui, battue par des vents impétueux, conserve long-temps l'agitation de ses flots, et s'enfle encore lorsque déjà le vent ne la soulève plus. Apaise les vagues émues de son âme. Rends-lui sa douceur et sa vertu première. Ou plutôt laisse-lui le trouble de son cœur, et donne un libre cours à son triste délire. La folie seule, ô Hercule, peut te justifier désormais. Après le bonheur de garder ses mains pures, c'en est un encore d'ignorer ses crimes.

Maintenant, malheureux, frappe à grands coups ta poitrine ; que ces mains victorieuses tournent leurs

Ferre lacertos verbera pulsent
Victrice manu : gemitus vastos
Audiat æther, audiat atri
Regina poli, vastisque ferox
Qui colla gerit vincta catenis,
Imo latitans Cerberus antro.
Resonet mœsto clamore chaos,
Latique patens unda profundi,
Et, qui melius tua tela tamen
     Senserat, aer.
Pectora tantis obsessa malis
Non sunt ictu ferienda levi;
Uno planctu tria regna sonent.
Et tu collo decus ac telum
Suspensa, diu fortis, arundo,
Pharetræque graves, date sæva fero
Verbera tergo : cædant humeros
Robora fortes, stipesque potens
Duris oneret pectora nodis :
Plangant tantos arma dolores.
Non vos patriæ laudis comites,
Ulti sævo vulnere reges,
Non Argiva membra palæstra
Flectere docti, fortes cæstu,
Fortesque manu, jam tamen ausi
Telum Scythici leve coryti
Missum certa librare manu,
Tutosque fuga figere cervos,
Nondumque feræ terga jubatæ,
Ite ad Stygios, umbræ, portus,

forces contre elles-mêmes, contre ces bras qui ont porté le monde. Que tes vastes gémissemens soient entendus au ciel, que la reine des enfers les entende, et qu'ils aillent frapper les oreilles du chien terrible, endormi au fond de son antre sous le poids des chaînes qui l'accablent. Que tes lugubres cris retentissent jusqu'au sein du chaos, dans l'abîme des mers profondes, et dans l'air que tu as fait résonner autrefois plus glorieusement au bruit de tes coups.

Ce n'est pas légèrement qu'il faut frapper un sein troublé par tant de remords affreux. Il faut que tes cris ébranlent à la fois le ciel, la terre et les enfers. Carquois long-temps glorieux, qu'il porte sur ses épaules comme un ornement et comme une force, et vous flèches puissantes, frappez-le donc à son tour, cet homme cruel; que sa massue lui serve à se meurtrir lui-même, et fasse retentir à grand bruit sa poitrine coupable. Que toutes ses armes deviennent les instrumens du supplice qu'il a mérité.

Tristes enfans, qui n'aviez pu, trop jeunes, suivre les traces de votre glorieux père, ni mettre à mort les cruels tyrans; qui n'aviez pu encore dresser vos membres aux luttes savantes de la Grèce, aux combats du ceste et du pugilat, qui du moins saviez déjà tendre l'arc léger du Scythe, et d'une flèche rapide, lancée d'une main sûre, frapper le cerf qui fuit devant le chasseur, mais non terrasser les lions à la crinière bondissante, allez, descendez vers les fleuves de l'enfer, innocentes victimes, immolées sur le seuil de la vie par la main criminelle de

Ite, innocuæ, quas in primo
Limine vitæ scelus oppressit
Patriusque furor; ite, infaustum
Genus, o pueri, noti per iter
. Triste laboris; ite, iratos
    Visite reges.

votre père furieux ; allez, pauvres enfans, suivez le sentier funeste, illustré par le plus noble des travaux d'Hercule, allez vous offrir aux maîtres irrités du sombre empire.

ACTUS QUINTUS.

SCENA I.

HERCULES, AMPHITRYON, THESEUS.

HERCULES.
Quis hic locus? quæ regio? quæ mundi plaga?
Ubi sum? sub ortu solis, an sub cardine
Glacialis Ursæ? numquid Hesperii maris
Extrema tellus hunc dat Oceano modum?
Quas trahimus auras? quod solum fesso subest?
Certe redimus : unde prostrata domo
Video cruenta corpora? an nondum exuit
Simulacra mens inferna? post reditus quoque
Oberrat oculos turba feralis meos.
Pudet fateri; paveo : nescio quod mihi,
Nescio quod animus grande præsagit malum.
Ubi est parens? ubi illa natorum grege
Animosa conjux? cur latus lævum vacat
Spolio leonis? quonam abiit tegimen meum,
Idemque somno mollis Herculeo torus?
Ubi tela? ubi arcus? arma quis vivo mihi
Detrahere potuit? spolia quis tanta abstulit?
Ipsumque quis non Herculis somnum horruit?
Libet meum videre victorem, libet.

ACTE CINQUIÈME.

SCÈNE I.

HERCULE, AMPHITRYON, THÉSÉE.

HERCULE.

Quel est ce lieu-ci? quel est ce pays, quelle est cette partie du monde? où suis-je donc? sous les feux du soleil levant, ou vers les climats de l'Ourse glacée? est-ce enfin la pointe d'Hespérie que je vois, et les rivages de la mer Occidentale? quel est cet air que je respire? quelle est la terre où je repose? c'est bien à Thèbes que je suis ; mais pourquoi ce palais détruit, ces corps sanglans? Est-ce que les spectres effrayans de l'enfer m'obsèderaient encore? Oui, même après mon retour à la lumière, ces monstres funèbres s'agitent devant moi. Je suis honteux de l'avouer, j'ai peur; je ne sais quel pressentiment fatal me trouble, et m'annonce d'affreux malheurs. Où est mon père, où est mon épouse, si fière de ses nombreux enfans? Pourquoi n'ai-je plus à mon bras gauche la dépouille du lion de Némée? Qu'est devenu ce trophée qui me donnait à la fois une cuirasse pour les combats, une couche molle pour le sommeil? Où est mon arc? où sont mes flèches? qui a pu m'ôter mes armes à moi vivant? Quel homme a pu ravir de telles dépouilles, et ne pas

Exsurge, victor, quem novum cælo pater
Genuit relicto; cujus in fœtu stetit
Nox longior, quam nostra. Quod cerno nefas?
Nati cruenta cæde confecti jacent;
Perempta conjux. Quis Lycus regnum obtinet?
Quis tanta Thebis scelera moliri ausus est,
Hercule reverso? Quisquis Ismeni loca,
Actæa quisquis arva, qui gemino mari
Pulsata Pelopis regna Dardanii colis,
Succurre, sævæ cladis auctorem indica.
Ruat ira in omnes : hostis est, quisquis mihi
Non monstrat hostem. Victor Alcidæ lates?
Procede, seu tu vindicas currus truces
Thracis cruenti, sive Geryonæ pecus,
Libyæve dominos : nulla pugnandi mora est :
En nudus adsto, vel meis armis licet
Petas inermem. Cur meos Theseus fugit
Paterque vultus? ora cur condunt sua?
Differte fletus : quis meos dederit neci
Omnes simul, profare. Quid, genitor, siles?
At tu ede, Theseu; sed tua, Theseu, fide.
Uterque tacitus ora pudibunda obtegit,
Furtimque lacrymas fundit. In tantis malis
Quid est pudendum? numquid Argivæ impotens
Dominator urbis, numquid infestum Lyci
Pereuntis agmen clade nos tanta obruit?
Per, te, meorum facinorum laudem, precor,
Genitor, tuique nominis semper mihi

trembler devant Hercule même endormi? Je veux connaître mon vainqueur, oui, je le veux.

Parais, noble rival, à qui mon père, désertant le ciel, a donné le jour après moi; dont la naissance a coûté au monde une plus longue nuit que celle où je suis né. Quelle horreur a frappé ma vue? mes enfans baignés dans leur sang, mon épouse égorgée! Quel nouveau Lycus s'est emparé du trône? qui a pu commettre un pareil forfait dans Thèbes, après que j'y suis rentré? Habitans des bords de l'Ismène, peuples de l'Attique, peuples du Péloponnèse que deux mers baignent de leurs flots, venez à mon secours, montrez-moi l'auteur de cet horrible carnage. Ma colère va tomber sur tous : celui qui ne me dénoncera pas, mon ennemi, le deviendra lui-même. Vainqueur d'Alcide, tu te caches? Parais donc; que tu viennes venger le tyran cruel de la Thrace, ou Géryon, à qui j'ai ravi ses troupeaux, ou les deux rois de la Libye, je suis prêt à combattre: me voici tout nu, sans armes, quand tu devrais m'attaquer avec les miennes.

Mais pourquoi Thésée évite-t-il mes regards, et mon père aussi? Pourquoi se cachent-ils le visage? Retenez vos pleurs. Quel est l'assassin de toute ma famille? nommez-le-moi. Vous gardez le silence, ô mon père? Parle donc, toi, Thésée; parle, je l'exige de ta fidèle amitié.

Tous deux restent muets, se cachent le visage de honte, et me dérobent les larmes qui tombent de leurs yeux. Qu'y a-t-il dans ce malheur dont il faille rougir? Est-ce que le cruel tyran d'Argos, ou la faction de Lycus

Numen secundum, fare, quis fudit domum?
Cui præda jacui?

AMPHITRYON.
Tacita sic abeant mala.
HERCULES.
Ut inultus ego sim?
AMPHITRYON.
Sæpe vindicta obfuit.
HERCULES.
Quisquamne segnis tanta toleravit mala?

AMPHITRYON.
Majora quisquis timuit.
HERCULES.
His etiam, pater,
Quidquam timeri majus aut gravius potest?
AMPHITRYON.
Cladis tuæ pars ista, quam nosti, quota est?

HERCULES.
Miserere, genitor: supplices tendo manus.
Quid hoc? manus refugit: hic errat scelus.
Unde hic cruor? quid illa puerili madens
Arundo leto, tincta Lernæa nece?
Jam tela video nostra, non quæro manum.
Quis potuit arcum flectere? aut quæ dextera
Sinuare nervum vix recedentem mihi?

vengeant la mort de son chef, nous auraient à ce point humiliés? O mon père! je vous en conjure, par mes nobles exploits, par votre nom que j'honore à l'égal de celui des dieux, parlez : quel est le destructeur de ma famille, le vainqueur qui m'a dépouillé?

AMPHITRYON.

Ne cherche point la cause de tes malheurs.

HERCULE.

Et rester sans vengeance?

AMPHITRYON.

La vengeance est souvent funeste.

HERCULE.

Un homme serait-il jamais assez lâche, pour souffrir patiemment de si grands maux?

AMPHITRYON.

Oui, dans la crainte de plus grands encore.

HERCULE.

Mais est-il possible, mon père, de craindre de plus grands, de plus affreux malheurs que les miens?

AMPHITRYON.

Ce que tu connais de tes malheurs, n'en est qu'une bien faible partie.

HERCULE.

Prenez pitié de moi, mon père; j'étends vers vous mes mains suppliantes. Mais quoi? il les repousse. Ah! le crime plane autour de moi. D'où vient ce sang? quelle est cette flèche, teinte du sang de cet enfant? elle fut teinte autrefois de celui de l'hydre de Lerne. Je reconnais mes traits : il n'est pas besoin de chercher la main qui les a lancés. Quel autre aurait pu tendre mon arc,

Ad vos revertor : genitor, hoc nostrum est scelus ?
Tacuere ; nostrum est.

AMPHITRYON.

Luctus est istic tuus ;
Crimen novercae : casus hic culpa caret.

HERCULES.

Nunc parte ab omni, genitor, iratus tona ;
Oblite nostri, vindica sera manu
Saltem nepotes : stelliger mundus sonet,
Flammasque et hic et ille jaculetur polus :
Rupes ligatum Caspiae corpus trahant,
Atque ales avida. Cur Promethei vacant
Scopuli ? paretur vertice immenso feras
Volucresque pascens Caucasi abruptum latus,
Nudumque silvis. Illa, quae pontum Scythen
Symplegas arctat, hinc et hinc vinctas manus
Distendat alto ; quumque revocata vice
In se coibunt, saxaque in caelum expriment
Actis utrinque rupibus medium mare,
Ego inquieta montium jaceam mora.
Quin structum acervans nemore congesto aggerem,
Cruore corpus impio sparsum cremo ?
Sic, sic agendum est : inferis reddam Herculem.

AMPHITRYON.

Nondum tumultu pectus attonito caret.

et en ramener la corde qui cède à peine à l'effort de mon bras? Oh! je m'adresse à vous encore une fois, mon père; est-ce moi qui ai commis ce crime? Ils ne répondent pas; c'est bien moi.

AMPHITRYON.

A toi le malheur, à ta marâtre le crime; c'est un coup affreux dont tu ne dois pas t'accuser toi-même.

HERCULE.

O Jupiter! lance tes foudres de tous les points du ciel; tu m'as oublié, moi ton fils : que tout s'arme du moins pour venger mes enfans. Que la voûte étoilée s'ébranle, et que des carreaux de flammes partent à la fois de l'un et de l'autre pôle. Que mon corps enchaîné sur les roches caspiennes soit la proie d'un vautour avide. Pourquoi laisser vacante la place de Prométhée? il faut disposer pour mon supplice le sommet affreux du Caucase, montagne escarpée, sans forêts, pleine de bêtes et d'oiseaux féroces. Que mes deux bras, attachés aux deux Symplégades qui resserrent les flots de la mer de Scythie, s'étendent sur l'abîme; et quand ces deux roches viendront à se rapprocher, en lançant jusqu'aux nues les vagues pressées contre leurs flancs, je les empêcherai de se réunir, déchiré moi-même par leur choc éternel. Mais pourquoi ne pas former plutôt un immense bûcher, pour y verser mon sang impie, et me consumer dans les flammes? Oui, oui, c'est ce que je veux exécuter; je veux rendre Hercule aux enfers dont il s'est échappé.

AMPHITRYON.

Le trouble de son cœur n'est pas encore apaisé. Seu-

Mutavit iras; quodque habet proprium furor,
In se ipse sævit.

HERCULES.

Dira Furiarum loca
Et inferorum carcer, et sonti plaga
Decreta turbæ, et si quod exsilium latet
Ulterius Erebo, Cerbero ignotum, et mihi,
Huc me abde tellus: Tartari ad finem ultimum
Mansurus ibo. Pectus o nimium ferum!
Quis vos per omnem, liberi, sparsos domum
Deflere digne poterit? hic durus malis
Lacrymare vultus nescit. Huc ensem date;
Date huc sagittas; stipitem huc vastum date.
Tibi tela frangam nostra; tibi nostros, puer,
Rumpemus arcus, ac tuis stipes gravis
Ardebit umbris; ipsa Lernæis frequens
Pharetra telis in tuos ibit rogos.
Dent arma pœnas: vos quoque infaustas meis
Cremabo telis, o novercales manus.

THESEUS.

Quis nomen unquam sceleris errori addidit?

HERCULES.

Sæpe error ingens sceleris obtinuit locum.

THESEUS.

Nunc Hercule opus est: perfer hanc molem mali.

HERCULES.

Non sic furore cessit exstinctus pudor,

lement sa colère a changé d'objet, et, par un effet naturel de la folie, c'est contre lui-même qu'elle se tourne.

HERCULE.

Sombre demeure des Furies, prison des enfers, cachots réservés aux coupables, lieux plus profonds que l'Érèbe, s'il en est, lieux inconnus de Cerbère et de moi, c'est dans vos ténèbres qu'il faut me cacher : je veux descendre dans les derniers gouffres du Tartare, pour n'en plus remonter. O cœur féroce et barbare ! pauvres enfans, semés en lambeaux par tout ce palais ! qui pourrait vous donner assez de larmes ? Mes yeux, indociles à la douleur, n'en savent point verser. Qu'on m'apporte une épée, qu'on me donne mes flèches et ma lourde massue. Pour toi je briserai mes flèches, ô mon fils ; pour toi je romprai mon arc ; pour toi je brûlerai cette massue qui servira de bois pour ton bûcher ; ce carquois même tout rempli de flèches trempées dans le sang de l'hydre de Lerne, je le jetterai dans les flammes. Il faut punir mes armes ; et vous, qui les avez déshonorées, je vous brûlerai aussi, mains fatales, instrumens de la haine de Junon.

THÉSÉE.

Qui donna jamais à l'erreur le nom de crime ?

HERCULE.

Quand l'erreur va si loin, elle est bien près du crime.

THÉSÉE.

C'est maintenant que tu dois déployer toute ta force, en portant le poids de ton infortune.

HERCULE.

La fureur ne m'a pas ôté encore toute honte, pour

Populos ut omnes impio aspectu fugem.
Arma, arma, Theseu, flagito propere mihi
Subtracta reddi. Sana si mens est mihi,
Referte manibus tela : si remanet furor,
Pater, recede : mortis inveniam viam.

AMPHITRYON.

Per sancta generis sacra, per jus nominis,
Utrumque nostri, sive me altorem vocas,
Seu tu parentem; perque venerandos piis
Canos, senectæ parce desertæ, precor,
Annisque fessis : unicum lapsæ domus
Firmamen, unum lumen afflicto malis
Temet reserva. Nullus ex te contigit
Fructus laborum : semper aut dubium mare,
Aut monstra timui : quisquis in toto furit
Rex sævus orbe, manibus, aut aris nocens,
A me timetur : semper absentis pater
Fructum tui, tactumque et aspectum peto.

HERCULES.

Cur animam in ista luce detineam amplius,
Morerque, nihil est : cuncta jam amisi bona,
Mentem, arma, famam, conjugem, natos, manus,
Etiam furorem. Nemo polluto queat
Animo mederi : morte sanandum est scelus.

AMPHITRYON.

Perimes parentem ?

que je veuille voir les hommes fuir tremblans à mon aspect. Mes armes! Thésée, mes armes! on me les a prises; qu'elles me soient rendues à l'instant. Si j'ai recouvré ma raison, remettez-les-moi; si ma folie dure encore, éloignez-vous, ô mon père : je saurai bien trouver le chemin de la mort.

AMPHITRYON.

Par le mystère de ta naissance, par le respect que tu me dois pour t'avoir mis au monde, ou seulement pour t'avoir élevé; par ces cheveux blancs que tous les cœurs vertueux révèrent, je t'en conjure, épargne ma vieillesse délaissée, et la faiblesse de mes vieux ans. Conserve-toi comme l'unique appui de ma maison déchue, comme la dernière consolation de mes disgrâces. Je n'ai recueilli jamais aucun fruit de tes travaux; toujours il m'a fallu craindre les dangers de la mer, ou la fureur des monstres. S'il est dans le monde un roi barbare qui tue les hommes, ou verse leur sang sur ses autels, il me faut le redouter. Toujours privé de mon fils, je te demande enfin de m'accorder la joie de ta présence, le bonheur de te voir et de te presser dans mes bras.

HERCULE.

Je n'ai point de raison pour jouir plus long-temps de la lumière ; tous les liens qui pouvaient m'attacher à la vie sont brisés : esprit, armes, gloire, femme, enfans, valeur, j'ai tout perdu, jusqu'à ma fureur. Rien ne peut guérir la plaie de ma conscience : il n'y a de remède au crime que la mort.

AMPHITRYON.

Tu veux donc tuer aussi ton père?

HERCULES.
Facere ne possim, occidam.
AMPHITRYON.
Genitore coram?

HERCULES.
Cernere hunc docui nefas.
AMPHITRYON.
Memoranda potius omnibus facta intuens,
Unius a te criminis veniam pete.

HERCULES.
Veniam dabit sibi ipse, qui nulli dedit?
Laudanda feci jussus, hoc unum meum est.
Succurre, genitor, sive te pietas movet,
Seu triste fatum, sive violatæ decus
Virtutis: effer arma; vincatur mea
Fortuna dextra.

THESEUS.
Sunt quidem patriæ preces
Satis efficaces; sed tamen nostro quoque
Moveare fletu: surge, et adversa impetu
Perfringe solito: nunc tuum nulli imparem
Animum malo resume; nunc magna tibi
Virtute agendum est: Herculem irasci veta.
HERCULES.
Si vivo, feci scelera: si morior, tuli.
Purgare terras propero: jamdudum mihi
Monstrum impium, sævumque et immite, ac ferum
Oberrat: agedum, dextra, conare aggredi

HERCULE.

C'est pour m'épargner ce malheur que je veux mourir.

AMPHITRYON.

Quoi! sous mes yeux?

HERCULE.

Je les ai rendus témoins d'un crime.

AMPHITRYON.

Tu dois plutôt, en considération de tant de beaux exploits, obtenir de toi-même le pardon du seul acte coupable que tes mains aient commis.

HERCULE.

Peut-on se pardonner à soi-même ce qu'on a toujours puni dans les autres? Le bien que j'ai fait m'était commandé; cet acte seul est de moi tout entier. Venez à mon aide, ô mon père, au nom de votre tendresse paternelle, au nom de ma triste destinée, au nom de cette gloire dont j'ai terni l'éclat. Mes armes! que la mort du moins me dérobe aux coups de la fortune.

THÉSÉE.

Les prières d'un père ont sans doute assez de puissance; mais pourtant, sois aussi touché de mes pleurs; sors de cet abattement, et oppose au malheur ta force accoutumée; reprends ce courage qui jamais ne plie sous l'infortune; c'est le moment de montrer toute l'énergie de ton âme : il faut vaincre ta colère.

HERCULE.

Vivant, je reste criminel; mort, je ne suis plus que malheureux. Hâtons-nous de purger la terre: depuis trop long-temps un monstre impie, cruel, féroce, implacable, attend mes coups; allons, mon bras, il faut exé-

Ingens opus, labore bisseno amplius.
Ignave, cessas, fortis in pueros modo,
Pavidasque matres? Arma nisi dantur mihi,
Aut omne Pindi Thracis excidam nemus,
Bacchique lucos, et Cithæronis juga
Mecum cremabo : tota cum domibus suis
Dominisque tecta, cum deis templa omnibus
Thebana supra corpus excipiam meum,
Atque urbe versa condar ; et, si fortibus
Leve pondus humeris mœnia immissa incident,
Septemque opertus non satis portis premar,
Onus omne, media parte quod mundi sedet,
Dirimitque superos, in meum vertam caput.

AMPHITRYON.
Redde arma.

HERCULES.
Vox est digna genitore Herculis.
Hoc en peremptus spiculo cecidit puer.

AMPHITRYON.
Hoc Juno telum manibus emisit tuis.

HERCULES.
Hoc nunc ego utar.

AMPHITRYON.
Ecce, quam miserum metu
Cor palpitat, corpusque sollicitum ferit!

HERCULES.
Aptata arundo est.

AMPHITRYON.
Ecce jam facies scelus

cuter le plus grand des exploits, celui qui doit effacer tes douze travaux. O lâche! tu hésites? tu n'as donc de courage que pour tuer des enfans et de faibles femmes? Si mes armes ne me sont pas rendues, j'arracherai toute la forêt du Pinde, et je me brûlerai moi-même avec les bois sacrés de Bacchus, et tous les arbres du Cithéron. Je renverserai toute la ville de Thèbes, avec ses habitans; ses temples, avec les dieux qui les habitent; je périrai sous leur chute, je m'ensevelirai sous leurs débris, et si ses remparts croulans sont un poids trop léger pour mes fortes épaules, et que nos sept portes ne suffisent pas pour m'écraser de leurs ruines, je ferai tomber sur ma tête le poids énorme de toute cette partie du monde qui sépare le ciel des enfers.

AMPHITRYON.

Rendez-lui ses armes.

HERCULE.

A cette parole je reconnais mon père. Voici la flèche qui a percé mon enfant.

AMPHITRYON.

Oui, Junon l'a lancée par tes mains.

HERCULE.

Je vais m'en servir à mon tour.

AMPHITRYON.

Ah! malheureux! mon cœur se trouble, et s'agite avec violence dans mon sein.

HERCULE.

La flèche est disposée.

AMPHITRYON.

C'est sciemment, c'est volontairement que tu vas com-

Volens sciensque. Pande, quid fieri jubes?
Nihil rogamus : noster in tuto est dolor :
Natum potes servare tu solus mihi,
Eripere nec tu : maximum evasi metum :
Miserum haud potes me facere, felicem potes.
Sic statue, quidquid statuis, ut causam tuam
Famamque in arcto stare et ancipiti scias :
Aut vivis, aut occidis. Hanc animam levem,
Fessamque senio, nec minus quassam malis,
In ore primo teneo.... Tam tarde patri
Vitam dat aliquis? Non feram ulterius moram;
Letale ferro pectus impresso induam :
Hic, hic jacebit Herculis sani scelus.

HERCULES.

Jam parce, genitor, parce; jam revoca manum.
Succumbe, virtus, perfer imperium patris.
Eat ad labores hic quoque Herculeos labor;
Vivamus : artus alleva afflictos solo,
Theseu, parentis; dextra contactus pios
Scelerata refugit.

AMPHITRYON.

     Hanc manum amplector libens :
Hac nixus ibo, pectori hanc ægro admovens
Pellam dolores.

HERCULES.

     Quem locum profugus petam?
Ubi me recondam? quave tellure obruam?
Quis Tanais, aut quis Nilus, aut quis Persica

mettre ce crime. Eh bien! dis donc ce que tu veux. Je ne te prie de rien : la mesure de mes maux est comblée, je ne puis plus craindre. Seul tu peux encore me conserver mon fils; mais me l'enlever, tu ne le peux pas plus qu'un autre : le moment terrible est passé pour moi. Tu ne peux rien pour mon malheur; mon bonheur seul est encore entre tes mains. Prends un parti; mais songe, en le prenant, aux obligations sévères et étroites que t'imposent ta vie et ta gloire : il te faut vivre ou me tuer. Mon âme défaillante, non moins accablée par le malheur qu'affaiblie par l'âge, est déjà sur mes lèvres...... Un fils peut-il hésiter ainsi à donner la vie à son père? Je n'attendrai pas plus long-temps; cette épée va percer mon sein : je vais mourir, et tomber ici même, par la main d'Alcide, qui aura commis ce crime de sang-froid.

HERCULE.

Pardonnez, mon père; pardonnez, arrêtez votre main. Humilie-toi, ô mon courage, et cède à la puissance paternelle. Ajoutez ce nouvel effort à la liste de mes premiers travaux; je vivrai. Thésée, relève mon père abattu et renversé contre terre; ma main criminelle craindrait de faire outrage à sa pureté.

AMPHITRYON.

Cette main, je veux la baiser, ô mon fils : elle soutiendra mes pas chancelans, je la mettrai sur mon cœur malade, et je guérirai ainsi mes douleurs.

HERCULE.

Où fuir? où me cacher? où chercher l'oubli du tombeau? Les eaux du Tanaïs ou du Nil, les flots impétueux du Tigre ou du Rhin, ceux du Tage qui roule

Violentus unda Tigris, aut Rhenus ferox,
Tagusve Ibera turbidus gaza fluens,
Abluere dextram poterit? Arctoum licet
Mæotis in me gelida transfundat mare,
Et tota Tethys per meas currat manus,
Hærebit altum facinus. In quas impius
Terras recedes? Ortum, an Occasum petes?
Ubique notus perdidi exsilio locum.
Me refugit orbis, astra transversos agunt
Obliqua cursus: ipse Titan Cerberum
Meliore vultu vidit. O fidum caput,
Theseu, latebram quære longinquam, abditam;
Quoniamque semper sceleris alieni arbiter
Amas nocentes, gratiam meritis refer
Vicemque nostris: redde me infernis, precor,
Umbris reductum, meque subjectum tuis
Restitue vinclis: ille me abscondet locus.....
Sed et ille novit.

THESEUS.

Nostra te tellus manet.
Illic solutam cæde Gradivus manum
Restituit armis: illa te, Alcida, vocat,
Facere innocentes terra quæ superos solet.

de l'or avec son onde, suffiraient-ils jamais à purifier cette main ? quand les eaux méotides passeraient toutes sur moi, quand Thétis repandrait tous ses flots sur mes mains, la trace de mon crime ne s'effacerait pas. Misérable ! où vas-tu chercher un asile ? à l'orient ou à l'occident ? Connu partout, je ne trouverai nulle part un lieu d'exil. L'univers tout entier me repousse ; les astres se détournent dans leur cours, à mon aspect. Le Soleil a vu Cerbère avec moins d'horreur. Fidèle ami, cher Thésée, trouve-moi quelque retraite lointaine, inconnue des humains. Puisque c'est ton partage d'être toujours le complice des crimes des autres, et de t'attacher aux coupables, tu dois reconnaître mes bienfaits, et me payer de retour ; ramène-moi dans le séjour des Ombres, et je porterai, à ta place, le poids de tes chaînes ; l'enfer me servira d'asile...... Mais que dis-je ? l'enfer aussi me connaît.

THÉSÉE.

Mon pays t'offrira l'asile que tu cherches. C'est là que le dieu de la guerre purifiera tes mains sanglantes, et te rendra tes armes. Viens, Alcide, allons vers cette terre qui rend aux dieux mêmes leur innocence.

THYESTE.

DRAMATIS PERSONÆ.

THYESTES.
ATREUS.
TANTALUS.
MEGÆRA.
PLISTHENES, Thyestis filius.
CHORUS SENUM MYCENÆORUM.
TANTALUS, Thyestis filius, ⎫
Alius Thyestis filius, ⎬ mutæ personæ.
Satelles, nuntius.

PERSONNAGES.

THYESTE.
ATRÉE.
TANTALE.
MÉGÈRE.
PLISTHÈNES, fils de Thyeste.
CHOEUR DES VIEILLARDS DE MYCÈNES.
TANTALE, fils de Thyeste, } personnages muets.
Un autre fils de Thyeste,
Un garde et un messager.

ARGUMENTUM.

Regnante Mycenis Atreo, Thyestes ejus frater, imperii sibi vindicandi cupiditate correptus, aureum arietem, in cujus possessione fata regni reposita credebantur, per fraudem subduxerat, adjuvante Ærope regina, Atrei uxore, quam Thyestes in adulterium pellexerat. Inde dissidia bellumque inter fratres. Post varias fortunæ vices (nam ex hac ipsa tragœdia, v. 237, inferri potest erravisse aliquandiu Atreum, dejectum regno), Thyestes, ex solio simul et urbe pulsus, diu vitam traxerat miseram et inopem. Atreus vero ultionis ultra modum appetens, ut sceleri pœnam æquet, fingit se velle pristinam caritatem cum fratre restituere. Redit igitur Thyestes; et postquam pavidum nec adhuc fortunæ suæ confidentem Atreus simulato gaudio excepit, natos ejus, pro obsidibus acceptos, ad aras trucidat, et epulandos genitori apponit, ipsumque eorum cruorem, vino commixtum, hauriendum præbet. Tum ultione exacta, cujus immanitatem sol horruisse dicitur, et refugo cursu damnavisse, Atreus fratri aperit exsultans quibus dapibus famem expleverit, et imprecantem irridet.

ARGUMENT.

Pendant qu'Atrée régnait à Mycènes, Thyeste, son frère, pour satisfaire l'ambition qu'il avait de s'emparer du trône, avait soustrait frauduleusement le bélier d'or sur la possession duquel on croyait que reposait le destin de la royauté, aidé en cela par la reine Érope, femme d'Atrée, que Thyeste avait séduite : de là division et lutte entre les deux frères. Après des chances diverses (car d'après un passage de la tragédie, vers 237, on peut croire qu'Atrée fut quelque temps privé de la couronne et fugitif), Thyeste, chassé du trône et de Mycènes, avait traîné long-temps une vie pauvre et misérable. Mais Atrée, dominé par un désir immodéré de vengeance, pour égaler le châtiment de Thyeste à son crime, feint de vouloir rendre à son frère son ancienne amitié. Thyeste revient, tremblant d'abord, et défiant de son bonheur ; mais Atrée, l'ayant reçu avec de feintes démonstrations de joie, lui prend ses fils en ôtage, les immole sur les autels, les fait servir à table devant leur père, et lui donne même à boire de leur sang mêlé dans du vin. Après cette vengeance, dont l'horreur, dit-on, fit reculer le soleil, Atrée fait connaître à son frère quels mets on lui a servis, et se moque de ses imprécations.

L. ANNÆI SENECÆ THYESTES.

ACTUS PRIMUS.

SCENA I.

UMBRA TANTALI, MEGÆRA.

TANTALUS.

Quis me inferorum sede ab infausta extrahit,
Avido fugaces ore captantem cibos?
Quis male deorum Tantalo vivas domos
Ostendit iterum? Pejus inventum est siti
Arente in undis aliquid, et pejus fame
Hiante semper? Sisyphi numquid lapis
Gestandus humeris lubricus nostris venit?
Aut membra celeri differens cursu rota?
Aut pœna Tityi, qui specu vasto patens
Visceribus atras pascit effossis aves,
Et nocte reparans quidquid amisit die,
Plenum recenti pabulum monstro jacet?

THYESTE

DE L. A. SÉNÈQUE.

ACTE PREMIER.

SCÈNE I.

L'OMBRE DE TANTALE, MÉGÈRE.

TANTALE.

Quelle puissance m'arrache des enfers où mes lèvres avides cherchent vainement à saisir un aliment qui m'échappe toujours ? quelle divinité funeste ramène Tantale au séjour des vivans ? Aurait-on inventé pour moi quelque supplice plus affreux que cette soif brûlante au milieu des eaux, que cette faim toujours béante ? Est-ce que mes épaules doivent se courber sous le rocher roulant de Sisyphe ? Va-t-on m'étendre sur la roue dont le tournoiement rapide meurtrit les membres d'Ixion ? Me faut-il subir le châtiment de Tityus qui, couché dans une vaste caverne, livre à de cruels vautours ses entrailles palpitantes, et qui, réparant chaque nuit la perte du

In quod malum transcribor? O quisquis nova
Supplicia functis durus umbrarum arbiter
Disponis, addi si quid ad poenas potest,
Quod ipse custos carceris diri horreat,
Quod moestus Acheron paveat, ad cujus metum
Nos quoque tremamus, quaere : jam nostra subit
E stirpe turba, quae suum vincat genus,
Ac me innocentem faciat, et inausa audeat.
Regione quidquid impia cessat loci,
Complebo : nunquam stante Pelopea domo
Minos vacabit.

MEGÆRA.

Perge, detestabilis
Umbra, et penates impios furiis age.
Certetur omni scelere, et alterna vice
Stringantur enses. Ne sit irarum modus
Pudorve : mentes caecus instiget furor ;
Rabies parentum duret, et longum nefas
Eat in nepotes : nec vacet cuiquam vetus
Odisse crimen ; semper oriatur novum,
Nec unum in uno ; dumque punitur scelus,
Crescat. Superbis fratribus regna excidant,
Repetantque profugos : dubia violentae domus
Fortuna reges inter incertos labet :
Miser ex potente fiat, ex misero potens,
Fluctuque regnum casus assiduo ferat.
Ob scelera pulsi, quum dabit patriam deus,

jour, offre sans cesse une proie nouvelle à l'insatiable faim des monstres qui le dévorent? A quel nouveau tourment veut-on me faire passer? O qui que tu sois, juge impitoyable des morts, chargé d'inventer des supplices pour les âmes coupables, s'il est possible d'ajouter à ceux que je viens de nommer, tâche d'en trouver un qui épouvante le gardien même du sombre empire, qui fasse trembler le noir Achéron, qui me glace moi-même de terreur. Il va sortir de ma famille une suite d'hommes coupables qui surpasseront les crimes de leurs pères, me feront paraître innocent au prix d'eux, et se souilleront d'attentats inouïs. Toutes les places vacantes dans le séjour des impies, ma famille les remplira. Tant qu'il restera des Pélopides, Minos n'aura point de relâche.

MÉGÈRE.

Ombre funeste, va, souffle sur ton palais détesté la rage des Furies; qu'il s'engage entre tes descendans une lutte de crimes, et qu'ils s'arment tour-à-tour du glaive homicide. Point de mesure à leur fureur, point de honte qui les arrête : qu'une aveugle colère s'empare de leurs esprits; que la rage des pères ne s'éteigne point avec eux, mais que leurs crimes passent, comme un héritage, à leurs fils : qu'aucun d'eux n'ait le temps de se repentir d'un attentat commis, mais qu'il en commette chaque jour de nouveaux, et que le châtiment d'un crime soit un crime plus grand. Que ces frères orgueilleux descendent du trône pour y remonter de l'exil. Que le destin de cette famille cruelle flotte indécis entre deux rois. Que le malheur succède à la puissance, la puissance au malheur; et que leur royaume soit en proie à

In scelera redeant; sintque tam invisi omnibus,
Quam sibi. Nihil sit, ira quod vetitum putet :
Fratrem expavescat frater, et natum parens,
Natusque patrem : liberi pereant male;
Pejus tamen nascantur : immineat viro
Infesta conjux. Bella trans pontum vehant:
Effusus omnes irriget terras cruor,
Supraque magnos gentium exsultet duces
Libido victrix. Impia stuprum in domo
Levissimum sit : fratris et fas et fides
Jusque omne pereat. Non sit a vestris malis
Immune caelum : cur micant stellae polo,
Flammaeque servant debitum mundo decus?
Nox atra fiat, excidat caelo dies.
Misce penates : odia, caedes, funera
Arcesse, et imple Tantalo totam domum.
Ornetur altum columen, et lauro fores
Laetae virescant : dignus adventu tuo
Splendescat ignis : Thracium fiat nefas
Majore numero. Dextra cur patrui vacat?
Nondum Thyestes liberos deflet suos?
Ecquando tollet, ignibus jam subditis
Spumante aheno? membra per partes eant
Discerpta : patrios polluat sanguis focos :
Epulae instruantur. Non novi sceleris tibi
Conviva venies : liberum dedimus diem,
Tuamque ad istas solvimus mensas famem.
Jejunia exple : mixtus in Bacchum cruor
Spectante te potetur.... Inveni dapes,
Quas ipse fugeres. Siste : quo praeceps ruis?

de continuelles révolutions. Que chassés de leur pays pour leurs crimes, ils n'y rentrent que pour en commettre de nouveaux, aussi insupportables aux autres qu'à eux-mêmes. Point de frein à leur fureur. Que le frère tremble devant le frère, le père devant le fils, le fils devant le père. Que la mort des enfans soit affreuse, mais surtout leur naissance. Que la femme attente aux jours de son mari. Qu'ils portent la guerre au delà des flots et que leur sang arrose tous les pays. Que l'orgueil de la victoire les porte à s'élever insolemment au dessus des autres chefs. Que l'adultère ne soit que la moindre tache de cette famille souillée ; périssent la confiance, l'amour, tous les droits de la fraternité. Que le ciel même soit troublé par vos crimes : pourquoi ces étoiles qui brillent à sa voûte, et ces feux nocturnes qui laissent tomber sur le monde leur vive lumière ? Qu'une nuit sombre les remplace, et que le jour s'éteigne. Bouleverse ton palais, évoque la haine, le meurtre, les funérailles; que le génie de Tantale remplisse toute sa maison. Il faut la parer comme pour un jour de fête, en orner le seuil de lauriers verts, y allumer un feu splendide pour célébrer dignement ton arrivée. Il faut y renouveler, mais avec plus de victimes, l'attentat de la Thrace. Pourquoi la main de cet oncle est-elle oisive ? Pourquoi Thyeste ne pleure-t-il pas déjà ses enfans ? Quand va-t-on les retirer de la chaudière écumante pour les lui servir ? Que leurs membres soient mis en pièces, que le foyer paternel soit souillé de leur sang. Qu'on dresse la table, tu iras prendre part à ce festin du crime; il n'est pas nouveau pour toi. Je te donne un jour tout entier; pour ce repas, je

TANTALUS.

Ad stagna, et amnes, et recedentes aquas,
Labrisque ab ipsis arboris plenæ fugas.
Abire in atrum carceris liceat mei
Cubile: liceat, si parum videor miser,
Mutare ripas: alveo medius tuo,
Phlegethon, relinquar, igneo cinctus freto.
Quicunque pœnas lege fatorum datas
Pati juberis; quisquis exeso jaces
Pavidus sub antro, jamque venturi times
Montis ruinam; quisquis avidorum feros
Rictus leonum, et dira Furiarum agmina
Implicitus horres; quisquis immissas faces
Semiustus abigis, Tantali vocem excipe
Properantis ad vos: credite experto mihi,
Amate pœnas. Quando continget mihi
Effugere superos?

MEGÆRA.

Ante perturba domum,
Inferque tecum prælia, et ferri malum
Regibus amorem: concute insano ferum
Pectus tumultu.

TANTALUS.

Me pati pœnas decet,
Non esse pœnam. Mittor, ut dirus vapor
Tellure rupta, vel gravem populis luem

permets à ta faim de se satisfaire. Sous tes yeux, on boira le sang mêlé avec le vin...... J'ai imaginé un repas à te faire fuir toi-même. — Arrête donc, où veux-tu courir ainsi ?

TANTALE.

A mes étangs, à mes fleuves, à mes eaux perfides, à ces fruits qui viennent jusque sur mes lèvres pour échapper toujours à ma faim dévorante. Laisse-moi rentrer dans ma triste prison, ou, si tu ne me trouves pas assez malheureux, fais-moi changer de fleuve ; plonge-moi dans les eaux du Phlégéthon, dans le cercle de ses vagues de feu. Vous tous que la loi du destin soumet aux plus affreux tourmens ; vous qui, cachés sous une voûte rongée par le temps, craignez la chute d'une montagne prête à vous écraser; vous qu'épouvantent la dent cruelle des lions et le fouet des Furies qui vous environnent; vous qui, à demi consumés, cherchez à repousser les torches brûlantes des filles de l'enfer, écoutez la voix de Tantale qui va se hâter de vous rejoindre ; croyez-en mon expérience, et félicitez-vous de votre part de douleurs. — Quand me sera-t-il permis de fuir les vivans ?

MÉGÈRE.

Quand tu auras porté le trouble dans ta maison, allumé la guerre, inspiré la rage des combats à ces deux rois, et rempli leurs âmes de transports furieux.

TANTALE.

C'est à moi de subir des peines, mais non d'en infliger. Ainsi donc je monte sur la terre comme une vapeur funeste exhalée de ses entrailles, comme une

Sparsura pestis : ducam in horrendum nefas
Avus nepotes. Magne divorum parens,
Nosterque, quamvis pudeat, ingenti licet
Taxata pœna lingua crucietur loquax,
Nec hoc tacebo : moneo, ne sacra manus
Violate cæde, neve furiali malo
Aspergite aras. Stabo, et arcebo scelus....
Quid ora terres verbere, et tortos ferox
Minaris angues? quid famem infixam intimis
Agitas medullis? flagrat incensum siti
Cor, et perustis flamma visceribus micat.
Sequor.

MEGÆRA.

Hunc, o, furorem divide in totam domum.
Sic, sic ferantur, et suum infensi invicem
Sitiant cruorem.... Sensit introitus tuos
Domus, et nefando tota contactu horruit.
Actum est abunde : gradere ad infernos specus,
Amnemque notum : jam tuum mœstæ pedem
Terræ gravantur; cernis, ut fontes liquor
Introrsus actus linquat, ut ripæ vacent,
Ventusque raras igneus nubes ferat?
Pallescit omnis arbor, ac nudus stetit
Fugiente pomo ramus; et qui fluctibus
Illinc propinquis Isthmos atque illinc fremit,
Vicina gracili dividens terra vada,
Longe remotos latus exaudit sonos.
Jam Lerna retro cessit, et Phoronides

peste qui doit jeter partout des semences de mort. Il me faut pousser mes petits-fils à des crimes épouvantables; moi leur aïeul ! souverain père des dieux et le mien, quoiqu'il en coûte à ta gloire de l'avouer, je ne me retiendrai pas, et, malgré les châtimens réservés à ma langue indiscrète, je parlerai : Gardez-vous, ô mes enfans, de souiller vos mains par des meurtres sacrilèges, gardez-vous de verser le sang sur les autels. Je serai là, j'empêcherai les crimes..... Pourquoi ce redoutable fouet qui m'épouvante, ces serpens qui se tordent menaçans à ma vue ? Pourquoi cet aiguillon de la faim pénètre-t-il jusqu'à la moelle de mes os ? Ma poitrine desséchée par la soif s'irrite et s'enflamme, un feu s'allume au fond de mes entrailles brûlées. Je te suis.

MÉGÈRE.

Cette fureur qui te possède, répands-la sur ta famille entière. Qu'ils cèdent aux mêmes transports, que leur haine se change en une soif horrible qui les porte à boire le sang les uns des autres..... Ce palais s'est ressenti déjà de ton entrée, il s'est ému tout entier à ta fatale présence. Il suffit; retourne aux gouffres de l'enfer, au fleuve que tu connais. Déjà la terre attristée souffre sous tes pas criminels. Vois, l'eau des fontaines rentre sous le sol, les fleuves se tarissent, un vent de feu chasse à peine devant lui quelques nuages sans eau. Les arbres deviennent pâles, leur fruit se détache et la branche reste nue. L'isthme que deux mers pressent de leurs vagues retentissantes, et qui ne laisse entre elles qu'une terre étroite, s'est agrandi et n'entend plus que de loin le murmure des flots. Le marais de Lerne est desséché,

Latuere venæ : nec suas profert sacer
Alpheos undas, et Cithæronis juga
Stant parte nulla cana, deposita nive,
Timentque veterem nobiles Argi sitim.
En ipse Titan dubitat, an jubeat sequi
Cogatque habenis ire periturum diem.

SCENA II.

CHORUS.

Argos de superis si quis Achaicum,
Pisæisque domos curribus inclytas,
Isthmi si quis amat regna Corinthii,
Et portus geminos, et mare dissidens,
Si quis Taygeti conspicuas nives,
Quas, quum Sarmaticus tempore frigido
In summis Boreas composuit jugis,
Æstas veliferis solvit Etesiis;
Quem tangit gelido flumine lucidus
Alpheos, stadio notus Olympico;
Advertat placidum numen, et arceat,
Alternæ scelerum ne redeant vices;
Neu succedat avo deterior nepos,
Et major placeat culpa minoribus.
Tandem lassa feros exuat impetus
Sicci progenies impia Tantali.

l'urne de l'Inachus n'a plus d'onde, les eaux saintes de l'Alphée se sont perdues sous la terre, les blancs sommets du Cithéron ne sont plus, il a perdu ses neiges, et le noble peuple d'Argos tremble que la sécheresse antique ne soit revenue. Le Soleil lui-même se trouble; il ne sait s'il doit poursuivre sa course, et guider encore la marche du jour prêt à s'éteindre.

SCÈNE II.

LE CHOEUR.

Dieux qui veillez sur Argos l'achéenne, et sur Pise si fière de ses luttes olympiques, qui chérissez Corinthe, et son isthme, et son double port, et ses deux mers; qui regardez avec amour les sommets neigeux du Taygète dont la blanche couronne formée par le souffle de l'Aquilon se fond au printemps sous la chaude haleine des vents étésiens; divinité favorable aux claires eaux de l'Alphée qui baignent les sables d'Olympie; faites descendre la paix sur nous, empêchez le retour de cette lutte criminelle entre des frères. Ne permettez pas que l'aïeul soit remplacé par des petits-fils plus coupables encore, ni que la scélératesse des enfans efface les attentats du père. Que la postérité du malheureux Tantale se lasse enfin dans cette voie du crime. C'est assez de barbaries. Leur sombre fureur a passé par dessus toutes les lois, par dessus même tous les crimes connus. Myrtile, qui avait trompé

Peccatum satis est : fas valuit nihil,
Aut commune nefas : proditus occidit
Deceptor domini Myrtilus, et fide
Vectus, qua tulerat, nobile reddidit
Mutato pelagus nomine; notior
Nulla est Ioniis fabula navibus.
Exceptus gladio parvulus impio
Dum currit patrium natus ad osculum,
Immatura focis victima concidit,
Divisusque tua est, Tantale, dextera,
Mensas ut strueres hospitibus deis.
Hos æterna fames prosequitur cibos,
Hos æterna sitis; nec dapibus feris
Decerni potuit pœna decentior.
Stat lusus vacuo gutture Tantalus :
Impendet capiti plurima noxio
Phineis avibus præda fugacior :
Hinc illinc gravidis frondibus incubat
Et curvata suis fœtibus, ac tremens
Alludit patulis arbor hiatibus :
Hæc, quamvis avidus nec patiens moræ,
Deceptus toties tangere negligit,
Obliquatque oculos, oraque comprimit,
Inclusisque famem dentibus alligat :
Sed tunc divitias omne nemus suas
Demittit propius, pomaque desuper
Insultant foliis mitia languidis,
Accenduntque famem, quæ jubet irritas
Exercere manus : has ubi protulit,
Et falli libuit, totus in arduum

son maître, fut à son tour trahi ; victime de la même perfidie qu'il avait montrée, son corps jeté dans la mer lui donna un nom nouveau ; il n'est point de récit mieux connu des navigateurs de la mer d'Ionie. Le jeune Pélops, comme il accourait dans les bras de son père, mourut frappé d'un glaive impie, et la main de Tantale déchira les membres de cette tendre victime pour les servir sur la table des dieux qu'il avait reçus dans son palais. Une faim sans repos, une soif éternelle, sont le prix de cet abominable festin. Il était impossible d'inventer une peine mieux appropriée à son crime. Toujours trompé dans ses désirs, le malheureux Tantale voit pendre au dessus de sa tête des fruits superbes, mais plus fugaces que les Harpyies. De chaque côté, un arbre laisse tomber ses branches courbées sous leur poids qui s'incline et se balance autour des lèvres béantes de ce malheureux affamé. Malgré sa faim, malgré l'affreux besoin qui le presse, trompé tant de fois, il ne cherche plus à saisir ces alimens perfides ; il détourne les yeux, tient ses lèvres fermées, serre les dents pour renfermer en lui-même la faim qui le dévore : mais à ce moment tous les arbres étalent plus près de lui leurs richesses, et leurs fruits se jouent mollement sur les branches flexibles ; ses désirs s'en irritent, ses mains se remettent à l'œuvre. A peine les a-t-il étendues pour saisir une nouvelle déception, que tout ce riche automne s'enlève et les arbres ont disparu. Une soif non moins horrible que sa faim le saisit à son tour : quand elle a bien enflammé son sang, et brûlé sa gorge comme un feu, le malheureux se penche

Autumnus rapitur, sylvaque mobilis.
Instat deinde sitis non levior fame ;
Qua quum percaluit sanguis, et igneis
Exarsit facibus, stat miser obvios
Fluctus ore vocans, quos profugus latex
Avertit, sterili deficiens vado,
Conantemque sequi, deserit : hic bibit
Altum de rapido gurgite pulverem.

sur les eaux qui l'entourent, mais le fleuve échappe à ses lèvres avides, le lit se dessèche, l'eau se retire, et le misérable veut en vain la poursuivre, il ne peut boire que l'aride poussière qu'elle a laissée derrière elle.

ACTUS SECUNDUS.

SCENA I.

ATREUS, SATELLES.

ATREUS.

Ignave, iners, enervis, et, quod maximum
Probrum tyranno rebus in summis reor,
Inulte, post tot scelera, post fratris dolos,
Fasque omne ruptum, questibus vanis agis
Iras? At Argos fremere jam totum tuis
Debebat armis, omnis et geminum mare
Innare classis : jam tuis flammis agros
Lucere et urbes decuit, ac strictum undique
Micare ferrum. Tota sub nostro sonet
Argolica tellus equite : non sylvæ tegant
Hostem, nec altis montium structæ jugis
Arces : relictis bellicum totus canat
Populus Mycenis : quisquis invisum caput
Tegit ac tuetur, clade funesta occidat.
Hæc ipsa pollens inclyti Pelopis domus
Ruat vel in me, dummodo in fratrem ruat.
Age, anime, fac, quod nulla posteritas probet,
Sed nulla taceat : aliquod audendum est nefas
Atrox, cruentum ; tale, quod frater meus

ACTE SECOND.

SCÈNE I.

ATRÉE, UN GARDE.

ATRÉE.

Homme timide, lâche, pusillanime, et, ce qui est le comble de la honte pour un roi, homme sans ressentiment, qui n'es pas encore vengé, peux-tu bien, après tant de crimes, après tant de perfidies de la part de ton frère, n'exprimer ta colère que par de vaines plaintes? Argos devrait déjà retentir du bruit des armes, tes vaisseaux devraient couvrir les deux mers; pourquoi ne voit-on pas dans les villes et dans les campagnes la flamme luire et le glaive étinceler? Allons, que tout le pays d'Argos résonne sous les pas de mes cavaliers; que ni forêts, ni forteresses bâties sur les sommets élevés des montagnes ne me dérobent mon ennemi; que tout mon peuple s'élance hors de Mycènes en faisant retentir le cri de guerre. La mort pour celui qui voudrait cacher ou défendre l'objet de ma haine. Que ce riche palais du noble Pélops tombe sur moi, pourvu qu'il écrase aussi mon frère! Allons, mon courage, signale-toi par des actes que la postérité la plus reculée condamnera sans doute, mais n'oubliera jamais. Il me faut oser quelque

Suum esse mallet : scelera non ulcisceris,
Nisi vincis. Ecquid esse tam sævum potest,
Quod superet illum ? numquid abjectus jacet ?
Numquid secundis patitur in rebus modum,
Fessis quietem ? novi ego ingenium viri
Indocile : flecti non potest, frangi potest.
Proin, antequam se firmet, aut vires paret,
Petatur ultro, ne quiescentem petat :
Aut perdet, aut peribit : in medio est scelus
Positum occupanti.

SATELLES.

Fama te populi nihil
Adversa terret ?

ATREUS.

Maximum hoc regni bonum est,
Quod facta domini cogitur populus sui
Tam ferre, quam laudare.

SATELLES.

Quos cogit metus
Laudare, eosdem reddit inimicos metus.
At qui favoris gloriam veri petit,
Animo magis, quam voce, laudari volet.

ATREUS.

Laus vera et humili sæpe contingit viro :
Non nisi potenti falsa. Quod nolunt, velint.

crime atroce et horrible, tel que mon frère voulût l'avoir commis lui-même. Pour me venger de ses attentats, il me faut les surpasser. Mais quelle barbarie pourra triompher de cet homme? a-t-il ployé la tête sous le poids des maux? sait-il se modérer dans le bonheur, se tenir tranquille dans l'adversité? Non, je connais son âme dure et intraitable : il ne pliera pas, mais on peut le briser. Avant donc qu'il reprenne courage et répare ses forces, il faut le prévenir et l'attaquer, afin qu'il ne profite pas de mon repos pour m'attaquer moi-même. Il faut qu'il tue ou périsse; le crime est entre nous comme le prix de la vitesse.

LE GARDE.

Ne craignez-vous pas que l'opinion de votre peuple ne se déclare contre vous?

ATRÉE.

Le plus beau privilège de la royauté, c'est de forcer les peuples non-seulement à souffrir, mais à louer les actions de leurs maîtres.

LE GARDE.

La même crainte qui impose la louange, enfante aussi la haine. Le roi qui cherche la gloire d'une approbation sincère, aime mieux la louange du cœur que celle des lèvres.

ATRÉE.

L'homme le plus obscur peut mériter un éloge sincère; les puissans n'obtiennent jamais que de fausses louanges; c'est à mes sujets de vouloir ce qu'ils ne veulent pas.

SATELLES.
Rex velit honesta; nemo non eadem volet.

ATREUS.
Ubicunque tantum honesta dominanti licent,
Precario regnatur.

SATELLES.
Ubi non est pudor,
Nec cura juris, sanctitas, pietas, fides,
Instabile regnum est.

ATREUS.
Sanctitas, pietas, fides,
Privata bona sunt : qua juvat, reges eant.

SATELLES.
Nefas nocere vel malo fratri puta.

ATREUS.
Fas est in illo, quidquid in fratre est nefas.
Quid enim reliquit crimine intactum? aut ubi
Sceleri pepercit? Conjugem stupro abstulit,
Regnumque furto : specimen antiquum imperii
Fraude est adeptus ; fraude turbavit domum.
Est Pelopis altis nobile in stabulis pecus,
Arcanus aries, ductor opulenti gregis,
Cujus per omne corpus effuso coma
Dependet auro, cujus e tergo novi
Aurata reges sceptra Tantalici gerunt :
Possessor hujus regnat ; hunc cunctæ domus
Fortuna sequitur. Tuta seposita sacer

LE GARDE.

Un roi n'a qu'à vouloir le bien, sa volonté sera celle de tous.

ATRÉE.

Un roi qui ne règne qu'à la condition de faire ce qui est juste, n'a qu'une autorité précaire.

LE GARDE.

Mais sans la vertu, sans le respect de la justice, sans la probité, sans l'humanité, sans la bonne foi, il n'y a point de puissance durable.

ATRÉE.

La probité, l'humanité, la bonne foi, sont des vertus purement privées. Les rois ne doivent avoir de règle que leur caprice.

LE GARDE.

Croyez que c'est un crime de faire du mal à un frère même coupable.

ATRÉE.

J'ai contre lui tous les droits qu'il a lui-même violés. Quel est le crime qu'il n'a pas commis, l'attentat devant lequel il a reculé? Il m'a ravi mon épouse, il m'a volé mon royaume. Il a dérobé le gage antique de la puissance, il a porté le trouble dans ma maison par ses perfidies. Il y a, dans les riches étables de Pélops, un bélier mystérieux, chef d'un noble troupeau; une longue toison d'or le couvre tout entier, et c'est de cette laine précieuse qu'est orné le sceptre des fils de Tantale. La couronne appartient à l'heureux possesseur de ce bélier, sur qui repose ainsi la destinée de toute notre famille. Gardé comme en un sanctuaire impénétrable, il broute

In parte carpit prata, quæ claudit lapis,
Fatale saxeo pascuum muro tegens.
Hunc, facinus ingens ausus, assumpta in scelus
Consorte nostri perfidus thalami avehit.
Hinc omne cladis mutuæ fluxit malum.
Per regna trepidus exsul erravi mea.
Pars nulla nostri tuta ab insidiis vacat :
Corrupta conjux, imperii quassa est fides,
Domus ægra, dubius sanguis : est certi nihil,
Nisi frater hostis. Quid stupes ? Tandem incipe,
Animoque sume Tantalum, et Pelopem aspice :
Ad hæc manus exempla poscuntur meæ.
Profare, dirum qua caput mactem via.

SATELLES.
Ferro peremptus spiritum inimicum exspuat.
ATREUS.
De fine pœnæ loqueris, ego pœnam volo.
Perimat tyrannus lenis : in regno meo
Mors impetratur.

SATELLES.
Nulla te pietas movet?

ATREUS.
Excede, pietas, si modo in nostra domo
Unquam fuisti! dira Furiarum cohors,
Discorsque Erinnys veniat, et geminas faces
Megæra quatiens : non satis magno meum

l'herbe d'une prairie enfermée par des murs de pierre dont le sûr rempart défend de toute atteinte le sacré troupeau. Thyeste, dans son audace criminelle, me l'a dérobé, en associant à sa perfidie la femme qui partageait mon lit. Telle fut l'origine des maux que nous nous sommes faits l'un à l'autre. J'ai erré tremblant et fugitif à travers mon propre royaume. Rien de ce qui était à moi ne fut à l'abri de ses coups perfides. Il a séduit mon épouse, troublé la fidélité de mon peuple, jeté le désordre dans ma maison, le doute sur la légitimité de mes enfans ; rien de certain que la haine d'un frère. Pourquoi hésiter ? à l'œuvre enfin ; remplis-toi de l'esprit de Tantale, et t'inspire de Pélops, voilà les exemples que je dois suivre ; parle, dis-moi comment je dois immoler mon ennemi.

LE GARDE.

Qu'il meure sous le tranchant du glaive.

ATRÉE.

Tu parles de la fin de son supplice, mais c'est sur le supplice même que je t'interroge. Tuer, c'est de la clémence ; je veux que sous mon règne la mort soit une faveur.

LE GARDE.

Êtes-vous donc inaccessible à tout sentiment d'affection ?

ATRÉE.

S'il y eut jamais un sentiment de ce genre dans notre famille, qu'il en sorte ! Que la troupe cruelle des Furies vienne sur nous, avec la terrible Érinnys, et Mégère, armée de sa double torche. La fureur n'est pas encore

Ardet furore pectus; impleri juvat
Majore monstro.

SATELLES.

Quid novi rabidus struis?

ATREUS.

Nil quod doloris capiat assueti modum.
Nullum relinquam facinus, et nullum est satis.

SATELLES.

Ferrum?

ATREUS.

Parum est.

SATELLES.

Quid ignis?

ATREUS.

Etiamnum parum est.

SATELLES.

Quonam ergo telo tantus utetur dolor?

ATREUS.

Ipso Thyeste.

SATELLES.

Majus hoc ira est malum.

ATREUS.

Fateor : tumultus pectora attonitus quatit,
Penitusque volvit : rapior, et quo nescio,
Sed rapior. Imo mugit e fundo solum;
Tonat dies serenus, ac totis domus
Ut fracta tectis crepuit, et moti lares
Vertere vultum : fiat hoc , fiat nefas,
Quod, dii, timetis.

assez embrasée dans mon sein; je veux ajouter quelque chose de plus affreux à mes transports.

LE GARDE.

Qu'est-ce que votre rage veut enfanter de nouveau?

ATRÉE.

Rien qui soit à la mesure d'une haine ordinaire : je réunirai tous les crimes, et ma fureur pourtant ne sera point satisfaite.

LE GARDE.

Le fer?

ATRÉE.

C'est peu.

LE GARDE.

Et le feu?

ATRÉE.

C'est peu encore.

LE GARDE.

Quel sera donc l'instrument d'une semblable colère?

ATRÉE.

Thyeste lui-même.

LE GARDE.

C'est là une arme plus forte que toute haine.

ATRÉE.

Je l'avoue : un désordre affreux trouble mon cœur, et le bouleverse tout entier. Je suis entraîné, je ne sais où, mais je cède à la force qui m'entraîne. La terre mugit, ébranlée jusqu'en ses fondemens; le ciel tonne, quoique sans orage; ce palais crie comme s'il allait se briser, les dieux lares se sont émus et ont tourné la tête : oui, oui, dieux suprêmes, je le commettrai ce crime qui vous fait horreur.

SATELLES.

Facere quid tandem paras ?

ATREUS.

Nescio quid animus majus, et solito amplius,
Supraque fines moris humani tumet,
Instatque pigris manibus : haud , quid sit, scio ;
Sed grande quiddam est..... Ita sit; hoc, anime, occupa.
Dignum est Thyeste facinus , et dignum Atreo :
Uterque faciat. Vidit infandas domus
Odrysia mensas..... Fateor ; immane est scelus,
Sed occupatum : majus hoc aliquid dolor
Inveniat. Animum Daulis inspira parens ,
Sororque : causa est similis ; assiste, et manum
Impelle nostram..... Liberos avidus pater
Gaudensque laceret , et suos artus edat.
Bene est ; abunde est : hic placet poenae modus.
Tantisper. Ubinam est ? tam diu cur innocens
Versatur Atreus ? Tota jam ante oculos meos
Imago caedis errat ; ingesta orbitas
In ora patris. Anime, quid rursus times ?
Et ante rem subsidis ? Audendum est , age :
Quod est in isto scelere praecipuum nefas,
Hoc ipse faciet.

SATELLES.

Sed quibus captus dolis,
Nostros dabit perductus in laqueos pedem ?
Inimica credit cuncta.

LE GARDE.

Que voulez-vous faire, enfin?

ATRÉE.

Je sens fermenter dans mon cœur je ne sais quoi d'inouï, d'extraordinaire, et qui dépasse toutes les bornes de la nature humaine; mes mains frémissent d'impatience; je ne sais encore ce que c'est, mais c'est à coup sûr quelque chose de grand..... Oui, c'est bien; emparons-nous le premier de cette idée. C'est un forfait digne de Thyeste, et digne d'Atrée; chacun d'eux en aura sa part. Un repas abominable a été servi dans le palais du roi de Thrace...... C'est un crime horrible, je l'avoue, mais un autre l'a commis avant moi. Il faut que ma fureur imagine quelque chose de plus horrible encore. Philomèle et Procné, inspirez-moi. Notre cause est la même ; venez m'aider et conduire mes mains...... Il faut qu'un père déchire avidement et avec joie ses enfans, qu'il mange ses propres membres. C'est bien, c'est assez, ce genre de supplice me plaît, j'en suis content. Où est-il? Mon innocence me pèse. Toutes les images du crime que je dois commettre sont déjà devant mes yeux, je vois ces enfans mangés par leur père. Mon âme, pourquoi ce retour de crainte? pourquoi cette défaillance, avant le moment venu? Allons, du courage; d'ailleurs, ce qu'il y a de plus épouvantable dans ce crime c'est lui qui le fera.

LE GARDE.

Mais par quel artifice l'amènerez-vous dans vos filets? Il craint tout parce qu'il croit que tout lui est ennemi.

ATREUS.

Non poterat capi,
Nisi capere vellet. Regna nunc sperat mea :
Hac spe minanti fulmen occurret Jovi;
Hac spe subibit gurgitis tumidi minas,
Dubiumque Libycæ Syrtis intrabit fretum ;
Hac spe, quod esse maximum retur malum,
Fratrem videbit.

SATELLES.

Quis fidem pacis dabit ?
Cui tanta credet ?

ATREUS.

Credula est spes improba.
Natis tamen mandata, quæ patruo ferant,
Dabimus, relictis exsul hospitiis vagus
Regno ut miserias mutet, atque Argos regat
Ex parte dominus. Si nimis durus preces
Spernet Thyestes, liberos ejus rudes,
Malisque fessos gravibus, et faciles capi,
Preces movebunt. Hinc vetus regni furor,
Illinc egestas tristis, hinc durus labor,
Quamvis rigentem tot malis subigent virum.

SATELLES.

Jam tempus illi fecit ærumnas leves.

ATREUS.

Erras : malorum sensus accrescit die.
Leve est miserias ferre, perferre est grave.

THYESTE. ACTE II.

ATRÉE.

Il serait impossible de le tromper, s'il ne cherchait à tromper lui-même. Mais il convoite mon royaume, et ce désir lui ferait affronter la foudre de Jupiter, ce désir le pousserait à travers les vagues d'une mer orageuse, et parmi les écueils des Syrtes d'Afrique; ce désir, enfin, lui fera braver ce qu'il regarde comme le plus affreux des maux, la vue de son frère.

LE GARDE.

Mais qui lui garantira vos intentions pacifiques? où prendra-t-il cet excès de confiance?

ATRÉE.

Une coupable espérance est toujours crédule. Mais, au reste, je chargerai mes fils d'un message pour leur oncle; ils l'inviteront de ma part à quitter la vie errante d'un exilé, pour échanger sa misère contre un palais, et partager avec moi le trône d'Argos. Si Thyeste s'obstine à repousser mes prières, elles toucheront du moins ses enfans, jeunes, sans expérience, fatigués de leurs malheurs, et faciles à tromper. Mais la vieille espérance qu'il a de régner, sa triste misère, ses rudes traverses, feront taire sa défiance, et fléchiront son âme quoique endurcie par tant de malheurs.

LE GARDE.

Les années lui ont déjà rendu ses peines plus légères.

ATRÉE.

Tu te trompes, le sentiment des maux s'aigrit par le temps. On supporte un malheur quand il arrive, mais le porter toujours est un supplice intolérable.

SATELLES.

Alios ministros consilii tristis lege :
Pejora juvenes facile præcepta audiunt;
In patre facient, quidquid in patruo doces.
Sæpe in magistrum scelera redierunt sua.

ATREUS.

Ut nemo doceat fraudis et sceleris vias,
Regnum docebit. Ne mali fiant, times?
Nascuntur istud. Quod vocas sævum, asperum,
Agique dire credis, et nimium impie,
Fortasse et illic agitur.

SATELLES.

                Hanc fraudem scient
Nati parari? Tacita tam rudibus fides
Non est in annis; detegent forsan dolos :
Tacere multis discitur vitæ malis.
Ipsosne, per quos fallere alium cogitas,
Falles, ut ipsi crimine et culpa vacent?

ATREUS.

Quid enim est necesse liberos sceleri meo
Inserere? per nos odia se nostra explicent.....
Male agis, recedis, anime : si parcis tuis,
Parces et illi; consilii Agamemnon mei
Sciens minister fiat, et patri sciens
Menelaus adsit. Prolis incertæ fides
Ex hoc petatur scelere, si bella abnuunt,
Et gerere nolunt odia, si patruum vocant,

LE GARDE.

Cherchez d'autres instrumens pour vos funestes desseins; vos fils en viendraient à exécuter contre vous ce que vous leur apprendriez à faire contre leur oncle. Souvent le crime retourne contre le maître qui en a donné les leçons.

ATRÉE.

Quand personne ne leur enseignerait le chemin du crime et de la perfidie, le trône les leur fera bien connaître. Tu crains qu'ils ne deviennent pervers? Mais ils le sont en naissant. Mon projet, qui te semble barbare, cruel, féroce et impie, s'agite peut-être en ce moment dans la tête de mon frère.

LE GARDE.

Vos enfans seront-ils dans le secret de cette perfidie? Leur âge n'est point mûr pour la discrétion; ils pourraient trahir vos desseins. L'homme n'apprend à se taire qu'à la rude école du malheur. Sans doute que ces enfans qui vont servir à tromper votre frère, vous les tromperez eux-mêmes, afin de leur épargner au moins la complicité de cette barbarie.

ATRÉE.

Quel besoin en effet de mêler mes enfans à mon crime? Seul je puis bien suffire au service de ma haine.... Mais quoi? je recule dans mes projets. C'est une faiblesse. Épargner mes enfans, c'est l'épargner lui-même. Agamemnon saura mes projets et en sera l'instrument, Ménélas les saura de même et sera près de moi pour me servir à les exécuter. Ce crime sera pour moi l'occasion d'éclaircir mes doutes sur leur origine. S'ils re-

Pater est. Eatur..... Multa sed trepidus solet
Detegere vultus; magna nolentem quoque
Consilia produnt : nesciant, quantæ rei
Fiant ministri. Nostra tu cœpta occule.

SATELLES.

Haud sum monendus : ista nostro in pectore
Fides timorque, sed magis claudet fides.

SCENA II.

CHORUS.

Tandem regia nobilis,
Antiqui genus Inachi,
Fratrum composuit minas.
Quis vos exagitat furor,
Alternis dare sanguinem,
Et sceptrum scelere aggredi ?
Nescitis cupidi arcium,
Regnum quo jaceat loco.
Regem non faciunt opes,
Non vestis Tyriæ color,
Non frontis nota regiæ,
Non auro nitidæ trabes.
Rex est, qui posuit metus
Et diri mala pectoris;

fusent de servir ma haine, s'ils repoussent toute pensée de guerre, s'ils aiment Thyeste comme leur oncle, il est leur père. C'est bien..... Mais le trouble du visage décèle bien des secrets; malgré soi-même on se trahit dans de grands desseins. Qu'ils ignorent donc le crime dont ils vont être les instrumens. Et toi, songe à garder le silence.

LE GARDE.

Il est inutile de me le recommander. La terreur et la fidélité, mais la fidélité surtout, garderont vos secrets dans mon cœur.

SCÈNE II.

LE CHŒUR.

Enfin cette noble famille, race puissante du vieil Inachus, a mis un terme à ses haines fraternelles. Quelle rage vous porte à répandre le sang l'un de l'autre, et à vous disputer le trône par des crimes? Hommes jaloux de la puissance, vous ne savez pas où réside la véritable royauté. Ce ne sont point les richesses qui font les rois, ni l'éclat de la pourpre, ni le bandeau royal, ni l'or étincelant aux lambris. Celui-là seul est vraiment roi, qui sait se mettre au dessus de la crainte et calmer l'orage de ses passions; qui ne se laisse point aller à la fougue d'une ambition déréglée, ni à la faveur passagère d'une multitude aveugle; qui ne désire ni les trésors de l'Occident, ni ceux que le Tage roule parmi ses eaux dorées, ni les riches moissons de la chaude Libye. La foudre

Quem non ambitio impotens,
Et nunquam stabilis favor
Vulgi præcipitis movet;
Non quidquid fodit Occidens,
Aut unda Tagus aurea
Claro devehit alveo;
Non quidquid Libycis terit
Fervens area messibus:
Quem non concutiet cadens
Obliqui via fulminis,
Non Eurus rapiens mare,
Aut sævo rabidus freto
Ventosi tumor Adriæ:
Quem non lancea militis,
Non strictus domuit chalybs:
Qui tuto positus loco,
Infra se videt omnia,
Occurritque suo libens
Fato, nec queritur mori.
Reges conveniant licet,
Qui sparsos agitant Dahas;
Qui Rubri vada litoris,
Et gemmis mare lucidis
Late sanguineum tenent,
Aut qui Caspia fortibus
Recludunt juga Sarmatis:
Certet, Danubii vadum
Audet qui pedes ingredi,
Et quocunque loco jacent
Seres vellere nobiles;

THYESTE. ACTE III.

tombant à ses pieds ne l'ébranlerait pas ; il verrait, sans pâlir, la mer soulevée par l'Eurus, et les vagues furieuses de l'Adriatique. Il ne craint ni la lance du soldat, ni l'épée menaçante. Tranquille au dessus des orages, il voit tout à ses pieds, marche gaîment où son destin l'appelle, et sait mourir sans se plaindre.

Que tous les rois s'unissent contre lui, ceux qui gouvernent les Scythes errans, ceux qui règnent sur les rivages de la mer Rouge, et sur les eaux de la mer d'Érythrée aux perles brillantes, ou ceux qui ferment les portes Caspiennes aux Sarmates indomptés ; viennent les maîtres de ces peuples qui osent traverser à pied les flots du Danube, ou les princes de la Sérique aux riches tissus, la royauté véritable demeurera toujours à la vertu. Elle n'a pas besoin de coursiers rapides, ni d'armes, ni de ces flèches que le Parthe lance de loin par derrière dans sa fuite perfide. Elle n'a point à renverser les villes

Mens regnum bona possidet.
Nil ullis opus est equis,
Nil armis, et inertibus
Telis, quae procul ingerit
Parthus, quum simulat fugas;
Admotis nihil est opus
Urbes sternere machinis,
Longe saxa rotantibus.
Rex est, qui metuit nihil;
Rex est, qui cupiet nihil.
Hoc regnum sibi quisque dat.
Stet, quicumque volet, potens
Aulae culmine lubrico:
Me dulcis saturet quies.
Obscuro positus loco,
Leni perfruar otio.
Nullis nota Quiritibus
Aetas per tacitum fluat.
Sic quum transierint mei
Nullo cum strepitu dies,
Plebeius moriar senex.
Illi mors gravis incubat
Qui notus nimis omnibus,
Ignotus moritur sibi.

avec des machines de guerre qui lancent au loin des quartiers de roche. On est roi, quand on est sans crainte; on est roi, quand on est sans désirs; et cette royauté, chacun peut se la donner à lui-même. Je laisse à d'autres le faîte glissant de la grandeur et de la puissance. Je ne veux pour moi que le repos d'une vie calme et douce. Je trouverai dans un état obscur les charmes d'un heureux loisir, une vie tranquille et inconnue de tous; et quand mes jours auront ainsi passé sans bruit, je mourrai vieux et ignoré parmi la foule. La mort n'est un malheur que pour l'homme qui, trop connu des autres, arrive au terme fatal sans se connaître lui-même.

ACTUS TERTIUS.

SCENA I.

THYESTES, PLISTHENES; TANTALUS junior et **frater tertius**, mutæ personæ.

THYESTES.

Optata patriæ tecta, et Argolicas opes
Miserisque summum ac maximum exsulibus bonum,
Tactum soli natalis, et patrios deos
(Si sunt tamen dii) cerno; Cyclopum sacras
Turres, labore majus humano decus,
Celebrata juveni stadia, per quæ nobilis
Palmam paterno non semel curru tuli.
Occurret Argos, populus occurret frequens;
Sed nempe et Atreus.... Repete silvestres fugas,
Saltusque densos potius, et mixtam feris
Similemque vitam. Clarus hic regni nitor
Fulgore non est quod oculos falso auferat.
Quum quod datur spectabis, et dantem aspice.
Modo inter illa, quæ putant cuncti aspera,
Fortis fui, lætusque : nunc contra in metus
Revolvor; animus hæret, ac retro cupit
Corpus referre; moveo nolentem gradum.

ACTE TROISIÈME.

SCÈNE I.

THYESTE, PLISTHÈNES; le jeune TANTALE et le troisième fils de Thyeste, personnages muets.

THYESTE.

Murs sacrés de ma patrie, palais d'Argos, je vous revois; je goûte le bonheur le plus pur auquel puisse prétendre un malheureux banni, je touche le sol qui m'a vu naître, je reconnais les dieux de mes pères (si toutefois il est des dieux!), ces tours vénérables bâties par les Cyclopes, trop belles pour être l'ouvrage des hommes, et cette carrière où s'exerça ma jeunesse, et qui m'a vu plus d'une fois remporter le prix, monté sur le char de mon père. Argos et tout son peuple vont se porter en foule au devant de moi. Atrée aussi viendra sans doute...... Retourne aux forêts qui t'ont servi d'asile, à tes bois épais, à cette vie sauvage que tu as menée parmi leurs sauvages habitans. Il ne faut pas te laisser éblouir par le faux éclat d'une couronne. En voyant ce que tu vas recevoir, regarde aussi la main qui te l'offre. Tout-à-l'heure, dans une position qui semble insupportable à tous les hommes, j'étais plein de courage et de gaîté. Maintenant je retombe dans mes craintes passées;

PLISTHENES.

Pigro (quid hoc est?) genitor incessu stupet,
Vultumque versat, seque in incerto tenet.

THYESTES.

Quid, anime, pendes? quidve consilium diu
Tam facile torques? rebus incertissimis,
Fratri atque regno credis? ac metuis mala
Jam victa, jam mansueta? et ærumnas fugis
Bene collocatas? Esse jam miserum juvat.
Reflecte gressum, dum licet, teque eripe.

PLISTHENES.

Quæ causa cogit, genitor, a patria gradum
Referre visa? cur bonis tantis sinum
Subducis? ira frater abjecta redit,
Partemque regni reddit, et laceræ domus
Componit artus, teque restituit tibi.

THYESTES.

Causam timoris, ipse quam ignoro, exigis.
Nihil timendum video; sed timeo tamen.
Placet ire: pigris membra sed genubus labant,
Alioque, quam quo nitor, abductus feror.
Sic concitatam remige et velo ratem
Æstus, resistens remigi et velo, refert.

mon esprit se trouble; je voudrais retourner en arrière, et j'avance malgré moi.

PLISTHÈNES.

Qu'est-ce ceci? mon père ne se traîne plus qu'à pas lents; il tourne la tête; sa démarche devient incertaine et embarrassée.

THYESTE.

Pourquoi cette incertitude? pourquoi délibérer si long-temps sur une question si simple? dois-tu te fier à ce qui mérite le moins de confiance, à ton frère, à la royauté? crains-tu des malheurs déjà surmontés, déjà rendus plus doux par l'habitude, des peines qui ont déjà porté leur fruit? Non, tu as su trouver le bonheur dans tes disgrâces. Retourne sur tes pas, tandis que tu le peux encore, et sauve-toi de ces lieux funestes.

PLISTHÈNES.

Quelle puissance, ô mon père, vous fait fuir à l'aspect de la patrie? Pourquoi vous refuser à tant de biens? Le courroux de votre frère s'est apaisé; il revient à vous, il vous donne la moitié de son royaume, rassemble les membres d'une famille divisée, et vous rend à vous-même.

THYESTE.

Tu me demandes le motif de ma crainte, je l'ignore moi-même; je ne vois rien qui doive m'effrayer, et je tremble pourtant. Je veux avancer, mais je sens mes genoux se dérober sous moi; et une force mystérieuse m'entraîne loin du but vers lequel je marche. Je suis comme un navire que la rame et le vent poussent vers

PLISTHENES.

Evince quidquid obstat et mentem impedit,
Reducemque quanta praemia exspectent, vide:
Pater, potes regnare.

THYESTES.

Quum possim mori.

PLISTHENES.

Summa est potestas.

THYESTES.

Nulla, si cupias nihil.

PLISTHENES.

Natis relinques.

THYESTES.

Non capit regnum duos.

PLISTHENES.

Miser esse mavult, esse qui felix potest?

THYESTES.

Mihi crede, falsis magna nominibus placent;
Frustra timentur dura. Dum excelsus steti,
Nunquam pavere destiti, atque ipsum mei
Ferrum timere lateris. O, quantum bonum est
Obstare nulli, capere securas dapes
Humi jacentem? Scelera non intrant casas,
Tutusque mensa capitur angusta cibus:
Venenum in auro bibitur. Expertus loquor;

la haute mer, mais que le flux, contrariant l'effort de la rame et du vent, repousse vers le rivage.

PLISTHÈNES.

Surmontez ces vaines terreurs qui troublent votre esprit, et considérez les biens qui vous attendent ici à votre arrivée : ô mon père, vous pouvez être roi.

THYESTE.

Je puis aussi mourir.

PLISTHÈNES.

Mais le pouvoir est une belle chose.

THYESTE.

Ce n'est rien, pour qui ne désire rien.

PLISTHÈNES.

Vous laisserez la couronne à vos enfans.

THYESTE.

Un royaume ne peut contenir deux rois.

PLISTHÈNES.

Ainsi vous voulez rester misérable, quand il ne tient qu'à vous d'être heureux?

THYESTE.

Crois-moi, mon fils, c'est notre ignorance qui nous fait aimer les grandeurs, et craindre la mauvaise fortune. Au temps de mon élévation, je n'ai jamais cessé d'être dans les alarmes. Je redoutais jusqu'au glaive pendu à ma ceinture. O quel bonheur c'est de ne gêner l'ambition de personne, et de prendre un frugal repas modestement assis à terre! Le crime n'a point d'entrée dans les chaumières, et les mets servis sur une table étroite

Malam bonæ præferre fortunam licet.
Non vertice alti montis impositam domum,
Et eminentem civitas humilis tremit;
Nec fulget altis splendidum tectis ebur,
Somnosque non defendit excubitor meos :
Non classibus piscamur, et retro mare
Jacta fugamus mole : non ventrem improbum
Alimus tributo gentium : nullus mihi
Ultra Getas metatur et Parthos ager :
Non ture colimur, nec meæ, excluso Jove,
Ornantur aræ : nulla culminibus meis
Imposita nutat silva, nec fumant manu
Succensa multa stagna; nec somno dies,
Bacchoque nox jungenda pervigili datur :
Sed non timetur; tuta sine telo est domus,
Rebusque parvis alta præstatur quies.
Immane regnum est, posse sine regno pati.

PLISTHENES.
Nec abnuendum est, si dat imperium deus.

THYESTES.
Nec appetendum.

PLISTHENES.
Frater, ut regnes, rogat.

ne cachent aucun piège. C'est dans l'or que se verse le poison. Je parle par expérience; la misère vaut mieux que l'opulence. Une cité faible ne reçoit point d'ombrage d'une maison bâtie sur le sommet d'une haute montagne et menaçante par sa position. Pauvre, je ne vois point l'ivoire briller à mes somptueux lambris, je n'ai point de sentinelles vigilantes pour protéger mon sommeil. Je n'envoie point de flottes entières à la pêche, la mer ne recule point refoulée par mes digues ambitieuses. Les tributs des nations ne viennent point s'engloutir dans l'abîme de mes appétits gloutons. Je ne cherche point à reculer jusqu'aux terres des Gètes et des Scythes la borne de mes champs. L'encens ne brûle point pour moi comme pour un dieu, et les autels de Jupiter ne sont point remplacés par les miens. Point de forêts dont les arbres se balancent sur le toit de mes palais; point d'étangs dont les eaux fument chauffées par la main des hommes. Je n'ajoute point le jour à la nuit pour le sommeil, ni la nuit au jour pour les débauches de table. Mais aussi je vis sans crainte; ma demeure est tranquille quoique sans armes, et la médiocrité de mon état m'assure un profond repos. C'est une richesse plus que royale, que de savoir se passer de la royauté.

PLISTHÈNES.

Il ne faut pourtant pas la refuser, si les dieux vous la donnent.

THYESTE.

Il ne faut pas la rechercher non plus.

PLISTHÈNES.

Votre frère vous prie de partager le trône avec lui.

THYESTES.
Rogat? timendum est; errat hic aliquis dolus.

PLISTHENES.
Redire pietas, unde submota est, solet,
Reparatque vires justus amissas amor.

THYESTES.
Amat Thyesten frater? æthereas prius
Perfundet Arctos pontus, et Siculi rapax
Consistet æstus unda, et Ionio seges
Matura pelago surget, et lucem dabit
Nox atra terris; ante cum flammis aquæ,
Cum morte vita, cum mari ventus fidem
Fœdusque jungent.

PLISTHENES.
                Quam tamen fraudem times?

THYESTES.
Omnem: timori quem meo statuam modum?
Tantum potest, quantum odit.

PLISTHENES.
                     In te quid potest?

THYESTES.
Pro me nihil jam metuo: vos facitis mihi
Atrea timendum.

PLISTHENES.
       Decipi captus times!
Serum est cavendi tempus in mediis malis.

THYESTE. ACTE III.

THYESTE.

S'il m'en prie, je dois craindre; il y a là quelque piège tendu autour de moi.

PLISTHÈNES.

On voit souvent la tendresse fraternelle rentrer dans les cœurs d'où elle s'était retirée, et ce sentiment légitime reprendre toute sa puissance.

THYESTE.

Mon frère m'aimer! on verrait plutôt l'Ourse du pôle se plonger dans l'Océan, l'onde impétueuse du détroit de Sicile se calmer, les moissons mûrir sur les flots de la mer Ionienne, la nuit sombre éclairer la terre, l'eau s'unir au feu, la mort à la vie, le vent faire un traité de paix et d'alliance éternelle avec la mer.

PLISTHÈNES.

Cependant quelle perfidie pouvez-vous craindre?

THYESTE.

Toutes! quelle mesure veux-tu que je mette à mes craintes? Sa puissance à lui n'en a pas d'autres que sa haine.

PLISTHÈNES.

Que peut-il contre vous?

THYESTE.

Pour moi-même je ne crains plus rien : c'est pour vous qu'Atrée me semble redoutable.

PLISTHÈNES.

Vous craignez sa perfidie, maintenant que vous êtes en sa puissance! se garder du piège quand on y est tombé, c'est trop tard.

THYESTES.

Eatur : unum genitor hoc testor tamen,
Ego vos sequor, non duco.

PLISTHENES.

                    Respiciet deus
Bene cogitata : perge non dubio gradu.

SCENA II.

ATREUS, THYESTES, PLISTHENES ; TANTALUS filius
et tertius, frater, mutæ personæ.

ATREUS.

Plagis tenetur clusa dispositis fera :
Et ipsum, et una generis invisi indolem
Junctam parenti cerno. Jam tuto in loco
Versantur odia : venit in nostras manus
Tandem Thyestes; venit, et totus quidem.
Vix tempero animo, vix dolor frenos capit.
Sic, quum feras vestigat, et longo sagax
Loro tenetur Umber, ac presso vias
Scrutatur ore; dum procul lento suem
Odore sentit, paret, et tacito locum
Rostro pererrat; præda quum propior fuit,
Cervice tota pugnat, et gemitu vocat
Dominum morantem, seque retinenti eripit.
Quum spirat ira sanguinem, nescit tegi.
Tamen tegatur. Aspice, ut multo gravis
Squallore vultus obruat mœstos coma,
Quam fœda jaceat barba! — Præstetur fides.

THYESTE. ACTE III.

THYESTE.

Marchons donc. Mais vous le voyez, ô mes enfans, je vous suis et ne vous conduis pas.

PLISTHÈNES.

Le ciel récompensera votre amour de père; marchez d'un pas ferme et assuré.

SCÈNE II.

ATRÉE, THYESTE, PLISTHÈNES; LE JEUNE TANTALE ET LE TROISIÈME FILS DE THYESTE, personnages muets.

ATRÉE.

La bête féroce est tombée dans le piège que je lui ai tendu. Le voici lui-même, et ses enfans que je hais à l'égal de leur père. Ma vengeance est de ce moment assurée; Thyeste est en ma puissance, il y est tout entier. Je puis à peine me contenir moi-même et régler les mouvemens de ma colère. Semblable au chien généreux qui cherche la trace des bêtes, et, tenu en laisse, recueille les parfums semés sur leur passage : tant qu'il ne sent que de loin le sanglier, il obéit, et parcourt sans bruit tous les fourrés du bois; mais quand il le sent approcher, il s'agite avec force, tous les muscles de son cou se tendent, il accuse par ses cris la lenteur de son maître, et rompt les liens dont on veut le retenir. Quand la haine respire l'odeur du sang, il faut qu'elle éclate. Cachons-la pourtant. — Comme son visage est pâle et défait! quelle chevelure épaisse et confuse! quelle barbe en désordre! — Remplissons nos engagemens : j'ai du bonheur à vous

Fratrem juvat videre; complexus mihi
Redde expetitos : quidquid irarum fuit,
Transierit; ex hoc sanguis ac pietas die
Colantur; animis odia damnata excidant.

THYESTES.

Diluere possem cuncta, nisi talis fores.
Sed fateor, Atreu, fateor, admisi omnia
Quæ credidisti. Pessimam causam meam
Hodierna pietas fecit : est prorsus nocens
Quicumque visus tam bono fratri est nocens.
Lacrymis agendum est : supplicem primus vides ;
Hæ te precantur pedibus intactæ manus.
Ponatur omnis ira, et ex animo tumor
Erasus abeat : obsides fidei accipe
Hos innocentes.

ATREUS.

Frater, a genubus manus
Aufer, meosque potius amplexus pete.
Vos quoque, senum præsidia, tot juvenes, meo
Pendete collo. Squallidam vestem exue,
Oculisque nostris parce, et ornatus cape
Pares meis, lætusque fraterni imperii
Capesse partem. Major hæc laus est mea,
Fratri paternum reddere incolumi decus.
Habere regnum, casus est; virtus, dare.

THYESTES.

Dii paria, frater, pretia pro tantis tibi

revoir, mon frère, venez dans mes bras, oublions toutes nos haines passées; à partir de ce jour, n'écoutons plus que la voix du sang et de l'amitié fraternelle. Que tout sentiment coupable sorte à l'instant même de nos cœurs.

THYESTE.

Si vous n'étiez tel à mon égard, il me serait facile de prouver mon innocence; mais j'aime mieux tout avouer: je le confesse donc, Atrée, j'ai commis autant de crimes que vous m'en avez imputé. Votre conduite actuelle rend ma cause mauvaise, et je sens qu'il faut avoir été vraiment coupable, pour avoir paru tel aux yeux d'un aussi bon frère. Je n'ai plus que mes larmes pour défense. Le premier de tous les mortels, vous me voyez à vos pieds. Ces mains qui n'ont jamais embrassé les genoux de personne embrassent les vôtres. Oubliez tous vos ressentimens, et que votre cœur s'apaise tout-à-fait envers moi. Recevez ces fils innocens comme ôtages de ma foi.

ATRÉE.

N'embrassez pas mes genoux, ô mon frère, mais plutôt venez dans mes bras. Et vous, nombreux appuis de notre vieillesse, venez vous suspendre à mon cou. Quittez, mon frère, ces vêtemens de deuil qui sont un reproche pour mes yeux, prenez des habits semblables aux miens, et recevez avec joie la moitié de mon royaume. Mon plus beau titre de gloire, c'est de sauver mon frère et de partager avec lui cette majesté royale que j'ai reçue de mon père. Avoir une couronne, c'est l'effet du hasard; la donner, c'est l'ouvrage de la vertu.

THYESTE.

Que les dieux, mon frère, vous rendent le juste prix

Meritis rependant. Regiam capitis notam
Squallor recusat noster, et sceptrum manus
Infausta refugit : liceat in media mihi
Latere turba.

ATREUS.

Recipit hoc regnum duos.

THYESTES.

Meum esse credo, quidquid est, frater, tuum.

ATREUS.

Quis influentis dona fortunæ abnuit?

THYESTES.

Expertus est quicumque, quam facile effluant.

ATREUS.

Fratrem potiri gloria ingenti vetas?

THYESTES.

Tua jam peracta gloria est; restat mea.
Respuere certum est regna consilium mihi.

ATREUS.

Meam relinquam, nisi tuam partem accipis.

THYESTES.

Accipio : regni nomen impositi feram;
Sed jura et arma servient mecum tibi.

ATREUS.

Imposita capiti vincla venerando gere.
Ego destinatas victimas superis dabo.

de tant de bienfaits. L'éclat du diadème convient mal à ma tête flétrie par la misère, le sceptre à mes mains coupables : laissez-moi me cacher dans la foule obscure de vos sujets.

ATRÉE.

Non ; il y a place pour deux sur mon trône.

THYESTE.

Je jouis de tous vos biens, mon frère, comme s'ils étaient à moi.

ATRÉE.

Peut-on se dérober aux faveurs de la fortune ?

THYESTE.

Oui, quand on sait combien elles nous échappent facilement.

ATRÉE.

Voulez-vous me priver ainsi d'une gloire immense?

THYESTE.

Votre gloire est assurée, il me faut songer à la mienne. Je suis fermement résolu à refuser le trône que vous m'offrez.

ATRÉE.

Si vous n'en prenez votre part, je renonce à la mienne.

THYESTE.

J'accepte donc, et, puisque vous me l'imposez, je porterai le titre de roi ; mais le droit et la puissance que vous me donnez, vous seront toujours soumis, aussi bien que ma personne.

ATRÉE.

Que votre noble front se pare du bandeau royal ; moi, je vais sacrifier aux dieux les victimes que je leur dois.

SCENA III.

CHORUS.

Credat hoc quisquam? ferus ille et acer,
Nec potens mentis, truculentus Atreus,
Fratris aspectu stupefactus hæsit.
Nulla vis major pietate vera est.
Jurgia externis inimica durant;
Quos amor verus tenuit, tenebit.
Ira quum magnis agitata causis
Gratiam rupit, cecinitque bellum;
Quum leves frenis sonuere turmæ,
Fulsit hinc illinc agitatus ensis,
Quem movet crebro furibundus ictu
Sanguinem Mavors cupiens recentem;
Opprimit ferrum, manibusque junctis
Ducit ad pacem pietas negantes.
Otium tanto subitum e tumultu
Quis deus fecit? Modo per Mycenas
Arma civilis crepuere belli:
Pallidæ natos tenuere matres;
Uxor armato timuit marito,
Quum manum invitus sequeretur ensis,
Sordidus pacis vitio quietæ.
Ille labentes renovare muros;
Hic situ quassas stabilire turres,
Ferreis portas cohibere claustris

SCÈNE III.

LE CHOEUR.

Qui le croirait? le cruel Atrée, cet homme si dur, si emporté, si violent, s'est senti désarmé à l'aspect de son frère. Rien n'est fort comme la voix du sang. Les haines entre étrangers sont implacables; mais les sentimens naturels reprennent toujours leur empire. La haine excitée par de graves motifs avait rompu l'harmonie et appelé la guerre; les coursiers rapides avaient fait retentir sous leurs pas la terre de nos campagnes; de part et d'autre, le glaive homicide a brillé, entre les mains furieuses du dieu des combats qui ne respire que carnage toujours nouveau; mais voici que la voix du sang couvre le bruit des armes, réunit deux frères divisés, et les ramène malgré eux à la paix.

Quel dieu propice a fait succéder le calme à ce trouble cruel? Tout-à-l'heure encore Mycènes retentissait du fracas de la guerre civile. Les mères pâles pressaient leurs enfans contre leur sein; l'épouse tremblait pour son époux revêtu d'armes rouillées par les loisirs d'une longue paix, et qui ne servaient qu'à regret une fureur impie. Ici l'on travaille à relever des murs en ruines; là ce sont des tours chancelantes qu'on raffermit, des portes qu'on fortifie par des chaînes de fer. Il faut faire une garde vigilante et passer des nuits inquiètes

Ille certabat, pavidusque pinnis
Anxiæ noctis vigil incubabat.
Pejor est bello timor ipse belli.
Jam minæ sævi cecidere ferri;
Jam silet murmur grave classicorum;
Jam tacet stridor litui strepentis:
Alta pax urbi revocata lætæ est.
Sic ubi ex alto tumuere fluctus,
Brutium Coro feriente pontum,
Scylla pulsatis resonat cavernis,
Ac mare in portu timuere nautæ
Quod rapax haustum revomit Charybdis;
Et ferus Cyclops metuit parentem
Rupe ferventis residens in Ætnæ,
Ne superfusis violetur undis
Ignis æternis resonans caminis;
Et putat mergi sua posse pauper
Regna Laertes, Ithaca tremente.

Si suæ ventis cecidere vires,
Mitius stagno pelagus recumbit:
Alta, quæ navis timuit secare
Hinc et hinc fusis spatiosa velis,
Strata ludenti patuere cymbæ:
Et vacat mersos numerare pisces,
Hic ubi ingenti modo sub procella
Cyclades pontum timuere motæ.
Nulla sors longa est: dolor ac voluptas
Invicem cedunt; brevior voluptas.
Ima permutat levis hora summis.

sur des créneaux. La crainte de la guerre est plus terrible que la guerre même.

Maintenant, ces jours d'alarmes sont passés : le cri terrible de la trompette a cessé de retentir, et notre ville est dans la joie d'une paix profonde. Ainsi, quand le Corus a soulevé la mer de Sicile et remué ses derniers abîmes, les gouffres de Scylla s'ébranlent avec fracas, et les matelots redoutent jusque dans le port cette mer que Charybde renvoie après l'avoir engloutie. L'affreux Cyclope se trouble lui-même dans les forges brûlantes de l'Etna, au bruit de Neptune en furie; il tremble que la mer ne s'élève enfin jusqu'à ses fourneaux où le feu ne s'éteint jamais. Ithaque s'émeut, et Laërte craint de voir son chétif royaume englouti dans les flots.

Mais aussitôt que la fureur des vents s'est apaisée, la mer s'aplanit comme un lac tranquille; cette étendue sur laquelle un large vaisseau n'osait se risquer avec toutes ses voiles déployées, devient une surface unie où les barques se jouent sans péril; et l'on peut compter les poissons qui nagent dans ces mêmes eaux, tout-à-l'heure si troublées par la tempête, que les Cyclades en tremblaient sur leurs bases.

Il n'est point d'état durable sur la terre : le plaisir et la douleur se succèdent et se remplacent, mais la part du plaisir est toujours moindre. Un moment suffit pour

Ille, qui donat diadema fronti,
Quem genu nixæ tremuere gentes,
Cujus ad nutum posuere bella
Medus, et Phœbi propioris Indus,
Et Daæ Parthis equitem minati,
Anxius sceptrum tenet, et moventes
Cuncta divinat metuitque casus
Mobiles rerum, dubiumque tempus.
Vos, quibus rector maris atque terræ
Jus dedit magnum necis atque vitæ,
Ponite inflatos tumidosque vultus :
Quidquid a vobis minor extimescit,
Major hoc vobis dominus minatur :
Omne sub regno graviore regnum est.
Quem dies vidit veniens superbum,
Hunc dies vidit fugiens jacentem.
Nemo confidat nimium secundis ;
Nemo desperet meliora lapsis.
Miscet hæc illis, prohibetque Clotho
Stare fortunam : rotat omne fatum.
Nemo tam divos habuit faventes,
Crastinum ut posset sibi polliceri.
Res deus nostras celeri citatas
    Turbine versat.

mettre un homme du sommet des grandeurs au dernier degré de l'abaissement. Celui qui dispense à son gré les couronnes, qui, d'un signe de sa tête, désarme le Mède, et l'Indien brûlé par l'astre du jour, et le Scythe qui menace le Parthe de sa puissante cavalerie, tient lui-même le sceptre d'une main tremblante ; il prévoit, il redoute ces révolutions soudaines qui bouleversent le monde, et les changemens que le temps peut amener.

O vous, à qui le roi de la terre et des mers a donné ce droit terrible de vie et de mort, abaissez l'orgueil de vos fronts superbes. Tout ce que vos sujets ont à redouter de vous, vous avez vous-même à le craindre d'un maître qui vous domine. Toute puissance relève d'une puissance supérieure. Un monarque règne au matin dans sa force, et le soir le voit renversé. Il ne faut point ni trop se confier dans la prospérité, ni désespérer dans le malheur. Clotho mêle ces deux extrêmes de la vie humaine, et ne laisse point reposer la fortune, qui mène tout au branle de sa roue. Jamais homme ne fut assez favorisé du ciel pour être sûr du lendemain. Dieu roule dans un tourbillon rapide les hommes et les choses.

ACTUS QUARTUS.

SCENA I.

NUNTIUS, CHORUS.

NUNTIUS.
Quis me per auras turbo præcipitem vehet,
Atraque nube involvet, ut tantum nefas
Eripiat oculis? O domus, Pelopi quoque
Et Tantalo pudenda!

CHORUS.
Quid portas novi?

NUNTIUS.
Quænam ista regio est, Argos et Sparte pios
Sortita fratres? et maris gemini premens
Fauces Corinthos? an feris Ister fugam
Præbens Alanis? an sub æterna nive
Hyrcana tellus? an vagi passim Scythæ?
Quis hic nefandi est conscius monstri locus?

CHORUS.
Effare, et istud pande, quodcumque est, malum.

ACTE QUATRIÈME.

SCÈNE I.

UN MESSAGER, LE CHOEUR.

LE MESSAGER.

Puisse un tourbillon rapide m'emporter par les airs! puisse un nuage épais m'envelopper tout entier, pour ôter à mes yeux un aussi horrible spectacle! O race abominable, dont Pélops et Tantale même doivent rougir!

LE CHOEUR.

Quelle nouvelle nous apportez-vous donc?

LE MESSAGER.

Quel est ce pays? est-ce Argos et Sparte célèbre par la tendre amitié de deux frères? est-ce Corinthe assise sur une terre étroite entre deux mers? sommes-nous sur les bords de l'Ister favorable aux incursions des cruels Alains? est-ce ici la terre d'Hyrcanie, couverte de neiges éternelles, ou le désert des Scythes errans? quelle est cette partie du monde qui a servi de théâtre à un aussi monstrueux attentat?

LE CHOEUR.

Parlez, et quel que soit ce crime, faites-nous-le connaître.

NUNTIUS.

Si steterit animus, si metu corpus rigens
Remittet artus. Hæret in vultu trucis
Imago facti. Ferte me insanæ procul
Illo procellæ; ferte, quo fertur dies
Hinc raptus.

CHORUS.

Animos gravius incertos tenes.
Quid sit, quod horres, ede, et auctorem indica.
Non quæro, quis sit, sed uter. Effare ocius.

NUNTIUS.

In arce summa Pelopiæ pars est domus
Conversa ad Austros, cujus extremum latus
Æquale monti crescit, atque urbem premit,
Et contumacem regibus populum suis
Habet sub ictu : fulget hic turbæ capax
Immane tectum, cujus auratas trabes
Variis columnæ nobiles maculis ferunt.
Post ista vulgo nota, quæ populi colunt,
In multa dives spatia discedit domus.
Arcana in imo regia secessu patet,
Alta vetustum valle compescens nemus,
Penetrale regni, nulla qua lætos solet
Præbere ramos arbor, aut ferro coli ;
Sed taxus, et cupressus, et nigra ilice
Obscura nutat silva ; quam supra eminens
Despectat alte quercus, et vincit nemus.

LE MESSAGER.

Attendez que mon esprit se calme, et que mes membres glacés par la crainte retrouvent leurs mouvemens. L'image de ce crime épouvantable est encore là devant mes yeux. Tempêtes furieuses, emportez-moi loin de cet affreux spectacle, jusqu'aux lieux où le soleil a porté sa lumière en fuyant ces climats.

LE CHŒUR.

C'est nous tenir trop long-temps dans cette cruelle incertitude. Expliquez-nous enfin ce qui vous cause tant d'horreur; dites-nous l'auteur du crime. Je ne demande pas qui, mais lequel des deux l'a commis. Parlez donc sans retard.

LE MESSAGER.

Dans la partie supérieure du palais de Pélops, est un édifice tourné au midi, dont l'extrémité, s'élevant comme une montagne, domine la ville, et tient comme sous le joug le peuple inquiet d'Argos. Là est une salle immense dont les combles dorés s'appuient sur de belles colonnes de marbre tacheté. Derrière cette salle, connue du vulgaire et dont l'entrée lui est permise, il est d'autres bâtimens plus mystérieux qui forment le centre de ce riche palais. Celui du prince est le plus intérieur de tous, et le plus caché : entre les murailles de ce sanctuaire de la royauté s'élève un bois antique dont les arbres ne sont point destinés à charmer la vue, et dont le fer n'a jamais émondé le feuillage. On n'y voit que l'if, le cyprès, et la sombre yeuse, dominés par un chêne orgueilleux qui s'élève de toute la tête au dessus de cette forêt. C'est là que les fils de Tantale vont prendre les auspices à leur

Hinc auspicari regna Tantalidæ solent,
Hinc petere lapsis rebus et dubiis opem.
Affixa inhærent dona, vocales tubæ,
Fractique currus, spolia Myrtoi maris,
Victæque falsis axibus pendent rotæ,
Et omne gentis facinus: hoc Phrygius loco
Fixus tiaras Pelopis; hic præda hostium,
Et de triumpho picta barbarico chlamys.
Fons stat sub umbra tristis, et nigra piger
Hæret palude: talis est diræ Stygis
Deformis unda, quæ facit cælo fidem.
Hic nocte cæca gemere ferales deos
Fama est: catenis lucus excussis sonat,
Ululantque Manes. Quidquid audire est metus,
Illic videtur: errat antiquis vetus
Emissa bustis turba, et insultant loco
Majora notis monstra. Quin tota solet
Micare flamma silva, et excelsæ trabes
Ardent sine igne. Sæpe latratu nemus
Trino remugit: sæpe simulacris domus
Attonita magnis. Nec dies sedat metum:
Nox propria luco est, et superstitio inferum
In luce media regnat. Hinc orantibus
Responsa dantur certa, quum ingenti sono
Laxantur adyto fata; et immugit specus
Vocem deo solvente. Quo postquam furens
Intravit Atreus, liberos fratris trahens,
Ornantur aræ. Quis queat digne eloqui?
Post terga juvenum nobiles revocat manus,
Et mæsta vitta capita purpurea ligat.

avènement au trône; c'est là que dans leurs revers ou dans leurs craintes ils vont implorer le secours des dieux. On voit appendus à ce chêne des dons pieux, des trompettes guerrières, des chars brisés, des carènes rompues sur la mer Égée, le char d'Énomaüs, l'essieu trompeur de Myrtile, et tous les monumens de la valeur des fils de Tantale. On y voit la tiare phrygienne de Pélops, les dépouilles de ses ennemis, et la chlamyde aux riches couleurs, monument de ses victoires sur les Barbares. Sous l'ombrage de ce bois, est une triste fontaine aux eaux noires et stagnantes, comme celles des marais, semblable au fleuve infernal qui garantit les sermens des dieux. On raconte que, durant les nuits, on entend dans ce lieu les divinités funèbres gémir, que le bois retentit d'un bruit de chaînes agitées et des hurlemens des Mânes. Tous les prodiges, dont le récit même épouvante, se voient dans ce lieu; des morts s'y promènent sortis de leurs vieux tombeaux, et des monstres d'une grandeur inconnue s'y font voir. Souvent même la forêt brille de mille feux, et les arbres gigantesques s'enflamment d'eux-mêmes. Le bois retentit parfois d'un triple aboiement, et des spectres plus grands que nature jettent la terreur dans le palais. Le jour même ne rend pas ce lieu moins horrible; il a une nuit qui lui est propre, et les fantômes de l'enfer s'y promènent à la lumière du soleil. Ceux qui vont consulter l'avenir en ce lieu en rapportent des oracles certains; la prophétie s'échappe du sanctuaire avec un bruit immense; un dieu parle, et la caverne s'ébranle au son de sa voix redoutable. Atrée furieux entre dans ce lieu funeste, traînant après lui les enfans de son frère;

Non tura desunt, non sacer Bacchi liquor,
Tangensve salsa victimam culter mola.
Servatur omnis ordo, ne tantum nefas
Non rite fiat.

CHORUS.

Quis manum ferro admovet?

NUNTIUS.

Ipse est sacerdos: ipse funesta prece
Letale carmen ore violento canit;
Stat ipse ad aras; ipse devotos neci
Contrectat, et componit, et ferro admovet;
Attendit ipse; nulla pars sacri perit.
Lucus tremiscit: tota succusso solo
Nutavit aula, dubia quo pondus daret,
Ac fluctuanti similis: e laevo aethere
Atrum cucurrit limitem sidus trahens:
Libata in ignes vina mutato fluunt
Cruenta Baccho: regium capiti decus
Bis terque lapsum est: flevit in templis ebur.
Movere cunctos monstra; sed solus sibi
Immotus Atreus constat, atque ultro deos
Terret minantes. Jamque dimissa mora
Assiluit aris, torvum et obliquum intuens.
Jejuna silvis qualis in Gangeticis
Inter juvencos tigris erravit duos,

à l'instant on pare les autels. Comment raconter dignement ce sacrifice abominable? Lui-même attache les nobles mains de ses neveux derrière leurs dos, et ceint leurs tristes fronts d'une bandelette de pourpre. L'encens fume, la liqueur sacrée de Bacchus coule en libations, le couteau sépare le gâteau salé sur la tête des victimes. Rien ne manque à l'ordre prescrit pour les sacrifices, et ce crime affreux s'entoure de toutes les formes religieuses.

LE CHŒUR.

Et quel est le sacrificateur?

LE MESSAGER.

Atrée lui-même: il prononce les prières funèbres, et de sa bouche cruelle fait entendre le chant de mort; il est debout devant l'autel; il touche les victimes, les dispose, en approche le fer, et cherche la place où il doit frapper. Aucune formule du sacrifice n'est oubliée. Soudain le bois sacré s'agite, le sol tremble, le palais tout entier chancelle et semble chercher la place où il doit tomber; de la partie gauche du ciel une étoile s'élance et laisse derrière elle un noir sillon; le vin répandu sur le brasier devient du sang; le diadème s'échappe trois fois du front d'Atrée; l'ivoire pleure dans les temples; tous les habitans d'Argos pâlissent à la vue de ces prodiges: Atrée seul demeure inébranlable, et fait trembler les dieux qui le menacent. Tout à coup il s'élance à l'autel en jetant autour de lui des regards sombres et effrayans. Comme on voit dans les forêts de l'Inde un tigre hésiter entre deux jeunes taureaux, mesurer des yeux cette double proie que sa voracité convoite au même degré,

Utriusque praedae cupida, quo primos ferat
Incerta morsus, flectit huc rictus suos,
Illo reflectit, et famem dubiam tenet:
Sic dirus Atreus capita devota impiae
Speculatur irae: quem prius mactet sibi,
Dubitat; secunda deinde quem caede immolet:
Nec interest; sed dubitat, et tantum scelus
Juvat ordinare.

CHORUS.

Quem tamen ferro occupat?

NUNTIUS.

Primus locus (ne deesse pietatem putes)
Avo dicatur: Tantalus prima hostia est.

CHORUS.

Quo juvenis animo, quo tulit vultu necem?

NUNTIUS.

Stetit sui securus, et non est preces
Perire frustra passus: ast illi ferus
In vulnere ensem abscondit, et penitus premens
Jugulo manum commisit: educto stetit
Ferro cadaver; quumque dubitasset diu
Hac parte, an illa caderet, in patruum cadit.
Tunc ille ad aras Plisthenem saevus trahit,
Adicitque fratri: colla percussa amputat;
Cervice caesa truncus in pronum ruit;
Querulum cucurrit murmure incerto caput.

CHORUS.

Quid deinde gemina caede perfunctus facit?

et, ne sachant lequel des deux il doit saisir d'abord, tourner vers l'un, puis ramener vers l'autre sa gueule épouvantable, et tenir en suspens l'appétit qui le dévore : ainsi le cruel Atrée s'arrête à contempler les deux victimes dévouées à sa fureur impie; il ne sait laquelle il doit s'immoler d'abord, laquelle il doit sacrifier la seconde : peu lui importe, sans doute; mais il balance, et veut mettre de l'ordre dans son horrible forfait.

LE CHŒUR.

Quelle est enfin celle qu'il a frappée d'abord?

LE MESSAGER.

La première (ne croyez pas qu'il manque de piété filiale) a été pour son aïeul : le jeune Tantale est tombé le premier.

LE CHŒUR.

Qu'a senti, qu'a témoigné cet enfant à l'aspect de la mort?

LE MESSAGER.

Il est demeuré calme, et ne s'est point répandu en vaines prières : mais le cruel Atrée lui a plongé son glaive dans la gorge, et l'a enfoncé dans la blessure jusqu'à la garde. Le fer retiré, la victime est restée sur elle-même, comme ne sachant où elle devait tomber, et enfin elle s'est renversée sur son oncle. Au même instant le barbare traîne Plisthènes à l'autel et le réunit à son frère; il le frappe et lui tranche la tête. Le tronc mutilé tombe à terre, et la tête roule avec un murmure faible et plaintif.

LE CHŒUR.

Et que fait-il après ce double meurtre? Épargne-t-il

Pueroue parcit? an scelus sceleri ingerit?

NUNTIUS.

Silva jubatus qualis Armenia leo
In caede multa victor armento incubat;
Cruore rictus madidus, et pulsa fame,
Non ponit iras; hinc et hinc tauros premens
Vitulis minatur, dente jam lasso piger;
Non aliter Atreus saevit, atque ira tumet,
Ferrumque gemina caede perfusum tenens,
Oblitus in quem rueret, infesta manu
Exegit ultra corpus. At pueri statim
Pectore receptus ensis in tergo exstitit.
Cadit ille, et aras sanguine exstinguens suo,
Per utrumque vulnus moritur.

CHORUS.

O saevum scelus!

NUNTIUS.

Exhorruistis? hactenus sistat nefas,
Pius est.

CHORUS.

An ultra majus, aut atrocius
Natura recipit?

NUNTIUS.

Sceleris hunc finem putas?
Gradus est.

CHORUS.

Quid ultra potuit? objecit feris
Lanianda forsan corpora, atque igne arcuit.

au moins l'enfant, ou s'il ajoute un nouveau crime aux deux premiers ?

LE MESSAGER.

Comme un lion d'Arménie, à la crinière flottante, après avoir fait un carnage affreux dans un grand troupeau, conserve encore toute sa rage, quoique sa gueule soit pleine de sang, et sa faim apaisée, et menace encore les jeunes bœufs et les veaux de ses dents fatiguées de meurtres; ainsi la fureur d'Atrée dure encore et se ranime. Il tient en main son glaive souillé par un double assassinat, et oubliant quelle victime lui reste à frapper, il porte un coup qui la traverse de part en part: l'épée s'enfonçant dans la poitrine de l'enfant sort par son dos; le malheureux tombe, mourant de sa double blessure, et son sang qui coule éteint la flamme allumée sur l'autel.

LE CHOEUR.

O crime affreux!

LE MESSAGER.

Vous frémissez! mais ce n'est rien; si Atrée en était resté là, il serait encore vertueux.

LE CHOEUR.

Mais y a-t-il dans la nature un forfait plus grand et plus atroce ?

LE MESSAGER.

Croyez-vous être à la fin de son crime? vous n'en êtes qu'au premier degré.

LE CHOEUR.

Qu'a-t-il pu faire de plus? peut-être il a livré les corps à déchirer aux bêtes féroces, et les a privés des honneurs du bûcher ?

NUNTIUS.

Utinam arcuisset! ne tegat functos humus,
Ne solvat ignis! avibus epulandos licet
Ferisque triste pabulum sævis trahat
Votum est sub hoc, quod esse supplicium solet:
Pater insepultos spectet. O nullo scelus
Credibile in ævo, quodque posteritas neget!
Erepta vivis exta pectoribus tremunt,
Spirantque venæ, corque adhuc pavidum salit.
At ille fibras tractat, ac fata inspicit,
Et adhuc calentes viscerum venas notat.
Postquam hostiæ placuere, securus vacat
Jam fratris epulis. Ipse divisum secat
In membra corpus: amputat trunco tenus
Humeros patentes, et lacertorum moras;
Denudat artus durus, atque ossa amputat:
Tantum ora servat, et datas fidei manus.
Hæc verubus hærent viscera, et lentis data
Stillant caminis; illa flammatus latex,
Querente aheno, jactat. Impositas dapes
Transiluit ignis, inque trepidantes focos
Bis ter regestus, et pati jussus moram,
Invitus ardet. Stridet in verubus jecur;
Nec facile dicam, corpora an flammæ magis
Gemuere. Piceus ignis in fumos abit;
Et ipse fumus tristis, ac nebula gravis,
Non rectus exit, seque in excelsum levans,
Ipsos penates nube deformi obsidet.
O Phœbe, patiens, fugeris retro licet
Medioque ruptum merseris cælo diem,

LE MESSAGER.

Plût au ciel qu'il les eût privés de la terre qui couvre les morts et de la flamme qui les consume, pour les faire servir de pâture aux oiseaux, ou les jeter en proie aux bêtes féroces, et fait voir au malheureux Thyeste ses fils sans sépulture ! ce supplice pour lui serait une grâce. — O crime que la postérité ne croira jamais et qu'aucun siècle ne pourra concevoir ! les entrailles arrachées de ces corps vivans tressaillent, les veines palpitent, et le cœur s'agite encore sous l'impression de la terreur ; Atrée a le courage de manier les fibres, et d'y lire la destinée ; il observe attentivement les viscères encore tout pénétrés du feu de la vie. Satisfait des présages qu'il y trouve, il s'occupe tranquillement du festin qu'il veut offrir à son frère. Il coupe les corps en morceaux, il sépare du tronc les épaules et les attaches des bras, met à nu les articulations, brise les os, et ne laisse en leur entier que la tête et les mains qu'il avait reçues dans les siennes en signe de fidélité. Une partie des chairs est embrochée et se distille lentement devant le feu ; l'autre est jetée dans une chaudière que la flamme fait bouillonner et gémir : le feu laisse derrière lui ces effroyables mets, il faut le replacer trois fois dans le foyer pour le forcer enfin à s'arrêter et à brûler malgré lui. Le foie siffle autour de la broche, et je ne saurais dire laquelle gémit plus fort de la chair ou de la flamme, qui, noire comme la poix, se dissipe en fumée. Cette fumée est elle-même sombre et pesante ; elle ne monte pas droite vers le ciel, mais elle se balance dans l'air, et forme autour des dieux Pénates un nuage épais qui les couvre. — O Soleil

Sero occidisti. Lancinat natos pater,
Artusque mandit ore funesto suos.
Nitet fluent█ madidus unguento comam,
Gravisque vino. Sæpe præclusæ cibum
Tenuere fauces. In malis unum hoc tuis
Bonum est, Thyesta, quod mala ignoras tua.
Sed et hoc peribit : verterit currus licet
Sibi ipse Titan obvium ducens iter,
Tenebrisque facinus obruat tetrum novis
Nox missa ab ortu tempore alieno gravis,
Tamen videndum est : tota patefient mala.

SCENA II.

CHORUS.

Quo terrarum superumque parens,
Cujus ad ortus noctis opacæ
Decus omne fugit, quo vertis iter,
Medioque diem perdis Olympo?
Cur, Phœbe, tuos rapis aspectus?
Nondum seræ nuntius horæ
Nocturna vocat lumina vesper;
Nondum Hesperiæ flexura rotæ
Jubet emeritos solvere currus;

trop patient! tu t'es retourné en arrière, tu as fermé le jour au milieu de ta course; mais trop tard cependant. Le malheureux Thyeste déchire ses enfans, et de sa bouche cruelle dévore ses propres membres. Il est là, les cheveux brillans et parfumés, la tête appesantie par le vin. Plus d'une fois son estomac s'est fermé à ces funestes alimens. Malheureux! le seul bien qui te reste dans ton infortune c'est de ne la connaître pas, mais ce bien même va t'échapper. Quoique le Soleil ait retourné son char, pour suivre une route directement contraire à la sienne, et que la nuit ait devancé son heure pour étendre sur ce crime affreux des ténèbres inconnues, il te faudra pourtant voir, malheureux Thyeste, il te faudra connaître l'excès de ta misère.

SCÈNE II.

LE CHOEUR.

Roi de la terre et du ciel, toi dont l'éclat fait pâlir tous les astres de la nuit, vers quels climats es-tu allé? pourquoi nous ravir la lumière au milieu du jour, et cacher à nos yeux l'éclat de ton visage? l'étoile qui amène les heures du soir n'appelle point encore le brillant cortège des astres nocturnes; le moment n'est point venu de dételer les coursiers de ton char descendu à l'Occident; le jour n'est pas si près de la nuit, la troisième trompette ne s'est point fait entendre. Le laboureur, dont les bœufs

Nondum in noctem vergente die
Tertia misit buccina signum :
Stupet ad subitæ tempora coenæ
Nondum fessis bubus arator.
Quid te ætherio pepulit cursu ?
Quæ causa tuos limite certo
Dejecit equos? numquid aperto
Carcere Ditis victi tentant
Bella gigantes ? numquid Tityos
Pectore fesso renovat veteres
Saucius iras ? num rejecto
Latus explicuit monte Typhoeus?
Numquid struitur via Phlegræos
Alta per hostes ? et Thessalicum
Thressa premitur Pelion Ossa ?
Solitæ mundi periere vices ;
Nihil occasus, nihil ortus erit.
Stupet, Eoos assueta deo
Tradere frenos, genitrix primæ
Roscida lucis perversa sui
Limina regni : nescit fessos
Tingere currus, nec fumantes
Sudore jubas mergere ponto.
Ipse insueto novus hospitio
Sol Auroram videt occiduus,
Tenebrasque jubet surgere, nondum
Nocte parata. Non succedunt
Astra, nec ullo micat igne polus :
Nec Luna graves digerit umbras.
Sed quidquid id est, utinam nox sit !

ne sont pas las encore, s'étonne de voir arriver si vite l'heure de son repas du soir.

Quelle puissance a fermé ta route dans le ciel? quelle révolution soudaine a détourné tes coursiers de leur carrière accoutumée? Est-ce que les Géans vaincus auraient brisé les portes de l'Enfer, et recommenceraient leur guerre contre les dieux! Tityus a-t-il senti sa rage renaître dans son sein déchiré par le vautour? Typhée a-t-il soulevé la montagne qui l'écrase et déployé ses vastes membres? les vaincus de Phlégra tenteraient-ils contre le ciel une nouvelle attaque? l'Ossa de Thrace va-t-il encore se dresser par leurs mains sur le Pélion de Thessalie?

L'antique harmonie du monde est brisée; plus de lever, plus de coucher du soleil. La fraîche déesse du matin qui amène les premiers feux du jour, et remet au dieu de la lumière les rênes de son char, voit avec étonnement ce trouble répandu dans son empire; elle ne sait plus rafraîchir ses chevaux fatigués, ni plonger dans la mer son attelage inondé de sueur. Le Soleil, surpris de sa nouvelle demeure, trouve l'Aurore à son coucher, et appelle les ténèbres quand la nuit n'est pas prête encore. Les étoiles ne se montrent pas à sa place, aucun flambeau ne s'allume dans le ciel, et la lune ne vient point diminuer l'horreur de cette obscurité profonde.

Et plût au ciel que ce fût là seulement la nuit! Une

Trepidant, trepidant pectora magno
Percussa metu, ne fatali
Cuncta ruina quassata labent,
Iterumque deos hominesque premat
Deforme chaos : iterum terras,
Et mare, et ignes et vaga picti
Sidera mundi Natura tegat.
Non æternæ facis exortu
Dux astrorum secula ducens
Dabit æstatis brumæque notas.
Non Phœbeis obvia flammis
Demet Nocti Luna timores,
Vincetque sui fratris habenas,
Curvo brevius limite currens.
Ibit in unum congesta sinum
   Turba deorum.
Hic, qui sacris pervius astris
Secat obliquo tramite zonas,
Flectens longos Signifer annos,
Lapsa videbit sidera labens.
Hic, qui nondum vere benigno
Reddit Zephyro vela tepenti,
Aries præceps ibit in undas,
Per quas pavidam vexerat Hellen.
Hic, qui nitido Taurus cornu
Præfert Hyadas, secum Geminos
Trahet, et curvi brachia Cancri.
Leo flammiferis æstibus ardens
Iterum e cælo cadet Herculeus.
Cadet in terras Virgo relictas;

affreuse terreur glace nos âmes, nous tremblons que ce ne soit la fin de toutes choses, et que l'informe chaos ne revienne envelopper les hommes et les dieux; nous tremblons de voir la terre, la mer, le feu et les étoiles errantes se perdre encore une fois dans le bouleversement de la nature. Le roi des astres, dont l'éternel flambeau conduit la marche des siècles, ne marquera plus la succession des hivers et des étés. La lune, venant à sa rencontre, ne diminuera plus l'horreur de la nuit effrayante, dans sa course plus rapide que celle de son frère, parce que la courbe qu'elle décrit est aussi moins grande. La foule innombrable des astres se perdra dans un même abîme.

Le cercle céleste, autour duquel tournent les années et les constellations, et qui partage obliquement les zônes, tombera lui-même et entraînera dans sa chute les astres défaillans. Le Bélier qui, aux premiers jours du printemps, ouvre les voiles aux tièdes zéphyrs, sera précipité dans les flots à travers lesquels il porta jadis la timide Hellé. Le Taureau, qui sur ses cornes brillantes soulève les Hyades, entraînera dans sa chute les Gémeaux et le Cancer aux pinces recourbées. Le Lion de Némée, qui lance tous les feux de l'été, retombera du ciel où la valeur d'Hercule l'a fait remonter. La Vierge reviendra sur la terre qu'elle avait quittée. La Balance et l'ardent Scorpion se détacheront ensemble du zodiaque. Le vieux Chiron, qui lance des flèches empennées avec son arc

Justæque cadent pondera Libræ,
Secumque trahent Scorpion acrem.
Et, qui nervo tenet Æmonio
Pennata senex spicula Chiron,
Rupto perdet spicula nervo.
Pigram referens hiemem gelidus
Cadet Ægoceros, frangesque tuam,
Quisquis es, Urnam. Tecum excedent
Ultima cæli sidera Pisces;
Monstraque numquam perfusa mari
Merget condens omnia gurges;
Et qui medias dividit Ursas,
Fluminis instar, lubricus Anguis,
Magnoque minor juncta Draconi
Frigida duro Cynosura gelu,
Custosque sui tardus plaustri
Jam non stabilis ruet Arctophylax.
Nos e tanto visi populo
Digni, premeret quos everso
    Cardine mundus.
In nos ætas ultima venit.
O nos dura sorte creatos,
Seu perdidimus solem miseri,
Sive expulimus! Abeant questus:
Discede, timor. Vitæ est avidus,
Quisquis non vult, mundo secum
    Pereunte, mori.

d'Émonie, verra cet arc se rompre dans sa main, et ses flèches tomber. Le Capricorne glacé, qui ramène l'hiver, brisera en tombant l'urne du Verseau qui lui-même entraînera la dernière constellation du ciel, les Poissons. Les monstres, qui jamais ne se sont baignés dans les flots de l'Océan, s'engloutiront dans cet abîme universel; le Serpent, qui s'étend comme un fleuve onduleux entre les deux Ourses, périra, ainsi que la Cynosure glacée, qui occupe si peu de place à côté de l'immense Dragon. Le pesant Bouvier, qui garde son chariot, perdra son immobilité et se précipitera du haut du ciel.

Malheureux! nous avons été choisis dans la multitude des générations humaines pour être écrasés sous la chute du monde; notre vie a été marquée pour la fin des siècles. O race également déplorable, soit que nous ayons perdu le soleil sans notre faute, soit que nous l'ayons chassé par nos crimes! mais point de plaintes et point de terreur. Ce serait un amour insensé de l'existence que de se refuser à périr avec le monde.

ACTUS QUINTUS.

SCENA I.

ATREUS.

Æqualis astris gradior, et cunctos super
Altum superbo vertice attingens polum.
Nunc decora regni teneo, nunc solium patris.
Dimitto superos : summa votorum attigi.
Bene est, abunde est; jam sat est etiam mihi.
Sed cur satis sit? pergam, et implebo patrem
Funere suorum : ne quid obstaret pudor,
Dies recessit ; perge, dum cælum vacat.
Utinam quidem tenere fugientes deos
Possem, et coactos trahere, ut ultricem dapem
Omnes viderent ! quod sat est, videat pater.
Etiam die nolente discutiam tibi
Tenebras, miseriæ sub quibus latitant tuæ.
Nimis diu conviva securo jaces
Hilarique vultu ; jam satis mensis datum est,
Satisque Baccho : sobrio tanta ad mala
Opus est Thyeste. Turba famularis, fores
Templi relaxa ; festa patefiat domus.
Libet videre, capita natorum intuens
Quos det colores, verba quæ primus dolor

ACTE CINQUIÈME.

SCÈNE I.

ATRÉE.

Je marche l'égal des dieux, je vois tous les hommes à mes pieds, et ma tête sublime atteint jusqu'au ciel. C'est maintenant que je règne, c'est maintenant que le trône de mon père est à moi. Les dieux ne me doivent plus rien, tous mes vœux sont remplis. Je suis content, c'est assez, je ne demande pas davantage. Mais pourquoi serait-ce assez? Non : je ferai plus, je veux accabler ce père de la mort de ses enfans. Pour m'épargner toute pudeur, le jour s'est retiré; à l'œuvre donc, pendant que le ciel me favorise. Que ne puis-je tenir tous les dieux qui ont fui devant moi, pour les traîner ici malgré eux et leur faire contempler ce festin qu'a préparé ma vengeance! mais il suffit que Thyeste le voie. En dépit du jour qui nous retire sa lumière, je dissiperai les ténèbres qui te cachent l'excès de ton malheur. — Voilà trop long-temps qu'il est à table comme un convive heureux et tranquille. C'est assez de viandes, c'est assez de vin. Il ne faut pas qu'il soit ivre pour sentir sa misère. — Ouvrez les portes de ce palais comme pour un jour de fête. Il me tarde de voir

Effundat, aut ut spiritu expulso stupens
Corpus rigescat : fructus hic operis mei est;
Miserum videre nolo, sed dum fit miser.
Aperta multa tecta collucent face.
Resupinus ipse purpura atque auro incubat,
Vino gravatum fulciens læva caput.
Eructat : o me cælitum excelsissimum,
Regumque regem! vota transcendi mea.
Satur est, capaci ducit argento merum.
Ne parce potu.; restat etiamnum cruor
Tot hostiarum : veteris hunc Bacchi color
Abscondet : hoc hæc mensa claudatur scypho.
Mixtum suorum sanguinem genitor bibat;
Meum bibisset. Ecce jam cantus ciet,
Festasque voces, nec satis menti imperat.

SCENA II.

THYESTES.

Pectora longis hebetata malis,
Jam sollicitas ponite curas.
Fugiat mœror, fugiatque pavor.
Fugiat trepidi comes exsilii
Tristis egestas, rebusque gravis
Pudor afflictis. Magis unde cadas,

la couleur de son visage à l'aspect des têtes de ses enfans, d'entendre ses premiers cris de douleur, de le voir tomber sans haleine et le corps glacé. Tel doit être le fruit de mon œuvre. Ce n'est pas de ses souffrances que je veux être témoin, mais de leur commencement. — Le palais est ouvert et resplendissant de mille feux : Thyeste est là, couché sur la pourpre et sur l'or; sa tête appesantie par le vin s'appuie sur sa main gauche. Un hoquet.... Oh! je suis le plus grand des dieux, et le roi des rois. Mes vœux sont dépassés. Il est rassasié de viandes, et boit le vin dans une large coupe. Ne te fais pas faute de boire, il reste encore assez de sang de mes trois victimes; je le mêlerai avec un vin vieux pour en déguiser la couleur, et cette dernière coupe achèvera ton repas. Qu'un père boive le sang de ses enfans! Il aurait bu le mien. Le voilà qui chante, et se répand en paroles joyeuses; il n'est plus maître de sa raison.

SCÈNE II.

THYESTE.

HYMNE.

O mon âme, fatiguée par de longues infortunes, dépose le fardeau de tes soucis inquiets; bannis la tristesse, bannis la crainte, loin de moi l'indigence, misérable compagne de l'exil, et la honte qui s'attache au malheur. Ne regarde pas où tu es, mais d'où tu viens. C'est beaucoup de pouvoir, en tombant de haut, poser un pied ferme

Quam quo, refert. Magnum, ex alto
Culmine lapsum stabilem in plano
Figere gressum: magnum, ingenti
Strage malorum pressum fracti
Pondera regni non inflexa
Cervice pati, nec degenerem
Victumque malis rectum impositas
Ferre ruinas.

          Sed jam saevi
Nubila fati pelle, ac miseri
Temporis omnes dimitte notas:
Redeant vultus ad laeta boni;
Veterem ex animo mitte Thyesten.
Proprium hoc miseros sequitur vitium,
Nunquam rebus credere laetis.
Redeat felix Fortuna licet,
Tamen afflictos gaudere piget.
Quid me revocas, festumque vetas
Celebrare diem? quid flere jubes,
Nulla surgens dolor ex causa?
Quis me prohibet flore recenti
Vincire comam? Prohibet, prohibet.
Vernae capiti fluxere rosae;
Pingui madidus crinis amomo
Inter subitos stetit horrores;
Imber vultu nolente cadit.
Venit in medias voces gemitus.
Moeror lacrymas amat assuetas;
Flendi miseris dira cupido est.
Libet infaustos mittere questus:

sur la terre; il est beau, quand on est couvert par la chute d'un empire, de ne point courber la tête sous un si grand poids, de ne point se laisser abattre, de marcher droit et ferme sous tant de ruines.

Mais dissipons ces ombres de ma vie, et chassons bien loin ces tristes images d'un temps qui n'est plus. Puisque la fortune me sourit, je dois lui sourire. Chassons de mon esprit le Thyeste passé. L'ordinaire défaut des malheureux, c'est de ne plus croire au bonheur. En vain le sort, devenu plus propice, les invite à la joie : pour avoir connu le malheur, ils ne savent plus être heureux.

Pourquoi ce retour de tristesse qui m'empêche de jouir d'un aussi beau jour? pourquoi ces larmes qui tombent de mes yeux sans que j'en sache la cause? pourquoi ne puis-je parer mon front de ces fleurs nouvelles? Ah! je ne le puis, je ne le puis. Les roses du printemps se détachent de ma tête; les parfums qui baignent mes cheveux ne les empêchent pas de se dresser d'horreur, et mon visage est mouillé de larmes involontaires. Des cris lugubres se mêlent à mes chants. Ah! je veux donner encore des larmes à ma douleur, les malheureux trouvent un charme cruel à pleurer : je veux pousser de tristes plaintes, je veux déchirer cette robe de pourpre, et remplir ce palais de mes hurlemens. Mon esprit

Libet et Tyrio saturas ostro
Rumpere vestes : ululare libet.
Mittit luctus signa futuri
Mens, ante sui praesaga mali.
Instat nautis fera tempestas,
Quum sine vento tranquilla tument.....
Quos tibi luctus, quosve tumultus
Fingis demens ? credula praesta
Pectora fratri : jam quidquid id est,
Vel sine causa, vel sero times.
Nolo infelix ; sed vagus intra
Terror oberrat ; subitos fundunt
Oculi fletus, nec causa subest.
Dolor, an metus est ? an habet lacrymas
    Magna voluptas ?

SCENA III.

ATREUS, THYESTES.

ATREUS.

Festum diem, germane, consensu pari
Celebremus : hic est, sceptra qui firmet mea,
Solidamque pacis alliget certe fidem.

THYESTES.

Satias dapis me, nec minus Bacchi tenet.
Augere cumulus hic voluptatem potest,
Si cum meis gaudere felici datur.

s'émeut dans la vue des maux prêts à fondre sur ma tête, et me les annonce d'avance. Ah! quand la mer se gonfle ainsi d'elle-même sans un vent qui la soulève, une tempête effroyable menace les matelots.

Insensé! de quels malheurs, de quelles craintes vas-tu te troubler l'esprit? Livre-toi sans défiance à ton frère. Quoi que tu puisses craindre, c'est une peur chimérique ou tardive. Malheureux! je voudrais m'en défendre, mais je sens une vague terreur au dedans de moi. Des larmes soudaines s'échappent de mes yeux sans que j'en puisse dire la cause. Est-ce la douleur ou la crainte? pleure-t-on aussi dans l'excès de la joie?

SCÈNE III.

ATRÉE, THYESTE.

ATRÉE.

Unissons-nous, mon frère, pour célébrer dignement ce grand jour : il affermit le sceptre dans mes mains, il me donne le gage assuré d'une paix inviolable.

THYESTE.

Je suis rassasié de viandes et de vin. Le seul désir que je puis former pour mettre le comble à ma joie, c'est de la partager avec mes enfans.

ATREUS.

Hic esse natos crede in amplexu patris:
Hic sunt, eruntque; nulla pars prolis tuae
Tibi subtrahetur: ora, quae exoptas, dabo,
Totumque turba jam sua implebo patrem.
Satiaberis, ne metue: nunc mixti meis,
Jucunda mensae sacra juvenilis colunt;
Sed accientur. Poculum infuso cape
Gentile Baccho.

THYESTES.

Capio fraternae dapis
Donum. Paternis vina libentur deis,
Tunc hauriantur. Sed quid hoc? nolunt manus
Parere: crescit pondus, et dextram gravat.
Admotus ipsis Bacchus a labris fugit,
Circaque rictus ore decepto effluit.
En, ipsa trepido mensa subsiluit solo.
Vix lucet ignis. Ipse quin aether gravis
Inter diem noctemque desertus stupet.
Quid hoc? magis magisque concussi labant
Convexa caeli: spissior densis coit
Caligo tenebris, noxque se in noctem abdidit:
Fugit omne sidus. Quidquid est, fratri, precor,
Natisque parcat; omnis in vile hoc caput
Abeat procella. Redde jam natos mihi.

ATREUS.

Reddam, et tibi illos nullus eripiet dies.

THYESTES.

Quis hic tumultus viscera exagitat mea?

ATRÉE.

Ah! croyez qu'ils sont déjà dans les bras de leur père. Ils y sont, ils y seront; rien d'eux ne vous sera ôté; vous voulez voir leurs visages, vous les verrez, et je les mettrai tous dans votre sein. Je vous en rassasierai, soyez tranquille; en ce moment ils sont avec les miens, assis à table, et dans la joie d'un festin qui convient à leur âge. Mais je les ferai venir. En attendant videz cette coupe héritée de nos aïeux, et remplie d'un noble vin.

THYESTE.

Je la reçois des mains de mon frère. J'offrirai une libation aux dieux paternels et boirai le reste. Mais qu'est-ce donc? ma main refuse d'obéir, cette coupe devient lourde et mon bras ne peut plus la soutenir. Le vin, approché de ma bouche, s'en retire, et fuit mes lèvres trompées. La table même a tressailli sur le sol ébranlé. Les flambeaux ne jettent presque plus de lumière. Le ciel, entre le jour et la nuit, semble étonné de n'avoir plus de clartés. Qu'est-ce donc? la céleste voûte s'ébranle avec plus de force, les ténèbres s'épaississent, l'obscurité devient plus grande, la nuit se cache dans la nuit. Tous les astres ont disparu. Puissances du ciel, épargnez du moins mon frère et mes enfans. Que sur ma tête coupable s'épuise tout l'effort de la tempête. Ah! rendez-moi mes enfans.

ATRÉE.

Je vous les rendrai, et rien au monde ne pourra vous les ravir.

THYESTE.

Quel trouble agite mes entrailles? que sens-je trembler

Quid tremuit intus ? sentio impatiens onus,
Meumque gemitu non meo pectus gemit.
Adeste, nati ! genitor infelix vocat :
Adeste ! visis fugiet hic vobis dolor.
Unde obloquuntur ?

ATREUS.

Expedi amplexus, pater :
Venere. Natos ecquid agnoscis tuos ?

THYESTES.

Agnosco fratrem. Sustines tantum nefas
Gestare, Tellus ? non ad infernam Styga
Te nosque mergis, rupta et ingenti via
Ad chaos inane regna cum rege abripis ?
Non tota ab imo tecta convellens solo
Vertis Mycenas ? Stare circa Tantalum
Uterque jam debuimus : hinc compagibus
Et hinc revulsis, si quid infra Tartara est
Avosque nostros, huc tuam immani sinu
Demitte vallem, nosque defossos tege
Acheronte toto : noxiæ supra caput
Animæ vagentur nostrum, et ardenti freto
Phlegethon arenas igneus tortas agens,
Exitia supra nostra violentus fluat.
Immota Tellus, pondus ignavum jaces ?
Fugere superi.

ATREUS.

At accipe hos potius libens
Diu expetitos. Nulla per fratrem est mora ;
Fruere, osculare, divide amplexus tribus.

dans mon corps? Je sens un poids qui m'accable, et j'entends résonner dans ma poitrine des gémissemens qui ne sont pas les miens. Venez, ô mes enfans, votre malheureux père vous appelle; venez, votre vue dissipera cette douleur. Mais d'où me parlent-ils donc?

ATRÉE.

Ouvre tes bras, heureux père, les voici. Reconnais-tu tes enfans?

THYESTE.

Je reconnais mon frère! Peux-tu bien, ô terre, porter un pareil crime! Tu ne te plonges pas avec nous dans l'abîme du Styx! tes flancs ne se sont pas ouverts pour précipiter dans le gouffre du chaos ce royaume et son roi! Mycènes n'est pas détruite, et ses maisons renversées! nous ne sommes pas encore lui et moi dans l'enfer auprès de Tantale! Entr'ouvre-toi d'une extrémité jusqu'à l'autre; et, par la déchirure immense de tes entrailles, laisse-nous tomber dans un abîme plus profond que le Tartare, plus profond que celui où gémissent nos aïeux, s'il en est un dans un gouffre où l'Achéron nous couvre de tous ses flots. Que les âmes coupables se promènent sur nos têtes, et que le Phlégéthon brûlant, devenu l'instrument de notre supplice, roule sur nous ses sables embrasés. O terre, peux-tu rester ainsi comme une masse inerte et privée de sentiment? Il n'y a plus de dieux.

ATRÉE.

Songe plutôt à recevoir avec amour tes enfans si impatiemment désirés: ton frère ne veut plus retarder ton bonheur; jouis de leur présence, embrasse-les, partage entre eux les caresses.

THYESTES.

Hoc fœdus? hæc est gratia? hæc fratris fides?
Sic odia ponis? non peto, incolumes pater
Natos ut habeam : scelere quod salvo dari
Odioque possit, frater hoc fratrem rogo,
Sepelire liceat : redde, quod cernas statim
Uri : nihil te genitor habiturus rogo,
Sed perditurus.

ATREUS.

Quidquid e natis tuis
Superest, habebis : quodque non superest, habes.

THYESTES.

Utrumne sævis pabulum alitibus jacent?
An belluis servantur? an pascunt feras?

ATREUS.

Epulatus ipse es impia natos dape.

THYESTES.

Hoc est, deos quod puduit! hoc egit diem
Aversum in ortus! Quas miser voces dabo,
Questusque quos? quæ verba sufficient mihi?
Abscissa cerno capita, et avulsas manus,
Et rupta fractis cruribus vestigia.
Hoc est, quod avidus capere non potuit pater.
Volvuntur intus viscera, et clausum nefas
Sine exitu luctatur, et quærit viam.
Da, frater, ensem; sanguinis multum mei
Habet ille : ferro liberis detur via.
Negatur ensis? pectora illiso sonent

THYESTE.

Voilà donc ce traité de paix, cette amitié rendue, cette foi jurée entre frères? c'est donc ainsi que tu abjures ta haine? Ce ne sont plus mes fils vivans que je te demande; frère, je demande à mon frère une grâce qui ne prend rien sur son crime et sur sa haine, la permission de les ensevelir. Rends-moi d'eux ce que tu me verras brûler à l'instant. Ce n'est pas pour les garder que je les demande, mais pour les perdre.

ATRÉE.

Tu auras de tes fils tout ce qui en reste; ce qui n'en reste plus, tu l'as déjà.

THYESTE.

En as-tu fait la pâture des oiseaux cruels? les as-tu jetés en proie aux bêtes féroces?

ATRÉE.

C'est toi-même qui les as mangés dans cet horrible festin.

THYESTE.

C'est pour cela que les dieux ont été frappés d'horreur! c'est pour cela que le soleil est retourné en arrière! Quels cris? quelles plaintes faire entendre? quelles paroles suffiront à ma douleur? Je vois leurs têtes coupées, leurs mains arrachées, et tous leurs os mis en pièces. Ce sont là les seules parties que leur père n'a pu dévorer. Mes entrailles s'agitent, ce crime enfermé dans mon sein fait effort pour en sortir, et cherche vainement une issue. Frère, donne-moi ton épée, elle est déjà toute abreuvée de mon sang; donne-la-moi, que j'ouvre avec le fer une issue à mes enfans. Tu me la refuses! je vais briser

Contusa planctu..... Sustine, infelix, manum;
Parcamus umbris. Tale quis vidit nefas?
Quis inhospitalis Caucasi rupem asperam
Heniochus habitans? quisve Cecropiis metus
Terris Procrustes? genitor en natos premo,
Premorque natis! Sceleris est aliquis modus?

ATREUS.

Sceleri modus debetur, ubi facias scelus,
Non ubi reponas. Hoc quoque exiguum est mihi.
Ex vulnere ipso sanguinem calidum in tua
Diffundere ora debui, ut vivenitum
Biberes cruorem. Verba sunt irae data,
Dum propero; ferro vulnera impresso dedi,
Cecidi ad aras, caede votiva focos
Placavi, et artus corpore exanimo amputans,
In parva carpsi frusta, et haec ferventibus
Demersi ahenis; illa lentis ignibus
Stillare jussi; membra nervosque abscidi
Viventibus, gracilique trajectas veru
Mugire fibras vidi, et aggessi manu
Mea ipse flammas: omnia haec melius pater
Fecisse potuit; cecidit incassum dolor:
Scidit ore natos impio, sed nesciens,
Sed nescientes.

THYESTES.

Clusa litoribus vagis
Audite maria! vos quoque audite hoc scelus,
Quocunque, dii, fugistis! audite, inferi!
Audite, terrae! Noxque Tartarea gravis

ma poitrine à force de coups. Arrête, malheureux! épargne les ombres de tes fils. Qui jamais vit un pareil crime? Quel sauvage habitant des roches inhospitalières du Caucase, quel Procruste, fléau de l'Attique, a jamais rien fait de semblable? moi père j'écrase mes enfans, et mes enfans m'écrasent! N'y a-t-il point de mesure dans le crime?

ATRÉE.

On peut garder une mesure dans le crime, jamais dans la vengeance. J'ai trop peu fait encore pour la mienne. J'aurais dû baigner ton visage de leur sang lorsqu'il s'échappait de leurs blessures, et te le faire boire ainsi tout chaud et tout vivant. J'ai trahi ma vengeance en la précipitant. J'ai frappé tes fils de l'épée, je les ai immolés aux pieds des autels, comme des victimes expiatoires et dévouées : eux morts, j'ai mis leurs membres en pièces, je les ai coupés en petits morceaux; j'en ai jeté une partie dans des chaudières bouillantes, j'ai mis l'autre à rôtir lentement devant le feu. Ils vivaient encore lorsque je coupais leurs membres et leurs muscles; j'entendais leurs fibres mugir embrochées, et ma main attisait la flamme. C'est leur père qu'il fallait charger de ce soin. Ah! ma colère s'est trompée. Thyeste a broyé ses fils sous ses dents impies, mais il n'en savait rien, mais eux ne le savaient pas.

THYESTE.

Écoutez, mers aux flottans rivages, et apprenez ce crime; apprenez-le, dieux, où que vous soyez depuis que cet attentat vous a fait fuir! terre, enfers, apprenez-le! Sombre et affreuse nuit du Tartare, prête l'oreille à mes

Et atra nube, vocibus nostris vaca!
Tibi sum relictus; sola tu miserum vides,
Tu quoque sine astris. Vota non faciam improba :
Pro me nihil precabor ; ecquid jam potest
Pro me esse? vobis vota prospicient mea.
Tu, summe cæli rector, ætheriæ potens
Dominator aulæ, nubibus totum horridis
Convolve mundum; bella ventorum undique
Committe, et omni parte violentum intona ;
Manuque, non qua tecta et immeritas domos
Telo petis minore, sed qua montium
Tergemina moles cecidit, et qui montibus
Stabant pares gigantes, hæc arma expedi,
Ignesque torque : vindica amissum diem :
Jaculare flammas; lumen ereptum polo
Fulminibus exple. Causa, ne dubites diu,
Utriusque mala sit; si minus, mala sit mea.
Me pete ; trisulco flammeam telo facem
Per pectus hoc transmitte : si natos pater
Humare, et igni tradere extremo volo,
Ego sum cremandus. Si nihil superos movet,
Nullumque telis impios numen petit,
Æterna nox permaneat, et tenebris tegat
Immensa longis scelera : nil, Titan, queror,
Si perseveras.

ATREUS.

Nunc meas laudo manus,
Nunc parta vera est palma. Perdideram scelus,
Nisi sic doleres. Liberos nasci mihi
Nunc credo, castis nunc fidem reddi toris.

cris. C'est toi qui m'attends; toi seule dois être le témoin de ma misère, nuit profonde et sans étoiles. Je ne formerai point de vœux coupables. D'abord je ne demande rien pour moi; eh! que pourrai-je demander? c'est pour vous seuls, ô dieux, que je vous prie. — Souverain maître du ciel, roi suprême du royaume éthéré, bouleverse le monde dans un tourbillon d'affreux nuages, déchaîne tous les vents, et que toutes les parties du ciel s'ébranlent aux éclats de ton tonnerre. Arme tes mains non de ces foudres légères qui brisent les toits et les demeures innocentes des mortels, mais de celle qui mit en poudre trois montagnes entassées l'une sur l'autre, et les Géans non moins énormes qu'elles. Voilà les traits, voilà les feux que tu dois lancer. Rends-nous le jour qui nous a fui, darde tes carreaux, et supplée à la lumière du ciel par celle des éclairs. N'hésite pas, frappe-nous tous les deux comme coupables, sinon frappe-moi seul; et que les trois carreaux de la foudre enflammée traversent ma poitrine: pour rendre les derniers devoirs à mes fils, et brûler leurs corps, il faut me brûler moi-même. Si rien ne peut émouvoir les dieux, s'ils n'ont point de colère contre les impies, que cette nuit du moins soit éternelle, et que ses longues ténèbres s'égalent à l'immensité de ce crime. Je ne désire point le retour de ta lumière, ô Soleil!

ATRÉE.

Maintenant je suis content de mon œuvre, maintenant je jouis de ma victoire. Sans l'excès de ta douleur, mon crime serait perdu. De ce moment, je me sens le père de mes enfans, et la fidélité de mon épouse est justifiée.

THYESTES.
Quid liberi meruere?

ATREUS.
Quod fuerant tui.

THYESTES.
Natos parenti!

ATREUS.
Fateor, et, quod me juvat,
Certos.

THYESTES.
Piorum praesides testor deos.

ATREUS.
Quid? conjugales?

THYESTES.
Scelere quis pensat scelus?

ATREUS.
Scio, quid queraris : scelere praerepto doles,
Nec, quod nefandas hauseris, tangit, dapes ;
Quod non pararis : fuerat hic animus tibi
Instruere similes inscio fratri cibos,
Et adjuvante liberos matre aggredi,
Similique leto sternere : hoc unum obstitit,
Tuos putasti.

THYESTES.
Vindices aderunt dei :
His puniendum vota te tradunt mea.

ATREUS.
Te puniendum liberis trado tuis.

THYESTE.

Quel était le crime de mes enfans?

ATRÉE.

D'être nés de toi.

THYESTE.

Des enfans à leur père!

ATRÉE.

Oui à leur père, et, ce qui me ravit, à leur véritable père.

THYESTE.

J'en appelle aux dieux protecteurs de l'innocence!

ATRÉE.

Et ceux de l'hymen?

THYESTE.

Doit-on se venger d'un crime par un crime?

ATRÉE.

Je sais ce qui t'afflige, tu souffres d'avoir été prévenu. Tu ne regrettes pas d'avoir goûté ces mets horribles, mais de ne les avoir pas préparés. Tu songeais en toi-même à servir un pareil repas à ton frère abusé; à te liguer contre mes fils avec leur mère pour leur faire subir une mort semblable; ce qui t'en a seul empêché, c'est que tu as cru qu'ils étaient à toi.

THYESTE.

Les dieux te puniront : mes vœux te livrent à leur vengeance.

ATRÉE.

Et moi, je te livre à celle de tes enfans.

LES PHÉNICIENNES.

DRAMATIS PERSONÆ.

OEDIPUS.
ANTIGONE.
NUNTIUS.
JOCASTA.
ETEOCLES.
POLYNICES.

PERSONNAGES.

OEDIPE.
ANTIGONE.
UN MESSAGER.
JOCASTE.
ÉTÉOCLE.
POLYNICE.

ARGUMENTUM.

OEdipus, postquam sibi ipse oculos effodit, et ultro abiit in exsilium (vid. Nostri OEdipum), victus malis, necem sibi inferre statuit : sed piis Antigones filiæ precibus exoratus, se vitam toleraturum pollicetur. Interea filios ejus, Eteoclem et Polynicem, impia moventes arma, quia Eteocles regnum fratri ex fœdere tradere abnuerat, Jocasta in gratiam reducere incassum molitur...... Hic interciditur Senecæ fabula ; nec igitur narratur quomodo fratres alter ab altero confossi ceciderint, quod supplent Euripides et Statius.

ARGUMENT.

OEdipe, après avoir reconnu son crime, s'est condamné à un exil volontaire (*voyez* la tragédie d'*OEdipe*); vaincu par l'excès des maux, il veut se donner la mort : mais touché des tendres prières de sa fille Antigone, il lui promet de supporter la vie. Pendant ce temps, Jocaste essaie en vain de réconcilier ses deux fils, Étéocle et Polynice, poussés à une guerre impie par le refus d'Étéocle de remettre le trône à son frère, selon leurs conventions..... Là s'arrête inachevée la tragédie de Sénèque. On n'y trouve point la mort des deux frères, percés l'un par l'autre; on peut y suppléer par le récit d'Euripide et par celui de Stace.

L. ANNÆI SENECÆ
PHŒNISSÆ.

ACTUS PRIMUS.

SCENA I.

OEDIPUS, ANTIGONE.

OEDIPUS.

Cæci parentis regimen, ac fessi unicum
Lateris levamen, nata, quam tanti est mihi
Genuisse vel sic, desere infaustum patrem.
In recta quid deflectis errantem gradum?
Permitte labi : melius inveniam viam,
Quam quæro, solus, quæ me ab hac vita extrahat,
Et hoc nefandi capitis aspectu levet
Cælum atque terras. Quantulum hac egi manu!
Non video noxæ conscium nostræ diem;
Sed videor. Hinc jam solve inhærentem manum,
Et patere cæcum, qua volet, ferri pedem.
Ibo, ibo, qua prærupta protendit juga

LES PHÉNICIENNES
DE L. A. SÉNÈQUE.

ACTE PREMIER.

SCÈNE I.

OEDIPE, ANTIGONE.

OEDIPE.

Guide de ton père aveugle, unique appui de ma vieillesse chancelante, ma fille, toi que je suis heureux d'avoir mise au monde, même au prix d'un crime, abandonne ton malheureux père. Pourquoi ramener mes pas dans le droit chemin? Laisse-moi tomber, seul je trouverai mieux la route que je cherche, et par où je dois sortir de la vie, pour délivrer le ciel et la terre de l'aspect d'une tête coupable. Ma main n'a rien fait : je ne vois plus le soleil témoin de mes crimes, mais je suis encore vu de lui. Retire cette main qui s'attache à la mienne, et laisse mes pas s'égarer dans la nuit qui m'environne. J'irai, j'irai là où s'élèvent les cimes escarpées du Cithéron mon

Meus Cithæron; qua peragrato celer
Per saxa monte jacuit Actæon, suis
Nova præda canibus; qua per obscurum nemus,
Silvamque opacæ vallis instinctas deo
Egit sorores mater, et gaudens malo,
Vibrante fixum prætulit thyrso caput;
Vel qua cucurrit corpus invisum trahens
Zethi juvencus, qua per horrentes rubos
Tauri ferocis sanguis ostentat fugas;
Vel qua alta maria vertice immenso premit
Inoa rupes, qua scelus fugiens sui,
Novumque faciens, mater insiluit freto
Mersura natum seque. Felices, quibus
Fortuna melior tam bonas matres dedit!
Est alius istis noster in silvis locus,
Qui me reposcit; hunc petam cursu incito;
Non hæsitabo gressus; huc omni duce
Spoliatus ibo. Quid moror sedes meas?
Montem, Cithæron, redde, et hospitium mihi
Illud meum restitue, ut exspirem senex,
Ubi debui infans. Recipe supplicium vetus
Semper cruente, sæve, crudelis, ferox,
Quum occidis, et quum parcis : olim jam tuum
Est hoc cadaver : perage mandatum patris,
Jam et matris : animus gestit antiqua exsequi
Supplicia. Quid me, nata, pestifero tenes
Amore vinctum? quid tenes? genitor vocat.
Sequor, sequor : jam parce..... Sanguineum gerens
Insigne regni Laius rapti furit;
Et ecce inanes manibus infestis petit

berceau; là où, après avoir parcouru la montagne dans sa fuite rapide, Actéon périt dévoré par ses chiens; là où, dans l'obscurité des bois, et à travers les épaisses forêts qui couvrent la vallée, une mère excita les Bacchantes furieuses contre son fils, et, dans l'ivresse de sa joie cruelle, porta sa tête au bout de son thyrse; là où les buissons ensanglantés montrent encore la trace du taureau de Zéthus, monstre farouche, qui emporta dans sa course, à travers les ronces meurtrières, la coupable Dircé; j'irai vers la roche d'Ino qui élève sa tête immense au dessus des profondes mers, à l'endroit où cette malheureuse, se dérobant à la fureur criminelle de son mari, commit elle-même un crime semblable, et se précipita dans la mer pour s'y noyer avec son fils. Heureux ceux à qui un destin meilleur donna d'aussi bonnes mères! Il est dans ces forêts un autre endroit connu de moi, et qui m'appelle. Je vais y courir d'un pas rapide. Mon pied ne prendra pas une fausse route, sans guide je saurai bien m'y rendre. Là est ma place, pourquoi tarder? Rends-moi ma montagne, ô Cithéron, rends-moi ta vallée hospitalière, afin que vieillard je meure où j'aurais dû mourir enfant. Reprends ta victime, ô Cithéron, toujours également cruel, barbare, féroce, et impitoyable, quand tu donnes la mort, et quand tu laisses la vie! depuis long-temps ce cadavre est à toi. Achève d'accomplir les volontés de mon père et de ma mère. Je me sens pressé de voir la fin d'un supplice depuis si long-temps commencé. Pourquoi, ma fille, m'étreindre des liens de ta cruelle tendresse? pourquoi me retenir? mon père m'appelle. Je viens: je viens, oh! pardonne!.... Je vois

Foditque vultus. Nata, genitorem vides?
Ego video..... Tandem spiritum inimicum exspue,
Desertor anime, fortis in partem tui;
Omitte pœnas languidas longæ moræ,
Mortemque totam recipe. Quid segnis traho
Quod vivo? nullum facere jam possum scelus.....
Possum miser! prædico, discede a patre;
Discede, virgo: timeo post matrem omnia.

ANTIGONE.

Vis nulla, genitor, a tuo nostram manum
Corpore resolvet: nemo me comitem tibi
Eripiet unquam. Labdaci claram domum,
Opulenta ferro regna germani petant;
Pars summa magni patris e regno mea est
Pater ipse: non hunc auferet frater mihi,
Thebana rapto sceptra qui regno tenet;
Non hunc catervas alter Argolicas agens.
Non si revulso Jupiter mundo tonet,
Mediumque nostros fulmen in nexus cadat,
Manum hanc remittam : prohibeas, genitor, licet,
Regam abnuentem; dirigam inviti gradum.
In plana tendis? vado: prærupta appetis?
Non obsto, sed præcedo: quovis utere
Duce me; duobus omnis eligitur via.
Perire sine me non potes; mecum potes.

Laïus paré de sa couronne sanglante que je lui ai ravie ;
il est plein de fureur, ses doigts s'enfoncent dans les cavités vides de mes yeux éteints, et se plongent dans mes
orbites. Le vois-tu, ma fille? moi je le vois.... — Hâte-toi
de te délivrer de cette vie qui t'accable, homme sans courage et qui n'as de force que contre une partie de toi-
même. Épargne-toi les lenteurs d'une mort prolongée,
et meurs tout entier d'un seul coup. Pourquoi traîner
plus long-temps cette existence que je me suis faite? Je
ne puis plus commettre de crime...... Je le puis encore,
misérable! je t'en avertis, retire-toi, ma fille, retire-toi,
vierge encore. Après ce que j'ai fait avec ta mère, je
crains tout de moi.

ANTIGONE.

Aucune puissance, ô mon père, ne détachera ma
main de la vôtre, personne au monde ne m'empêchera
d'accompagner vos pas. Que mes frères se disputent le
fer en main le brillant palais de Labdacus et son puissant
empire ; la part que j'ambitionne dans le royaume de mon
père, c'est mon père : c'est un bien que ne m'enlèvera
ni celui de mes frères qui tient Thèbes sous son sceptre
usurpé, ni celui qui marche à la tête des bataillons
d'Argos. Que Jupiter ébranle le monde au bruit de son
tonnerre, et que sa foudre tombe sur ce nœud vivant
qui nous unit, ma main ne laissera point aller la vôtre.
Malgré votre défense et malgré vous, mon père, je vous
servirai de guide et conduirai vos pas. Descendez-vous dans
la plaine? j'y vais; voulez-vous gravir la montagne? je
ne vous en empêche pas, mais je marcherai devant vous.
Allez où vous voudrez, je vous y conduirai; quelque

Hic alta rupes arduo surgit jugo,
Spectatque longe spatia subjecti maris.
Vis hanc petamus? Nudus hic pendet silex;
Hic scissa tellus faucibus ruptis hiat :
Vis hanc petamus? Hic rapax torrens cadit,
Partesque lapsi montis exesas rotat;
In hunc ruamus. Dum prior, quo vis, eo.
Non deprecor, non hortor. Exstingui cupis,
Votumque, genitor, maximum mors est tibi?
Si moreris, antecedo : si vivis, sequor.
Sed flecte mentem; pectus antiquum advoca,
Victasque magno robore aerumnas doma.
Resiste : tantis in malis vinci malum est.

OEDIPUS.

Unde in nefanda specimen egregium domo?
Unde ista generi virgo dissimilis suo?
Fortuna, credis? aliquis est ex me pius?
Non esset unquam (fata bene novi mea),
Nisi ut noceret. Ipsa se in leges novas
Natura vertet, regeret in fontem citas
Revolutus undas amnis, et noctem afferet
Phoebea lampas, Hesperus faciet diem.
Ut ad miserias aliquid accedat meas,
Pii quoque erimus. Unica OEdipodae est salus,
Non esse salvum. Liceat ulcisci patrem

chemin que vous preniez, nous le suivrons ensemble.
Vous ne pouvez mourir sans moi, mais avec moi vous le
pouvez. Nous sommes auprès d'une roche dont le sommet
orgueilleux domine au loin la mer qui s'étend à ses pieds:
voulez-vous que nous y montions? Ici pend une pierre
nue; ici je vois un gouffre béant qui descend jusque
dans les entrailles de la terre; est-ce là que nous
irons? Ici tombe un torrent rapide qui roule dans ses
eaux des pierres lentement détachées de la montagne:
courons nous y précipiter, je le veux bien, pourvu que
j'y marche devant vous. Je ne combats ni n'excite vos
désirs. Voulez-vous cesser de vivre, ô mon père, et la
mort est-elle devenue le plus cher de vos vœux? Je
mourrai avant vous, si vous mourez; si vous vivez, je
vivrai. Mais calmez-vous plutôt, rappelez votre ancien
courage, et triomphez de vos douleurs, comme déjà vous
l'avez fait. Fortifiez-vous: la faiblesse, dans des maux si
grands, devient elle-même le plus grand de tous.

OEDIPE.

Comment une âme si pure s'est-elle rencontrée dans
une race maudite? comment cette vierge peut-elle être
si peu semblable à ses parens? la vertu dans la famille
d'OEdipe! ô fortune, le croiras-tu? Je connais trop ma
destinée, cette vertu ne peut exister que pour me perdre.
Plutôt que cela ne fût pas, la nature changerait toutes
ses lois; les fleuves, revenant sur eux-mêmes, remon-
teraient à grands flots vers leur source, et le flambeau
du soleil amènerait la nuit. Pour ajouter encore à l'excès
de mes misères, je trouverai la vertu dans ma famille.
Ah! l'unique salut d'OEdipe, c'est de n'en point attendre.

Adhuc inultum. Dextra quid cessas iners
Exigere pœnas? quidquid exactum est adhuc,
Matri dedisti. Mitte genitoris manum,
Animosa virgo: funus extendis meum,
Longasque vivi ducis exsequias patris.
Aliquando terra corpus invisum tege.
Peccas honesta mente: pietatem vocas,
Patrem insepultum trahere. Qui cogit mori
Nolentem, in æquo est, quique properantem impedit.
Occidere es:, vetare cupientem mori.
Nec tamen in æquo est: alterum gravius reor:
Malo imperari, quam eripi mortem mihi.
Desiste cœpto, virgo: jus vitæ ac necis
Meæ penes me est. Regna deserui libens;
Regnum mei retineo. Si fida es comes,
Ensem parenti trade, sed notum nece
Ensem paterna. Tradis? an nati tenent
Cum regno et illum? faciet, ubicunque est, scelus.
Ibi sit; relinquo: natus hunc habeat meus,
Sed uterque. Flammas potius et vastum aggerem
Compone: in altos ipse me immittam rogos.
Erectam ad ignes funebrem escendam struem,
Pectusque solvam durum, et in cineres dabo
Hoc quidquid in me vivit. Ubi sævum est mare?
Duc, ubi sit altis prorutum saxis jugum,
Ubi torta rapidus ducat Ismenos vada:
Duc, ubi feræ sint, ubi fretum, ubi præceps locus,
Si dux es. Illuc ire morituro placet,
Ubi sedit alta rupe semifero dolos

— Laisse-moi venger mon père encore sans vengeance. Main trop faible, que tardes-tu à me punir? Ce que tu as fait jusqu'ici n'a été que pour venger ta mère. Laisse aller ma main, vierge courageuse; tu ne fais que prolonger ma mort, et condamner à de longues funérailles ton père encore vivant; hâte-toi enfin de jeter la terre du tombeau sur ma dépouille maudite. Tes pieuses intentions t'égarent, quand tu mets ta tendresse filiale à traîner après toi ton père sans sépulture. Il n'y a pas plus de cruauté à faire mourir un homme, qu'à le forcer de vivre malgré lui; car c'est le tuer que de lui refuser la mort qu'il demande : la cruauté même n'est pas égale, elle est plus grande d'un côté : j'aime mieux me voir imposer la mort, que de me la voir ravir. Renonce à ton dessein, ma fille; j'ai droit de vie et de mort sur moi-même. Je ne suis plus maître de mon royaume que j'ai volontairement abandonné, mais je veux encore être maître de moi. Si tu es la fidèle compagne de mes pas, donne-moi une épée, mais celle qui a servi au meurtre de mon père. Me la donnes-tu? mes fils l'ont-ils prise en même temps que ma couronne? Partout où sera cette épée, elle produira des crimes. Qu'ils la gardent, je la leur donne; qu'elle soit aux mains de mes fils, mais aux mains de tous les deux. Prépare-moi plutôt un vaste bûcher, allume-le, je me précipiterai au milieu des flammes. Je monterai sur cet autel funèbre que le feu doit consumer, pour briser enfin ce cœur si dur, et réduire en cendres tout ce qui vit encore en moi. Où est la mer orageuse? Conduis-moi là où la montagne suspend au dessus d'un abîme ses roches escarpées; là où l'Ismène roule comme

Sphinx ore nectens : dirige huc gressus pedum,
Hic siste patrem : dira ne sedes vacet,
Monstrum repone majus. Hoc saxum insidens
Obscura nostræ verba fortunæ loquar,
Quæ nemo solvat. Quisquis Assyrio loca
Possessa regi scindis, et Cadmi nemus
Serpente notum, sacra quo Dirce latet,
Supplex adoras, quisquis Eurotam bibis,
Spartenque fratre nobilem gemino colis,
Quique Elin et Parnason, et Bœotios
Colonus agros uberis tondes soli,
Adverte mentem : sæva Thebarum lues
Luctifica cæcis verba committens modis,
Quid simile posuit? quid tam inextricabile?
Avi gener, patrisque rivalis sui,
Frater suorum liberûm, et fratrum parens;
Uno avia partu liberos peperit viro,
Sibi et nepotes. Monstra quis tanta explicet?
Ego ipse, victæ spolia qui Sphingis tuli,
Hærebo, fati tardus interpres mei.
Quid perdis ultra verba? quid pectus ferum
Mollire tentas precibus? hoc animo sedet,
Effundere hanc cum morte luctantem diu
Animam, et tenebras petere : nam sceleri hæc meo
Parum alta nox est. Tartaro condi juvat,
Et si quid ultra Tartarum est. Tandem libet,
Quod olim oportet. Morte prohiberi haud queo.
Ferrum negabis? noxias lapso vias
Cludes? et arctis colla laqueis inseri

un torrent ses flots impétueux : mène-moi où je trouverai des bêtes féroces, une mer, un précipice, et montre-toi mon guide. Je veux aller mourir sur cette roche élevée où s'asseyait le Sphinx pour y proposer ses énigmes. C'est là qu'il faut porter mes pas, c'est là qu'il faut laisser ton père. Pour que cette horrible place ne reste pas vide, mets-y un monstre plus affreux que le premier. Assis sur ce rocher, je raconterai le mystère obscur de ma destinée, que nul n'expliquera. Vous tous qui fécondez ces plaines où règne le roi venu d'Assyrie, vous tous qui révérez le bois connu par le serpent de Cadmus, et qui couvre de son ombre la sainte fontaine de Dircé, vous tous qui buvez les eaux de l'Eurotas, et habitez Sparte célèbre par ses nobles jumeaux, vous tous peuples de l'Élide et du Parnasse, vous tous qui cultivez les riches campagnes de la Béotie, prêtez l'oreille : le Sphinx, ce fléau de Thèbes, ce monstre si habile à combiner des énigmes funestes, en a-t-il jamais proposé une semblable à la mienne, et aussi inexplicable ? Un homme gendre de son aïeul, et rival de son père, frère de ses enfans, et père de ses frères ; une femme à la fois mère et aïeule, qui dans un même instant donne des enfans à son mari, et à elle-même des petits-enfans. Qui trouvera le mot de cette affreuse énigme ? moi-même, moi le vainqueur du Sphinx, j'hésiterai, je serai lent à expliquer ma propre destinée. — Pourquoi perdre en vain tes paroles ? pourquoi chercher par tes prières à ébranler une résolution invincible ? C'est un parti pris, je veux me délivrer enfin de cette âme qui lutte depuis trop long-temps contre la mort, je veux entrer dans la nuit ; car celle qui couvre

Prohibebis ? herbas, quæ ferunt letum, auferes ?
Quid ista tandem cura proficiet tua ?
Ubique mors est. Optime hoc cavit deus.
Eripere vitam nemo non homini potest ;
At nemo mortem : mille ad hanc aditus patent.
Nil quæro : dextra noster et nuda solet
Bene animus uti. Dextra, nunc toto impetu,
Toto dolore, viribus totis veni.
Non destino unum vulneri nostro locum.
Totus nocens sum : qua voles, mortem exige.
Effringe corpus, corque tot scelerum capax
Evelle ; totos viscerum nuda sinus.
Fractum incitatis ictibus guttur sonet ;
Laceræve fixis unguibus venæ fluant.
Aut dirige iras, quo soles : hæc vulnera
Rescissa multo sanguine ac tabe irriga.
Hac extrahe animam, duram, inexpugnabilem.
Et tu, parens, ubicunque pœnarum arbiter
Adstas mearum (non ego hoc tantum scelus
Ulla expiari credidi pœna satis
Unquam, nec ista morte contentus fui,
Nec me redemi parte : membratim tibi
Volui perire), debitum tandem exige :
Nunc solvo pœnas ; tunc tibi inferias dedi.
Ades, atque inertem dexteram introrsus preme,
Magisque merge : timida tum parvo caput
Libavit haustu, vixque cupientes sequi
Eduxit oculos. Hæret etiam nunc mihi
Ille animus, hæret, quum recusantem manum

mes yeux n'est pas assez noire pour mon crime, c'est dans la nuit du Tartare que je veux me cacher, ou dans une autre plus profonde encore, s'il en est une. Mon désir enfin s'accorde avec mon devoir. On ne peut m'empêcher de mourir. Tu me refuseras une épée, tu fermeras devant moi tous les précipices, tu m'empêcheras de serrer autour de ma gorge un nœud fatal, tu m'ôteras les herbes qui donnent la mort? Eh bien! à quoi te serviront tous ces soins? la mort est partout, grâce à la bonté des dieux. Oter la vie à un homme, tout le monde le peut, mais lui ôter la mort, personne; mille chemins ouverts y conduisent. Je ne demande plus d'armes contre moi-même, ma main seule n'a-t-elle pas suffi de tout temps à ma volonté? Viens donc, ô mon bras, avec toute ta force, toute ta douleur, toute ta colère. Ce n'est pas un seul endroit que je veux frapper en moi : tout entier je suis coupable; fais donc entrer la mort par où tu voudras; brise mon corps, arrache mon cœur capable de contenir tant de crimes, déchire tous les tissus qui enveloppent mes entrailles. Que ma poitrine résonne et se brise sous tes coups multipliés, enfonce tes ongles dans mes veines, et fais couler mon sang : ou bien frappe un endroit déjà connu, rouvre les blessures cicatrisées de mes yeux et qu'un sang noir en ruisselle. C'est par là qu'il faut tirer de mon corps cette vie tenace que je n'en puis chasser.

— Et toi, mon père, où que tu sois, préside à mon supplice, et règle mes tourmens; je n'ai point cru expier d'un seul coup un aussi grand crime, cette mort partielle que je me suis infligée ne m'a point satisfait, et je n'ai point voulu me racheter à ce prix; je voulais seulement

Pressere vultus. Audies verum, OEdipe:
Minus eruisti lumina audacter tua,
Quam præstitisti. Nunc manum cerebro indue.
Hac parte mortem perage, qua cœpit mori.

ANTIGONE.

Pauca, o parens magnanime, miserandæ precor
Ut verba natæ mente placata audias.
Non te ut reducam veteris ad specimen domus,
Habitumque regni flore pollentem inclyto,
Peto; ast ut iras, tempore aut ipsa mora
Fractas, remisso pectore ac placido feras.
Et hoc decebat roboris tanti virum,
Non esse sub dolore, nec victum malis
Dare terga. Non est, ut putas, virtus, pater,
Timere vitam, sed malis ingentibus
Obstare, nec se vertere, ac retro dare.
Qui fata proculcavit, ac vitæ bona
Projecit, atque abcidit, et casus suos
Oneravit ipse, cui deo nullo est opus,
Quare ille mortem cupiat, aut quare petat?
Utrumque timidi est: nemo contemsit mori,

mourir en détail et pièce à pièce pour apaiser tes mânes. Reçois enfin ce qui t'est dû, c'est maintenant que je m'acquitte, c'est maintenant que je livre à ta cendre tout ce qu'elle a droit d'exiger. Viens, pousse contre moi-même cette main trop lente, enfonce-la profondément. La première fois elle n'a fait qu'effleurer ma tête, elle n'a fait aucun effort pour arracher mes yeux pressés de sortir eux-mêmes. Je sens encore, oui je sens en moi cette même fureur qui faisait que mes yeux accusaient la lenteur de mes mains. C'est la vérité, OEdipe : tes yeux se sont offerts plus résolument que ta main ne les a pris. Maintenant, il faut la plonger dans ta cervelle sanglante, afin d'achever ta mort par où tu l'as commencée.

ANTIGONE.

O mon noble père, écoutez, je vous prie, avec calme quelques paroles de votre malheureuse fille. Ce n'est point à la gloire de votre antique maison, ce n'est point aux pompes d'une cour florissante, ni à l'éclat du trône que je prétends vous rappeler; je vous demande seulement de supporter avec courage une douleur dont le temps et les délais ont adouci l'amertume. Il ne convient pas à une âme forte comme la vôtre de plier sous le poids des maux, de se laisser abattre et vaincre à l'infortune. La vertu n'est pas de haïr la vie, comme vous le croyez, ô mon père, mais plutôt de se raidir contre les coups de la fortune, et de ne jamais céder à ses atteintes. Quand un homme a su mettre le destin sous ses pieds, rejeter les biens de la vie, et en détacher son cœur; quand il a rendu lui-même le fardeau de ses douleurs plus pesant, et qu'il ne demande plus rien aux dieux, quelle raison

Qui concupivit. Cujus haud ultra mala
Exire possunt, in loco tuto est situs.
Quis jam deorum (velle fac) quidquam potest
Malis tuis adjicere? jam nec tu potes,
Nisi hoc, ut esse te putes dignum nece.
Non es; nec ulla pectus hoc culpa attigit.
Et hoc magis te, genitor, insontem voca,
Quod innocens es, diis quoque invitis. Quid est
Quod te efferarit, quod novos suffixerit
Stimulos dolori? quid te ad infernas agit
Sedes? quid ex his pellit? ut careas die?
Cares; ut altis nobilem muris domum,
Patriamque fugias? patria tibi vivo periit.
Natos fugis, matremque? ab aspectu omnium
Fortuna te submovit, et quidquid potest
Auferre cuiquam mors, tibi hæc vita abstulit.
Regni tumultus, turba fortunæ prior
Abcessit a te jussa. Quem, genitor, fugis?

OEDIPUS.

Me fugio ; fugio conscium scelerum omnium
Pectus, manumque hanc fugio, et hoc cælum, et deos:
Et dira fugio scelera, quæ feci nocens.
Ego hoc solum, frugifera quo surgit Ceres,
Premo? has ego auras ore pestifero traho?

aurait-il de désirer la mort, et de la chercher? ce serait une faiblesse. Souhaiter de mourir, ce n'est pas mépriser la mort. Quand la mesure de ses maux ne peut plus s'étendre, l'homme arrive par là même à une situation tranquille. Supposez qu'un dieu voulût ajouter quelque chose à votre infortune, le pourrait-il jamais? vous ne le pouvez pas non plus, à moins que ce ne soit en pensant que vous méritez de mourir. Vous ne le méritez pas, votre cœur est exempt de crime, et vous avez d'autant plus de droit de proclamer votre innocence, ô mon père, que les dieux ont tout fait pour vous la ravir. — Qui peut ainsi troubler votre âme, et soulever en vous ce nouveau transport? quelle puissance vous pousse vers la nuit infernale, et vous chasse de cette nuit où vous êtes? voulez-vous fuir la lumière du jour? vous ne la voyez plus. Pensez-vous à quitter votre riche palais et votre patrie? quoique vivant encore, la patrie n'est plus pour vous. Est-ce pour fuir votre épouse et vos enfans? la fortune vous a dérobé la vue de tous les mortels. Il ne reste rien à votre vie même de tout ce que la mort pourrait vous ôter. L'appareil bruyant de la royauté, cette foule nombreuse qui vous entourait autrefois, vous y avez volontairement renoncé. Qui voulez-vous donc fuir encore, ô mon père?

OEDIPE.

Moi-même, et tous les complices de mon crime, ce cœur, cette main, le ciel et les dieux, tous les crimes que j'ai faits, et dont je me sens coupable. Quoi! je puis encore fouler cette terre où mûrissent les fruits de Cérès? Je puis infecter l'air qu'on respire, boire l'eau des fon-

Ego laticis haustu satior? aut ullo fruor
Almæ parentis munere? ego castam manum
Nefandus, incestificus, exsecrabilis
Attrecto? ego ullos aure concipio sonos,
Per quos parentis nomen, aut nati audiam?
Utinam quidem rescindere has quirem vias,
Manibusque adactis omne, qua voces meant,
Aditusque verbis tramite angusto patet,
Eruere possem, nata : jam sensum tui,
Quæ pars meorum es criminum, infelix pater
Fugissem. Inhæret ac recrudescit nefas
Subinde; et aures ingerunt, quidquid mihi
Donastis, oculi. Cur caput tenebris grave
Non mitto ad umbras Ditis æternas? quid hic
Manes meos detineo? quid terram gravo?
Mixtusque superis erro? quid restat mali?
Regnum, parentes, liberi, virtus quoque,
Et ingenii solertis eximium decus
Periere : cuncta sors mihi infesta abstulit.
Lacrimæ supererant; has quoque eripuit mihi.
Absiste : nullas animus admittit preces,
Novamque pœnam sceleribus quærit parem.
Et esse par quæ poterit? Infanti quoque
Decreta mors est. Fata quis tam tristia
Sortitus unquam? videram nondum diem,
Uterique nondum solveram clusi moras;
Et jam timebar. Protinus quosdam editos
Nox occupavit, et novæ luci abstulit.
Mors me antecessit. Aliquis intra viscera
Materna letum præcoquis fati tulit:

taines, jouir des dons de cette mère bienfaisante de
tous les hommes? Moi, le parricide, l'incestueux, le
maudit, j'ose toucher cette main pure? je ne crains pas
d'avoir encore l'oreille ouverte aux sons, quand je puis
entendre les noms de père et de fils? Plût au ciel
que ma main pût fermer ces conduits par où la voix
passe, et cette route étroite qui s'ouvre aux paroles pour
aller jusqu'à l'âme! Plût au ciel, ô ma fille! il y a long-
temps que ton malheureux père se serait ôté ce moyen
de sentir ta présence, toi dont la vie est un de mes
crimes. C'est par là que mes forfaits reviennent sur mon
cœur et s'y attachent. Mes oreilles me rendent tous les
maux dont mes yeux m'avaient délivrés. Pourquoi ne
pas précipiter dans les ténèbres infernales cette tête
déjà surchargée de ténèbres? pourquoi retenir plus long-
temps mon ombre sous le soleil? pourquoi charger la
terre? pourquoi errer ainsi parmi les vivans? je n'ai plus
aucun malheur à craindre. Royaume, parens, enfans,
vertu même, et noble puissance d'un génie pénétrant,
j'ai tout perdu. La fortune cruelle ne m'a rien laissé. Il
me restait des larmes, elle me les a même enlevées. Cesse
tes prières, ô ma fille, mon âme ne peut s'y laisser fléchir;
je cherche un nouveau supplice égal à mes forfaits, où
pourrai-je le trouver? Dès l'enfance je fus condamné à
mourir. Quel homme a subi jamais d'aussi tristes destinées? Je n'avais pas vu le jour, je n'avais pas brisé les
liens qui me retenaient dans le sein de la femme, et déjà
l'on me craignait. On a vu des enfans mourir au moment
de leur naissance, et trouver l'ombre de la mort au seuil
de la vie : mais moi, la mort n'a pas même attendu ma

Sed numquid et peccavit? Abstrusum, abditum,
Dubiumque an essem, sceleris infandi reum
Deus egit. Illo teste damnavit parens,
Calidoque teneros transuit ferro pedes,
Et in alta nemora pabulum misit feris,
Avibusque saevis, quas Cithaeron noxius
Cruore saepe regio tinctas alit.
Sed quem deus damnavit, abjecit pater,
Mors quoque refugit. Praestiti Delphis fidem :
Genitorem adortus impia stravi nece.
Hoc alia pietas redimet : occidi patrem,
Sed matrem amavi. Proloqui hymenaeum pudet,
Taedasque nostras : has quoque invitum pati
Te coge poenas ; facinus ignotum, efferum,
Inusitatum effare, quod populi horreant,
Quod esse factum nulla non aetas neget,
Quod patricidam pudeat. In patrios toros
Tuli paterno sanguine aspersas manus,
Scelerisque pretium majus accepi scelus.
Leve est paternum facinus : in thalamos meos
Deducta mater, ne parum scelerum foret,
Foecunda. Nullum crimen hoc majus potest
Natura ferre. Si quod etiamnum est tamen,
Qui facere possent, dedimus : abjeci necis
Pretium paternae sceptrum, et hoc iterum manus
Armavit alias. Optime regni mei
Fatum ipse novi : nemo sine sacro feret
Illud cruore. Magna praesagit mala
Paternus animus. Jacta jam sunt semina
Cladis futurae : spernitur pacti fides :

naissance. D'autres ont été frappés dans le sein de leur mère, mais du moins sans avoir commis aucun crime; moi j'étais encore invisible et caché dans les entrailles, on ignorait même si j'existais, quand Apollon me déclara coupable d'un crime affreux. C'est sur son témoignage que mon père me condamna, fit percer mes pieds d'un fer brûlant et ordonna de me jeter dans un bois épais pour y servir de pâture aux bêtes et aux oiseaux cruels que l'affreux Cithéron a plus d'une fois abreuvés du sang des rois. Condamné par un dieu, repoussé par mon père, je me vois encore abandonné de la mort. J'ai accompli l'oracle de Delphes, j'ai attaqué mon père, et suis devenu parricide. Mais un sentiment plus doux rachète cette action barbare; j'ai tué mon père, oui, mais j'ai aimé ma mère. J'ai honte de parler de cet hymen et de ces torches nuptiales : cependant il faut encore te faire violence et accepter ce châtiment. Raconte ce forfait inouï, terrible, inusité, qui frappera d'horreur tous les hommes, que les races futures ne voudront pas croire, et qui fait rougir même un parricide. J'ai porté dans le lit de mon père ces mains souillées du sang paternel; un crime plus grand fut la récompense de mon premier crime; et pour qu'il ne manquât rien à tant d'horreurs, ma mère est devenue sur ma couche une épouse féconde. La nature ne peut produire un forfait plus monstrueux : cependant si elle le peut, j'ai mis au monde des fils pour le commettre : j'ai rejeté le sceptre qui était pour moi le prix du parricide, c'est une arme qui a passé en d'autres mains. Je connais le destin attaché à ma couronne, nul ne la portera sans l'avoir achetée d'un sang précieux. Mon

Hic occupato cedere imperio negat;
Jus ille, et icti fœderis testes deos
Invocat, et Argos exsul atque urbes movet
Graias in arma. Non levis fessis venit
Ruina Thebis : tela, flammæ, vulnera
ṉṉ̣ṉt, et istis si quod est majus malum,
Ut esse genitos nemo non ex me sciat.

ANTIGONE.

Si nulla, genitor, causa vivendi tibi est,
Hæc una abunde est, ut pater natos regas
Graviter furentes. Tu impii belli minas
Avertere unus, tuque vecordes potes
Inhibere juvenes, civibus pacem dare,
Patriæ quietem, fœderi læso fidem.
Vitam tibi ipse si negas, multis negas.

OEDIPUS.

Illis parentis ullus aut æqui est amor,
Avidis cruoris, imperii, armorum, doli,
Diris, scelestis, breviter ut dicam, meis?
Certant in omne facinus, et pensi nihil
Ducunt, ubi illos ira præcipites agat,
Nefasque nullum, per nefas nati, putant.
Non patris illos tangit afflicti pudor,
Non patria; regno pectus attonitum furit.
Scio, quo ferantur, quanta moliri parent;

âme de père prévoit déjà de grands malheurs ; les semences de ces prochains désastres germent dans la terre. L'accord qu'ils avaient fait est violé : l'un ne veut pas céder le trône où il s'est assis le premier, l'autre invoque son droit et les dieux garans du traité ; exilé de sa patrie, il arme contre elle Argos et les villes de la Grèce. D'effroyables malheurs vont tomber sur Thèbes : les traits, les feux, les blessures, et des maux plus grands encore, s'il en est, vont bientôt prouver à tous que ces deux enfans sont nés de moi.

ANTIGONE.

Si vous n'aviez pas d'autre raison de vivre, ô mon père, le désir d'interposer votre autorité paternelle entre ces deux fils égarés devrait être un motif suffisant pour vous y décider. Vous seul pouvez détourner l'orage de cette guerre impie, vous seul pouvez retenir la fougue insensée de ces jeunes hommes, donner la paix à vos sujets, le repos à votre patrie, la force au traité qu'ils ont violé. Refuser la vie pour vous-même, c'est la refuser à beaucoup d'hommes.

OEDIPE.

Y a-t-il aucun respect filial, aucun sentiment de justice dans ces fils avides de sang, de puissance, de guerres, de perfidies, dans ces fils pervers, cruels, et, pour tout dire en un mot, dignes de leur père ! ils vont lutter de crimes ; rien n'est sacré pour ces âmes que la colère aveugle et précipite, et leur naissance criminelle fait qu'ils ne connaissent point de crime. Le malheur de leur père ne leur inspire aucun sentiment de pudeur ou de pitié, le sort de leur patrie ne les touche point. La passion de

Ideoque leti quæro maturi viam,
Morique propero, dum in domo nemo est mea
Nocentior me..... Nata, quid genibus meis
Fles advoluta? quid prece indomitum domas?
Unum hoc habet fortuna, quo possim capi,
Invictus aliis : sola tu affectus potes
Mollire duros, sola pietatem in domo
Docere nostra. Nil grave aut miserum est mihi,
Quod te sciam voluisse. Tu tantum impera.
Hic OEdipus Ægæa tranabit freta,
Jubente te, flammasque, quas Siculo vomit
De monte tellus igneos volvens globos,
Excipiet ore, seque serpenti offeret,
Quæ sæva furto nemoris Herculeo furit;
Jubente te, præbebit alitibus jecur;
Jubente te, vel vivet.......

régner trouble leur cœur. Je sais bien où ils vont, je sais bien ce qu'ils veulent ; c'est pourquoi je cherche la voie d'une mort prompte, et me sens pressé de mourir pendant qu'il n'y a point encore dans ma famille de plus grand coupable que moi..... Ma fille ! pourquoi ces larmes que tu verses en embrassant mes genoux ? pourquoi tenter de fléchir par tes prières un cœur inflexible ? Il ne reste à la fortune que ce moyen de me vaincre, moi qui ai vaincu tout le reste : seule tu peux attendrir mes sentimens, seule tu peux faire briller la vertu dans ma maison. Aucune de tes volontés ne peut me sembler dure ou insupportable. Parle donc ; pour t'obéir, OEdipe va traverser à la nage les flots de la mer Égée, il va ouvrir la bouche pour y recevoir les flammes que le volcan de Sicile vomit en épais tourbillons, il va marcher à la rencontre du dragon qui se dressa contre Hercule venu pour dérober les fruits dorés des Hespérides ; à ta voix il est prêt à tout, même à vivre....

ACTUS SECUNDUS.

SCENA I.

NUNTIUS, OEDIPUS, ANTIGONE.

NUNTIUS.

Exemplum in ingens regia stirpe edite,
Thebæ, paventes arma fraterna, invocant,
Rogantque tectis arceas patriis faces.
Non sunt minæ : jam propius accessit malum.
Nam regna repetens frater, et pactas vices,
In bella cunctos Græciæ populos agit ;
Septena muros castra Thebanos premunt.
Succurre ; prohibe pariter et bellum et nefas.

OEDIPUS.

Ego ille sum, qui scelera committi vetem
Et abstinere sanguine a caro manus
Doceam ? magister juris et amoris pii
Ego sum? Meorum facinorum exempla appetunt :
Me nunc sequuntur; laudo, et agnosco libens.
Exhortor, aliquid ut patre hoc dignum gerant.
Agite, o propago clara, generosam indolem

ACTE SECOND.

SCÈNE I.

UN MESSAGER, OEDIPE, ANTIGONE.

LE MESSAGER.

Fils des rois, triste exemple des rigueurs du sort, la ville de Thèbes effrayée de la guerre naissante entre deux frères, vous invoque par ma voix, et vous conjure d'écarter les flammes prêtes à dévorer nos demeures. Ce ne sont plus seulement des menaces : le malheur est à nos portes. Celui des deux frères qui réclame le trône, et veut régner à son tour, mène avec lui tous les peuples de la Grèce ; sept camps enferment Thèbes. Secourez-nous, écartez à la fois la guerre et le crime.

OEDIPE.

Qui, moi! j'empêcherais de commettre des crimes, j'apprendrais aux hommes à garder leurs mains pures du sang le plus cher? moi j'enseignerais la justice et la tendresse légitime? Mes fils suivent les exemples que je leur ai donnés, les voilà qui marchent sur mes traces, je les approuve et j'aime à reconnaître en eux mon sang. Ce que je leur demande, c'est qu'ils se montrent dignes

Probate factis ; gloriam ac laudes meas
Superate, et aliquid facite, propter quod patrem
Adhuc juvet vixisse. Facietis, scio :
Sic estis orti. Scelere defungi haud levi,
Haud usitato, tanta nobilitas potest.
Ferte arma : facibus petite penetrales deos,
Frugemque flamma metite natalis soli.
Miscete cuncta : rapite in exitium omnia :
Disjicite passim moenia, in planum date.
Templis deos obruite : maculatos lares
Conflate : ab imo tota considat domus :
Urbs concremetur : primus a thalamis meis
Incipiat ignis.

ANTIGONE.

Mitte violentum impetum
Doloris, ac te publica exorent mala,
Auctorque placidæ liberis pacis veni.

OEDIPUS.

Vides modestæ deditum menti senem ?
Placidæque amantem pacis ad partes vocas ?
Tumet animus ira, fervet immensum dolor,
Majusque, quam quod casus et juvenum furor
Conatur, aliquid cupio. Non satis est adhuc
Civile bellum : frater in fratrem ruat.
Nec hoc sat est : quod debet, ut fiat nefas
De more nostro, quod meos deceat toros,
Date arma patri....... Nemo me ex his eruat

de leur père ; à l'œuvre donc, enfans d'une race illustre, et prouvez par des faits votre noble origine. Surpassez ma gloire et mes exploits, signalez-vous par des actions qui fassent sentir à votre père le bonheur de vivre encore pour en être témoin. Vous le ferez, j'en suis sûr ; c'est pour cela que vous êtes venus au monde. Une célébrité comme la mienne n'appelle point des crimes légers et vulgaires. Aux armes! portez la flamme au sein de vos dieux domestiques, et moissonnez avec le feu cette terre qui vous a vus naître. Troublez tout, portez partout le ravage et la mort, renversez les murs de votre ville, et rasez-les : écrasez les dieux sous la chute de leurs temples ; fondez les images de vos Pénates souillés ; détruisez votre palais de fond en comble ; brûlez votre ville, et que cet incendie commence par mon lit nuptial.

ANTIGONE.

Calmez, ô mon père, ces emportemens de la douleur, laissez-vous attendrir aux maux de tout un peuple, et venez pour être entre vos deux fils l'arbitre d'une heureuse paix.

OEDIPE.

Suis-je donc un vieillard à l'âme douce et modérée ? trouves-tu en moi un homme assez ami de la paix pour la pouvoir conseiller aux autres ? Mon cœur est gonflé de colère, la fureur bouillonne dans mon sein, et mes vœux appellent de plus grands crimes que le destin et le brutal emportement de la jeunesse n'en réservent à ces furieux. Ce n'est pas assez de la guerre civile : que le frère tombe expirant sur le frère déjà mort. Mais c'est trop peu : pour que le crime s'accomplisse d'une manière

Silvis : latebo rupis exesæ cavo,
Aut sepe densa corpus abstrusum tegam.
Hinc aucupabor verba rumoris vagi,
Et sæva fratrum bella, quod possum, audiam.

. . . .

digne de moi, digne de mon hymen, donnez des armes à mes mains paternelles..... ne me tirez donc pas de ces forêts, laissez-moi me cacher dans les flancs creusés de ce rocher solitaire, ou derrière ces buissons épais. Là, j'ouvrirai une oreille avide aux récits de la renommée, et j'apprendrai les affreux combats que vont se livrer ces deux frères; c'est le seul rôle qui me convienne. . . . .
. . . .

ACTUS TERTIUS.

Ἀκέφαλος.

SCENA I.

JOCASTA, ANTIGONE, NUNTIUS.

JOCASTA.

Felix Agave, facinus horrendum, manu
Qua fecerat, gestavit, et spolium tulit
Cruenta nati Mænas in partes dati.
Fecit scelus; sed misera non ultra suum
Scelus hoc cucurrit. Hoc leve est, quod sum nocens;
Feci nocentes. Hoc quoque etiamnum leve est;
Peperi nocentes. Deerat ærumnis meis,
Ut et hostem amarem. Bruma ter posuit nives,
Et tertia jam falce decubuit Ceres,
Ut exsul errat natus et patria caret,
Profugusque regum auxilia Graiorum rogat.
Gener est Adrasti, cujus imperio mare,
Quod cingit Isthmon, regitur : hic gentes suas,
Septemque secum regna ad auxilium trahit
Generi. Quid optem, quidve decernam, haud scio.
Regnum reposcit : causa repetentis bona est;
Mala, sic petentis. Vota quæ faciam parens?

ACTE TROISIÈME.

(Le commencement est perdu.)

SCÈNE I.

JOCASTE, ANTIGONE, UN MESSAGER.

JOCASTE.

Heureuse Agavé! cette Ménade cruelle fit trophée du crime horrible qu'elle avait commis, et porta au bout de son thyrse sanglant la tête de son fils mis en pièces. Elle a commis ce forfait, mais du moins ce forfait n'est pas allé plus loin. Pour moi, c'est peu d'être coupable, j'ai fait partager mon crime à d'autres; cela même serait peu de chose encore, mais je l'ai perpétué dans mes enfans. Il ne manquait à l'excès de ma misère que de chérir l'ennemi de ma patrie. Trois fois l'hiver a retiré ses neiges, et les épis sont tombés trois fois sous le tranchant de la faux, depuis que Polynice mène la vie errante de l'exil, et, banni de sa patrie, implore l'assistance des rois de la Grèce. Il a épousé la fille d'Adraste, dont le sceptre commande à cette mer qui entoure l'isthme de Corinthe. Ce prince conduit les armées de sept rois au secours de son gendre. Quels vœux je dois former, quel parti je dois prendre dans cette lutte, je n'en sais

Utrimque natum video : nil possum pie
Pietate salva facere : quodcumque alteri
Optabo nato, fiet alterius malo.
Sed utrumque quamvis diligam affectu pari,
Quo causa melior, sorsque deterior trahit,
Inclinat animus, semper infirmo favens.
Miseros magis fortuna conciliat suis.

NUNTIUS.

Regina, dum tu flebiles questus cies,
Terisque tempus, tota nudatis stetit
Acies in armis : æra jam bellum cient,
Aquilaque pugnam signifer mota vocat.
Septena reges bella dispositi parant :
Animo pari Cadmea progenies subit :
Cursu citato miles hinc illinc ruit.
Vide, ut atra nubes pulvere abscondat diem,
Fumoque similes campus in cælum erigat
Nebulas, equestri fracta quas tellus pede
Submittit : et, si vera metuentes vident,
Infesta fulgent signa : subrectis adest
Frons prima telis : aurea clarum nota
Nomen ducum vexilla præscriptum ferunt.
I, redde amorem fratribus, pacem omnibus,
Et impia arma mater opposita impedi.

rien. Il réclame le trône. Sa cause est juste au fond sans doute, mais sa manière de la défendre la rend mauvaise. Malheureuse mère! pourquoi former des vœux ? de chaque côté, c'est un fils que je vois. Tout acte de tendresse de ma part est un outrage à ma tendresse même : les vœux que je formerai pour le bonheur de l'un de mes enfans seront pour le malheur de l'autre. Mais quoique mon amour soit égal pour tous deux, je sens que mon cœur, toujours favorable à l'infortune, se tourne du côté où se rencontrent la meilleure cause et le plus mauvais sort. La fortune rend ceux qu'elle opprime plus chers à leurs parens.

LE MESSAGER.

O reine, pendant que vous laissez échapper ces tristes plaintes, le temps marche, les armées sont en bataille, et les glaives nus étincèlent. La trompette résonne, et les aigles déployées donnent le signal des combats. Les sept rois disposent leurs armées en ordre de bataille. La même ardeur enflamme les enfans de Cadmus. Tous les guerriers s'ébranlent de part et d'autre et se précipitent. Voyez ce nuage épais qui cache la lumière du jour, et ces tourbillons de poussière qui s'élèvent du sol ébranlé sous les pas des chevaux et montent au ciel comme une fumée. Et même, si la terreur ne trouble point ma vue, je vois briller les drapeaux ennemis. Le nom des chefs est écrit en lettres d'or sur les étendards. Hâtez-vous donc, rétablissez l'amour entre ces deux frères, la paix entre tous ; mère, jetez-vous entre vos deux fils, et faites tomber les armes impies dont ils veulent se combattre.

ANTIGONE.

Perge, o parens, et concita celerem gradum;
Compesce tela, fratribus ferrum excute.
Nudum inter enses pectus infestos tene;
Aut solve bellum, mater, aut prima excipe.

JOCASTA.

Ibo, ibo, et armis obvium opponam caput.
Stabo inter arma : petere qui fratrem volet,
Petat ante matrem : tela, qui fuerit pius,
Rogante ponat matre; qui non est pius,
Incipiat a me. Fervidos juvenes anus
Tenebo : nullum teste me fiet nefas;
Aut si aliquid et me teste committi potest,
Non fiet unum.

ANTIGONE.

    Signa collatis micant
Vicina signis; clamor hostilis fremit:
Scelus in propinquo est; occupa, mater, preces.
Et ecce motos fletibus credas meis ;
Sic agmen armis segne compositis venit.
Procedit acies tarda, sed properant duces.

JOCASTA.

Quis me procellæ turbine insanæ vehens
Volucer per auras ventus ætherias aget?
Quæ Sphinx, vel atra nube subtexens diem
Stymphalis, avidis præpetem pennis feret?
Aut quæ per altas aeris rapiet vias
Harpyia, sævi regis observans famem,

ANTIGONE.

Allez, ô ma mère, et précipitez vos pas. Désarmez ces frères, arrachez le glaive à leurs mains homicides. Exposez même votre sein nu à la rencontre de leurs coups, arrêtez cette guerre, ou soyez-en la première victime.

JOCASTE.

J'irai, j'irai; je présenterai ma tête à leurs coups; je me tiendrai au milieu d'eux. Le frère qui voudra tuer l'autre devra d'abord frapper sa mère : que le fils tendre pose les armes à la prière de sa mère; que le fils dénaturé commence par elle. Ma vieillesse calmera la bouillante ardeur de ces jeunes hommes; aucun crime ne sera commis devant moi; ou, s'il peut s'en commettre même en ma présence, il s'en commettra plus d'un.

ANTIGONE.

Je vois leurs drapeaux qui se rapprochent, le terrible cri de guerre a retenti; nous touchons au moment du crime, prévenez-le par vos prières. — On dirait que mes larmes les ont fléchis, tant les combattans s'avancent avec lenteur, les armes baissées. Mais si le gros de l'armée semble manquer d'ardeur, les chefs marchent d'un pas rapide.

JOCASTE.

Quel vent favorable m'emportera par les airs comme dans le tourbillon d'une tempête furieuse? Que n'ai-je les ailes du Sphinx, ou des oiseaux du Stymphale qui forment dans leur vol un nuage épais pour cacher la lumière du jour? Quelle Harpyie, traversant les airs pour s'abattre sur la table du cruel Phinée, me prendra

Et inter acies projiciet raptam duas?

NUNTIUS.

Vadit furenti similis, aut etiam furit.
Sagitta qualis Parthica velox manu
Excussa fertur; qualis insano ratis
Premente vento rapitur; aut qualis cadit
Delapsa cælo stella, quum stringens polum
Rectam citatis ignibus rumpit viam;
Attonita cursu fugit, et binas statim
Diduxit acies. Victa materna prece
Hæsere bella, jamque in alternam necem
Illinc et hinc miscere cupientes manum,
Librata dextra tela suspensa tenent.
Paci favetur: omnium ferrum latet
Cessatque tectum; vibrat in fratrum manu.
Laniata canas mater ostendit comas;
Rogat abnuentes: irrigat fletu genas.
Negare matri, qui diu dubitat, potest.

sur ses ailes légères, et me jettera au milieu des deux armées ?

LE MESSAGER.

Elle marche avec fureur ; moins rapide est la flèche que le Parthe a lancée, la nef emportée par un vent furieux, l'étoile qui tombe du ciel en traçant dans les airs un sillon droit et lumineux. Dans le transport qui l'agite, elle court avec tant de vitesse que la voici déjà entre les deux armées. Ses prières maternelles ont enchaîné la guerre. Ces fiers combattans, qu'une égale ardeur poussait les uns contre les autres, s'apaisent à sa voix, et les traits qu'ils allaient lancer demeurent suspendus entre leurs mains. Le désir de la paix se manifeste; tous cachent et laissent reposer leurs épées, mais celles des deux frères s'agitent encore. Leur mère arrache à leurs yeux ses cheveux blanchis, essaie de fléchir leur résistance obstinée, et ses larmes coulent sur ses joues. Tarder si long-temps à céder aux sollicitations d'une mère, c'est montrer qu'on est capable de ne pas s'y rendre.

ACTUS QUARTUS.

SCENA I.

JOCASTA, POLYNICES, ETEOCLES.

JOCASTA.

In me arma et ignes vertite : in me omnis ruat
Unam juventus, quæque ab Inachio venit
Animosa muro, quæque Thebana ferox
Descendit arce : civis atque hostis simul
Hunc petite ventrem, qui dedit fratres viro.
Mea membra passim spargite ac divellite :
Ego utrumque peperi. Ponitis ferrum ocius ?
An dico, et ex quo ? Dexteras matri date :
Date, dum piæ sunt. Error invitos adhuc
Fecit nocentes : omne Fortunæ fuit
Peccantis in nos crimen : hoc primum nefas
Inter scientes geritur. In vestra manu est,
Utrum velitis. Sancta si pietas placet,
Donate matrem pace : si placuit scelus,
Majus paratum est : media se opponit parens.
Proinde bellum tollite, aut belli moram.
Sollicita nunc cui mater alterna prece
Verba admovebo ? misera quem amplectar prius ?

ACTE QUATRIÈME.

SCÈNE I.

JOCASTE, POLYNICE, ÉTÉOCLE.

JOCASTE.

C'est contre moi qu'il faut tourner le fer et les flammes; c'est contre moi, contre moi seule qu'il faut diriger l'effort de ces guerriers partis de la ville d'Inachus, et de ceux qui sont descendus en armes de la citadelle de Thèbes. Citoyens et ennemis, frappez ce sein qui a donné des frères à mon époux; déchirez mes membres, et mettez mon corps en pièces, puisque c'est moi qui ai mis au monde ces deux frères ennemis. Avez-vous jeté vos armes? faut-il vous en prier encore, après vous en avoir tant priés? Donnez-moi vos mains, donnez-les-moi tandis qu'elles sont encore pures. Jusqu'ici l'égarement seul vous a rendus coupables, votre crime a été celui du destin qui nous poursuit; mais, de ce moment, vous devenez volontairement criminels; il dépend de vous de l'être ou de ne l'être pas. Si le devoir vous touche, réconciliez-vous à la voix de votre mère; si le crime vous plaît, vous aurez un double forfait à commettre. Votre mère se jette entre vous deux. Laissez là toute pensée de

In utramque partem ducor affectu pari.
Hic abfuit: sed pacta si fratrum valent,
Nunc alter aberit. Ergo jam numquam duos,
Nisi sic, videbo? junge complexus prior,
Qui tot labores totque perpessus mala,
Longo parentem fessus exsilio vides.
Accede propius: clude vagina impium
Ensem, et trementem jamque cupientem excuti
Hastam solo defige: maternum tuo
Coire pectus pectori clypeus vetat;
Hunc quoque repone. Vinculo frontem exue,
Tegimenque capitis triste belligeri leva,
Et ora matri redde. Quo vultus refers,
Acieque pavida fratris observas manum?
Affusa totum corpus amplexu tegam:
Tuo cruori per meum fiet via.
Quid dubius hæres? an times matris fidem?

POLYNICES.

Timeo: nihil jam jura naturæ valent.
Post ista fratrum exempla, ne matri quidem
Fides habenda est.

JOCASTA.

Redde jam capulo manum,
Adstringe galeam, læva se clypeo ingerat;
Dum frater exarmatur, armatus mane.

guerre, ou brisez l'obstacle que j'oppose à votre fureur. Indécise entre vous deux, auquel d'abord adresserai-je mes prières? lequel dois-je presser le premier dans mes bras? une tendresse égale me porte à la fois vers tous les deux. Polynice a été long-temps séparé de moi; mais si votre accord fraternel subsiste, Étéocle va maintenant s'éloigner à son tour. Suis-je condamnée à ne vous voir jamais réunis que pour vous combattre? Viens le premier dans mes bras, toi qui, éprouvé déjà par tant de peines et de maux, revois ta mère après un long exil. Viens, approche: cache dans le fourreau ce glaive impie, enfonce dans la terre cette lance qui tremble entre tes mains, et qui voudrait s'en échapper. Ce bouclier empêcherait ton sein de se poser sur le sein de ta mère; dépose-le donc aussi. Débarrasse ton front de ce casque pesant, dégage ta tête de ce terrible appareil des batailles, et livre ton visage nu aux baisers de ta mère. Tu détournes les yeux, tu jettes des regards inquiets sur la main de ton frère. Ne crains rien, je te couvrirai tout entier de mes bras, on ne pourra verser ton sang qu'en répandant le mien. Tu hésites? n'oses-tu donc te confier à ta mère?

POLYNICE.

Oui, je crains; les saintes lois de la nature n'ont plus de force. Après cet exemple donné par un frère, il faut se défier de sa mère même.

JOCASTE.

Reprends donc ton épée, renoue ton casque, rattache ton bouclier à ton bras gauche. Garde tes armes, jusqu'à ce que ton frère ait jeté les siennes. C'est à toi de poser

Tu pone ferrum, causa qui es ferri prior.
Si pacis odium est, furere si bello placet,
Inducias te mater exiguas rogat,
Ferat ut reverso post fugam nato oscula,
Vel prima, vel suprema. Dum pacem peto,
Audite inermes : ille te, tu illum times :
Ego utrumque; sed pro utroque. Quid strictum abnuis
Recondere ensem ? qualibet gaude mora ;
Id gerere bellum cupitis, in quo est optimum
Vinci : vereris fratris infesti dolos?
Quoties necesse est fallere, aut falli a suis,
Patiare potius ipse, quam facias, scelus.
Sed ne verere : mater insidias et hinc,
Et rursus illinc abiget. Exoro, an patri
Invideo vestro ? veni, ut arcerem nefas,
An ut viderem propius ? hic ferrum abdidit
Reclinis hastæ, et arma defixa incubat.
Ad te preces nunc, nate, maternas feram,
Sed ante lacrimas. Teneo longo tempore
Petita votis ora. Te, profugum solo
Patrio, penates regis externi tegunt :
Te maria tot diversa, tot casus vagum
Egere : non te duxit in thalamos parens
Comitata primos, nec sua manu festas
Ornavit ædes, nec sua lætas faces
Vitta revinxit : dona non auro graves
Gazas socer, non arva, non urbes dedit ;
Dotale bellum est. Hostium es factus gener,
Patria remotus, hospes alieni laris,
Externa consecutus, expulsus tuis,

l'épée, Étéocle, toi la première cause de cette guerre. Si tu abhorres la paix, si la fureur des combats s'est emparée de ton cœur, tu ne peux refuser du moins à ta mère une courte trève, le temps d'embrasser pour la première ou la dernière fois ce fils revenu de l'exil. Je vous demande la paix, écoutez-moi sans armes. Vous vous craignez l'un l'autre, moi je vous crains tous les deux, mais c'est pour chacun de vous. Étéocle, pourquoi refuser de remettre ton épée dans le fourreau? Accepte plutôt avec joie un moment de trève; dans la guerre où vous vous lancez, il est plus heureux d'être vaincu que de vaincre. Est-ce que tu crains quelque piège de la part de ton frère? S'il faut absolument être perfide envers les siens, ou la victime de leurs perfidies, mieux vaut encore souffrir le crime que de le commettre. Mais ne crains rien, votre mère saura vous préserver l'un et l'autre de toute atteinte mutuelle. M'écoutez-vous enfin, ou s'il faut que j'envie le sort de votre père? Suis-je venue pour empêcher un crime, ou pour le voir de plus près? Étéocle a caché son épée, il reste appuyé sur sa lance et se repose sur ses armes fichées en terre. C'est à toi maintenant, Polynice, que vont s'adresser mes prières; mais, avant tout, vois mes larmes. Je contemple enfin ton visage si impatiemment désiré; banni de ta patrie, le palais d'un prince étranger te sert d'asile; tu as erré de mers en mers, de malheurs en malheurs; ta mère n'était point là pour te conduire à l'entrée de la chambre nuptiale, pour orner ton appartement de guirlandes, pour entourer de bandelettes joyeuses les torches d'hyménée. Tu n'as reçu du père de ton épouse, ni trésors, ni fertiles campagnes,

Sine crimine exsul. Ne quid e fatis tibi
Deesset paternis, hoc quoque ex illis habes,
Errasse thalamis. Nate, post multos mihi
Remisse soles, nate, sollicitæ metus
Et spes parentis, cujus aspectum deos
Semper rogavi, quum tuus reditus mihi
Tantum esset erepturus adventu tuo,
Quantum daturus, quando pro te desinam,
Dixi, timere? dixit irridens deus,
Ipsum timebis. Nempe, nisi bellum foret,
Ego te carerem : nempe, si tu non fores,
Bello carerem. Triste conspectus datur
Pretium tui durumque; sed matri placet.
Hinc modo recedant arma, **dum** nullum nefas
Mars sævus audet. Hoc quoque est magnum nefas,
Tam prope fuisse. Stupeo, et exsanguis tremo,
Quum stare fratres hinc et hinc video duos
Sceleris sub ictu : membra quassantur metu.
Quam pæne mater majus aspexi nefas,
Quam quod miser videre non potuit pater!
Licet timore facinoris tanti vacem,
Videamque jam nil tale, sum infelix tamen,
Quod pæne vidi. Per decem mensium graves
Uteri labores, perque pietate inclytas
Precor sorores, et per irati sibi
Genas parentis, scelere quas nullo nocens,
Erroris a se dira supplicia exigens,
Hausit, nefandas mœnibus patriis faces
Averte; signa bellici retro agminis
Flecte. Ut recedas, magna pars sceleris tamen

ni villes opulentes : la guerre, voilà ta dot. Tu es devenu le gendre de nos ennemis ; chassé de ta patrie, reçu dans une demeure étrangère, tu as perdu l'héritage de ta famille, en gagnant celui d'une autre; tu as subi l'exil sans l'avoir mérité par aucun crime. Pour qu'il ne te manquât rien de la destinée de ton père, l'erreur aussi a présidé à ton hymen. Mon fils, rendu après une si longue absence, mon fils, la crainte et l'espoir de ta mère, toi dont j'ai toujours demandé la présence aux dieux, qui, sachant que ton retour ne m'ôterait pas moins de bonheur qu'il ne m'en donnerait, se sont joués de ma tendresse, et, comme je leur demandais quand je cesserais de craindre pour toi, m'ont dit: Tu le craindras lui-même. En effet, sans cette guerre, je ne t'aurais pas, et sans toi je ne verrais pas cette guerre. Ta présence est pour moi une faveur cruelle et bien chèrement achetée; mais une mère ne peut s'en plaindre, même à ce prix. Seulement plus de combats, tandis que le dieu des batailles ne vous a poussés encore à aucun forfait. C'en est un assez grand déjà d'en être venus si près. Je tremble, je frissonne, en voyant deux frères en face l'un de l'autre, et à deux doigts du crime. A cette vue, je me sens défaillir. Malheureuse mère! de combien peu j'ai manqué voir un forfait plus grand que celui qui fait que votre infortuné père ne pourrait plus voir le vôtre! Quoique rassurée du côté de cet affreux malheur, quoique rien plus ne me l'annonce, la seule idée que j'aurais pu le voir me rend malheureuse. — O Polynice, par ces dix pénibles mois pendant lesquels je t'ai porté dans mon sein, par la vertueuse tendresse de tes sœurs, par la vengeance que ton

Vestri peracta est : vidit hostili grege
Campos repleri patria, fulgentes procul
Armis catervas : vidit equitatu levi
Cadmea frangi prata, et excelsos rotis
Volitare proceres; igne flagrantes trabes
Fumare, cineri quæ petunt nostras domos;
Fratresque (facinus quod novum et Thebis fuit)
In se ruentes. Totus hoc exercitus,
Et populus omnis, et utraque hoc vidit soror,
Genitrixque vidit : nam pater debet sibi,
Quod ista non spectavit. Occurrat tibi
Nunc OEdipus, quo judice, erroris quoque
Pœnæ petuntur. Ne, precor, ferro erue
Patriam ac penates; neve, quas regere expetis,
Everte Thebas. Quis tenet mentem furor?
Patriam petendo perdis : ut fiat tua,
Vis esse nullam? Quin tuæ causæ nocet
Ipsum hoc, quod armis uris infestis solum,
Segetesque adultas sternis, et totos fugam
Edis per agros : nemo sic vastat sua.
Quæ corripi igne, quæ meti gladio jubes,
Aliena credis? Rex sit e vobis uter,
Manente regno, quærite. Hæc telis petes
Flammisque tecta? poteris has Amphionis
Quassare moles? nulla quas struxit manus,
Stridente tardum machina ducens onus;
Sed convocatus vocis et citharæ sono
Per se ipse turres venit in summas lapis.
Hæc saxa franges victor? hinc spolia auferes,
Vinctosque duces patris æquales tui?

père a exercée contre lui-même, par ces yeux qu'il s'est arrachés pour se punir d'un crime qu'il n'avait pas commis, rachetant, par un supplice affreux, une simple erreur, je t'en conjure, ô mon fils, détourne des murs de ta patrie ces torches incendiaires, et ramène en arrière les drapeaux de cette armée ennemie qui marche sur tes pas. Songe qu'en te retirant même, ton crime est en partie consommé. Thèbes a vu ses campagnes couvertes de bataillons étrangers; elle a vu de loin l'éclat sinistre des armes; elle a vu les prairies de Cadmus foulées sous les pas des coursiers ennemis; elle a vu les chefs montés sur leurs chars rapides; elle a vu la fumée des torches brûlantes qui doivent réduire nos maisons en cendres; elle a vu (crime nouveau même pour ce malheureux pays) deux frères tout prêts à s'entr'égorger. Toute l'armée, vos deux sœurs, votre mère ont vu ce crime; votre père se doit à lui-même de ne l'avoir pas vu. Pense donc à ton père, à cet OEdipe qui n'absout pas même l'erreur involontaire. Je t'en conjure, mon fils, ne porte point l'épée contre ta ville natale et contre le palais de tes pères, ne détruis point cette Thèbes où tu veux régner. Quelle fureur s'est emparée de toi? tu perds ta patrie en voulant la posséder, et tu l'anéantis pour la rendre tienne. Ne sens-tu pas le tort que tu te fais à toi-même en portant le fer et la flamme dans nos plaines, en détruisant nos moissons presque mûres, en dépeuplant nos campagnes? Qui jamais a détruit ainsi ses propres biens? ces maisons que tu veux brûler, ces campagnes que tu livres au tranchant du fer, tu ne les crois donc pas à toi? décidez entre vous qui sera roi, mais

Matres ab ipso conjugum raptas sinu
Sævus catena miles imposita trahet?
Ut adulta virgo mixta captivo gregi
Thebana nuribus munus Argolicis eat?
An et ipsa palmas vincta post tergum datas
Mater triumphi præda fraterni vehar?
Potesne cives lætus exitio datos
Videre passim? mœnibus caris potes
Hostem admovere? sanguine et flamma potes
Implere Thebas? tam ferum et durum geris
Sævumque in iras pectus, et nondum imperas!
Quid sceptra facient? pone vesanos, precor,
Animi tumores, teque pietati refer.

POLYNICES.

Ut profugus errem semper? ut patria arcear,
Opemque gentis hospes externæ sequar?
Quid paterer aliud, si fefellissem fidem,
Si pejerassem? fraudis alienæ dabo

respectez le royaume où vous voulez régner. Tu veux porter le fer et le feu contre ces palais? Tu auras le courage d'ébranler les murs d'Amphion, qui ne sont point l'ouvrage de ces machines pesantes qui crient sous le fardeau qu'elles élèvent, mais dont chaque pierre est venue se placer d'elle-même jusqu'au sommet des tours, aux accords de la lyre et de la voix de ce chantre divin? tu pourrais briser ces marbres dans ta victoire, t'en aller couvert de nos dépouilles, et emmener captifs des chefs dont les années égalent celles de ton père? tes barbares soldats arracheraient les femmes aux bras de leurs époux, et les entraîneraient chargées de fers? et parmi la foule des prisonniers, les vierges thébaines seraient conduites pour être données comme esclaves aux femmes d'Argos? moi-même enfin, ta mère, me liera-t-on aussi les mains derrière le dos, pour m'emmener comme un trophée de ta victoire sur ton frère? peux-tu bien voir sans douleur tes concitoyens massacrés partout sous tes yeux? peux-tu bien approcher l'ennemi de ces murailles si chères? remplir Thèbes toute entière de sang et de feu? si ton cœur est si dur et si barbare, si cruel et si impitoyable, aujourd'hui que tu ne règnes pas encore, que sera-ce donc quand tu régneras? je t'en conjure, mon fils, apaise dans ton cœur cette fureur insensée, et reviens à des sentimens plus doux.

POLYNICE.

Quoi! pour errer toujours par le monde? pour être sans patrie et réduit à mendier les secours d'un peuple étranger? quel malheur plus grand pourrais-je attendre, si j'avais trahi ma foi, si je m'étais parjuré? Je porterai donc

Pœnas; at ille præmium scelerum feret?
Jubes abire: matris imperio obsequor;
Da, quo revertar. Regia frater mea
Habitet superbus; parva me abscondat casa:
Hanc da repulso: liceat exiguo lare
Pensare regnum. Conjugi donum datus
Arbitria thalami dura felicis feram,
Humilisque socerum lixa dominantem sequar?
In servitutem cadere de regno, grave est.

JOCASTA.

Si regna quæris, nec potest sceptro manus
Vacare sævo, multa, quæ possunt peti
In orbe toto, quælibet tellus dabit.
Hinc nota Baccho Tmolus attollit juga,
Qua lata terris spatia frugiferis jacent,
Et qua trahens opulenta Pactolus vada
Inundat auro rura: nec lætis minus
Mæandros arvis flectit errantes aquas,
Rapidusque campos fertiles Hebrus secat.
Hinc grata Cereri Gargara, et dives solum
Quod Xanthus ambit nivibus Idæis tumens:
Hinc, qua relinquit nomen, Ionii maris
Fauces Abydo Sestos opposita premit;
Aut, qua latus jam propius Orienti dedit,
Tutamque crebris portubus Lyciam videt:
Hæc regna ferro quære: in hos populos ferat
Socer arma fortis: has paret sceptro tuo

la peine de la perfidie d'un autre, et lui jouira tranquillement du fruit de ses crimes? Vous me dites de m'éloigner, ma mère; je suis prêt à vous obéir, mais donnez-moi un asile où me retirer. Je consens, pour laisser à mon orgueilleux frère le palais qui m'est dû, à n'habiter moi-même qu'une pauvre cabane; mais encore faut-il me la donner, encore faut-il qu'en échange d'un empire je trouve ce modeste asile. Livré à mon épouse, j'aurai donc à subir les caprices d'une femme heureuse et puissante, à me traîner humblement, comme un esclave, à la suite de mon beau-père? Tomber de la royauté dans la servitude, c'est une chute cruelle, ô ma mère!

JOCASTE.

Si tu veux absolument régner, si ta main ne peut se passer d'un sceptre violemment conquis, la terre est grande, et toute autre contrée peut t'offrir une conquête de ce genre : de ce côté s'élèvent les sommets du Tmolus chers au dieu du vin, riche pays, contrée vaste et fertile. Là s'étendent les fécondes plaines que le Pactole arrose de son or; celles où le Méandre promène ses eaux vagabondes, celles que l'Hèbre sillonne de ses flots rapides, ne sont pas moins désirables pour leur fécondité. Ici, c'est le Gargare si cher à Cérès, et la riche contrée où le Xanthe roule ses flots grossis par les neiges de l'Ida. Tu peux encore choisir cette terre où la mer Ionienne perd son nom, étroitement resserrée par le détroit de Sestos et d'Abydos; ou cette côte plus orientale qui offre aux navigateurs les ports tranquilles et sûrs de la Lycie. C'est là qu'il faut conquérir des royaumes à la pointe de l'épée; c'est là qu'il faut entraîner les

Tradatque gentes. Hoc adhuc regnum puta
Tenere patrem. Melius exsilium est tibi,
Quam reditus iste : crimine alieno exsulas,
Tuo redibis. Melius istis viribus
Nova regna nullo scelere maculata appetes.
Quin ipse frater, arma comitatus tua,
Tibi militabit. Vade, et id bellum gere,
In quo pater materque pugnanti tibi
Favere possint : regna cum scelere omnibus
Sunt exsiliis graviora. Nunc belli mala
Propone, dubias Martis incerti vices.
Licet omne tecum Graeciae robur trahas,
Licet arma longe miles ac late explicet,
Fortuna belli semper ancipiti in loco est,
Quodcumque Mars decernit : exaequat duos,
Licet impares sint, gladius; et spes et metus
Fors caeca versat. Praemium incertum petis,
Certum scelus. Favisse fac votis deos
Omnes tuis : cessere, et aversi fugam
Petiere cives : clade funesta jacent :
Obtexit agros miles. Exsultes licet,
Victorque fratris spolia dejecti geras,
Frangenda palma est. Quale tu id bellum putas,
In quo exsecrandum victor admittit nefas,
Si gaudet? Hunc, quem vincere infelix cupis,
Quum viceris, lugebis. Infaustas, age,
Dimitte pugnas : libera patriam metu,
Luctu parentes.

vaillantes armées d'Adraste; voilà les nations qu'il doit conquérir et soumettre à ta puissance. Suppose que c'est ton père qui règne encore aujourd'hui sur Thèbes. L'exil vaut mieux pour toi qu'un pareil retour : ton exil, c'est le tort d'un autre; ton retour, c'est le tien propre. Il te sera plus glorieux d'employer tes armes à conquérir un nouveau royaume que tu puisses posséder sans crime; ton frère même joindra ses forces aux tiennes, et te servira dans cette conquête ; va, mon fils, et pars pour une guerre où ton père et ta mère feront des vœux pour le succès de tes armes. Un trône souillé par le crime est pire que le plus triste exil. Songe à tous les maux de la guerre, et aux chances douteuses qu'elle entraîne avec elle. Quand tu amènerais avec toi toutes les forces de la Grèce, quand tes bataillons couvriraient nos plaines dans tous les sens, l'issue des combats demeure toujours incertaine, soumise qu'elle est aux caprices de Mars. L'épée égalise les adversaires les plus inégaux en force. L'espérance et la crainte se balancent au gré de l'aveugle fortune. Le but que tu poursuis est incertain, le crime seul est assuré. Suppose tous tes vœux remplis : tes concitoyens ont fui devant toi, vaincus et dispersés; leur ruine est complète, tes soldats couvrent les campagnes. Eh bien! dans l'ivresse de ta victoire, chargé des dépouilles de ton frère tombé sous tes coups, il te faudra maudire tes lauriers. Quel nom donneras-tu à une guerre où la joie du vainqueur devient un forfait exécrable? Ce frère que, malheureux aujourd'hui, tu veux vaincre, tu pleureras sur lui dès que tu l'auras vaincu. Renonce donc à

POLYNICES.
                  Sceleris et fraudis suæ
Pœnas nefandus frater ut nullas ferat?
            JOCASTA.
Ne metue : pœnas, et quidem solvet graves ;
Regnabit.

            POLYNICES.
         Hæcne est pœna ?
            JOCASTA.
                        Si dubitas, avo
Patrique crede : Cadmus hoc dicet tibi,
Cadmique proles. Sceptra Thebarum fuit
Impune nulli gerere; nec quisquam fide
Rupta tenebat illa. Jam numeres, licet,
Fratrem inter istos.

            POLYNICES.
                  Numero : et est tanti mihi
Cum regibus jacere.

            ETEOCLES.
                  Te turbæ exsulum
Adscribo.

            POLYNICES.
         Regna, dummodo invisus tuis.
            ETEOCLES.
Regnare non vult, esse qui invisus timet.
Simul ista mundi conditor posuit deus,
Odium atque regnum. Regis hoc magni reor,
Odia ipsa premere. Multa dominantem vetat

cette guerre impie, dissipe les alarmes de tes concitoyens, sèche les pleurs de ta famille.

POLYNICE.

Eh quoi! mon frère dénaturé ne porterait point la peine de son parjure et de son crime?

JOCASTE.

Sois sans crainte; il ne sera que trop cruellement puni.... Il règnera.

POLYNICE.

Est-ce là un châtiment?

JOCASTE.

Si tu en doutes, crois-en du moins ton aïeul et ton père : c'est une vérité que Cadmus et sa famille t'apprendront : nul ne s'est assis impunément sur le trône de Thèbes; et pourtant, aucun de ses rois jusqu'ici n'a dû le sceptre au parjure; tu peux, dès ce moment, mettre Étéocle parmi eux.

POLYNICE.

Je l'y mets sans doute, et c'est à ce prix que je veux régner moi-même.

ÉTÉOCLE.

Moi, je te mets au nombre des exilés.

POLYNICE.

Et toi, règne, mais avec la haine de tes sujets.

ÉTÉOCLE.

C'est ne vouloir pas régner que de craindre la haine. La puissance et la haine sont deux choses que le créateur du monde a mises ensemble sur la terre. La gloire d'un roi, c'est de dominer la haine. L'amour des sujets ne peut

Amor suorum; plus in iratos licet.
Qui vult amari, languida regnat manu.

POLYNICES.
Invisa nunquam imperia retinentur diu.
ETEOCLES
Præcepta melius imperii reges dabunt;
Exsilia tu dispone. Pro regno velim
Patriam, penates, conjugem flammis dare.
Imperia pretio quolibet constant bene.

. . . .

que gêner souvent l'autorité du maître, leur inimitié lui laisse plus de puissance. Vouloir être aimé, c'est se condamner à ne porter le sceptre que d'une main faible et languissante.

POLYNICE.

Un pouvoir détesté n'est jamais durable.

ÉTÉOCLE.

C'est à des rois que je demanderai les leçons de l'art de régner. Garde pour toi la science de l'exil. Pour le trône je sacrifierais ma patrie, ma maison, mon épouse, et les livrerais aux flammes. Quelque prix qu'on mette à l'empire, il n'est jamais trop acheté. . . . .
. . . .

HIPPOLYTE.

DRAMATIS PERSONÆ.

HIPPOLYTUS.
PHÆDRA.
THESEUS.
NUTRIX.
NUNTIUS.
CHORUS CIVIUM ATHENIENSIUM.
FAMULI VENATORII.

PERSONNAGES.

HIPPOLYTE.
PHÈDRE.
THÉSÉE.
LA NOURRICE DE PHÈDRE.
UN MESSAGER.
CHOEUR D'ATHÉNIENS.
TROUPE DE VENEURS.

ARGUMENTUM.

Pepererat Antiope Amazon Theseo Hippolytum; qui, quum, venationi deditus, Dianam coleret Veneremque adversaretur, caelibem vitam ducere decreverat. Capta illius pulchritudine Phaedra noverca, amore vesana, dum abest apud Inferos Theseus, juvenis castitatem blanditiis et precibus expugnare conatur. Impudicam a se feminam Hippolytus repellit. Igitur deprehensa, mutat amorem in odium; et, reverso Theseo, insimulat privignum oblati per vim stupri. Fugerat Hippolytus impudicam domum: sed, dum alio properat, ecce ibi taurus marinus a Neptuno ad diras Thesei imprecationes immissus; qui, se ante currum sistens, quadrupedes consternavit. Hi, contempto imperio, quadrigam deturbant, cadentisque corpus per saxa et vepres distrahunt atque dilaniant. Comperta nece, Phaedra rei veritatem marito aperit, seque super laniatos artus gladio transfigit. Theseus plangit innoxii filii casum, suamque praecipitem iram dirumque votum detestatur. Laniatos artus colligit, et, quo meliori potest modo, componit.

ARGUMENT.

Thésée avait eu d'Antiope l'Amazone un fils nommé Hippolyte ; ce jeune prince, livré tout entier au plaisir de la chasse, préférait le culte de Diane à celui de Vénus, et avait résolu de passer toute sa vie sans épouse. Phèdre, sa belle-mère, éprise de ses charmes, profite de l'absence de Thésée, descendu aux enfers, pour essayer de vaincre, par ses prières et ses caresses, la chasteté de son beau-fils. Hippolyte repousse les sollicitations de cette femme impudique. Furieuse de voir sa passion découverte, son amour se change en haine ; et, Thésée revenu, elle accuse Hippolyte d'avoir voulu la déshonorer par violence. Le jeune prince avait fui la présence de cette femme adultère ; mais dans sa fuite, voici qu'un taureau marin, envoyé par Neptune à la prière de Thésée, venant à se jeter au devant de son char, épouvante ses chevaux. Indociles à la voix de leur maître, ils le renversent du char, et mettent tout son corps en pièces, en le traînant à travers les rochers et les buissons. A la nouvelle de sa mort, Phèdre déclare la vérité à son époux, et se perce d'une épée sur le corps déchiré de son beau-fils. Thésée déplore le malheur de ce fils innocent, maudit sa colère précipitée et son vœu funeste. Il réunit les membres sanglans d'Hippolyte, et donne la sépulture à ces tristes restes.

L. ANNÆI SENECÆ
HIPPOLYTUS.

ACTUS PRIMUS.

SCENA I.

HIPPOLYTUS, FAMULI VENATORII.

HIPPOLYTUS.

Ite, umbrosas cingite silvas,
Summaque montis juga Cecropii
Celeri planta lustrate vagi;
Quæ saxoso loca Parnethi
Subjecta jacent; et quæ Thriasiis
Vallibus amnis rapida currens
Verberat unda. Scandite colles
Semper canos nive Riphæa.
Hac, hac alii, qua nemus alta
Texitur alno; qua prata jacent,
Quæ rorifera mulcens aura,

HIPPOLYTE
DE L. A. SÉNÈQUE.

ACTE PREMIER.

SCÈNE I.

HIPPOLYTE, TROUPE DE VENEURS.

HIPPOLYTE.

Allez, répandez-vous autour de ces bois épais, et parcourez d'un pas rapide les sommets de la montagne de Cécrops, les vallées qui s'étendent sous les roches de Parnes, et les bords du fleuve qui coule à flots précipités dans les gorges de Thrie. Gravissez les blanches cimes de ces collines neigeuses. Vous autres, tournez-vous du côté de cette forêt d'aunes élevés ; marchez vers ces prairies que le Zéphyr caresse de sa fraîche haleine, et sème de toutes les fleurs du printemps ; allez dans ces maigres campagnes où, comme le Méandre à travers ses plaines unies, serpente lentement le mol Ilissus dont les

Zephyrus vernas evocat herbas;
Ubi per graciles lenis Ilissus,
Uti Mæander super æquales,
Labitur agros piger, et steriles
Amne maligno radit arenas.
Vos, qua Marathon tramite lævo
Saltus aperit; qua comitatæ
Gregibus parvis nocturna petunt
Pabula fœtæ. Vos, qua tepidis
Subditus austris, frigora mollit
Durus Acharneus. Alius rupem
Dulcis Hymetti. Parvas alius
Calcet Aphidnas. Pars illa diu
Vacat immunis, qua curvati
Litora ponti Sunion urget.
Si quem tangit gloria silvæ,
Vocat hunc Phlyeus; hic versatur
Metus agricolis, vulnere multo
Jam notus aper. At vos laxas
Canibus tacitis mittite habenas.
Teneant acres lora Molossos,
Et pugnaces tendant Cretes
Fortia trito vincula collo.
At Spartanos (genus est audax
Avidumque feræ) nodo cautus
Propiore liga. Veniet tempus,
Quum latratu cava saxa sonent:
Nunc demissi nare sagaci
Captent auras, lustraque presso
Quærant rostro, dum lux dubia est,

faibles eaux n'effleurent qu'à peine des sables stériles. Vous, dirigez vos pas vers les sentiers étroits des bois de Marathon, où les femelles des animaux sauvages, suivies de leurs petits, vont chercher la nuit leur pâture. Vous, tournez vers l'Acharnie que réchauffent les vents tièdes du midi. Qu'un autre s'élance à travers les rochers du doux Hymette, un autre sur la terre étroite d'Aphidna. Trop long-temps nous avons négligé le rivage sinueux que domine le cap de Sunium. Si quelqu'un de vous aime la gloire du chasseur, qu'il aille vers les champs de Phlyéus ; là se tient un sanglier terrible, l'effroi des laboureurs, et connu par ses ravages. Lâchez la corde aux chiens qui courent sans donner de la voix, mais retenez les ardens molosses, et laissez les braves crétois s'agiter avec force pour échapper à l'étroite prison de leur collier. Ayez soin de serrer de plus près ces chiens de Sparte : c'est une race hardie, et impatiente de trouver la bête. Le moment viendra où leurs aboiemens devront retentir dans le creux des rochers. Maintenant ils doivent, le nez bas, recueillir les parfums, chercher les retraites en flairant, tandis que la lumière est encore douteuse, et que la terre humide de la rosée de la nuit garde encore les traces. Que l'un charge sur ses épaules ces larges toiles, qu'un autre porte ces filets. Armez l'épouvantail de plumes rouges dont l'éclat, troublant les bêtes sauvages, les poussera dans nos toiles. Toi, tu lanceras les javelots ; toi, tu tiendras des deux mains le lourd épieu garni de fer pour t'en servir au moment ; toi, tu te mettras en embuscade, et tes cris forceront les bêtes effrayées à se précipiter dans nos filets ; toi enfin, tu achè-

Dum signa pedum roscida tellus
Impressa tenet. Alius raras
Cervice gravi portare plagas,
Alius teretes properet laqueos.
Picta rubenti linea penna
Vano cludat terrore feras.
Tibi libretur missile telum.
Tu grave dextra lævaque simul
Robur lato dirige ferro.
Tu præcipites clamore feras
Subsessor ages. Tu jam victor
Curvo solves viscera cultro.

Ades en comiti, diva virago
Cujus regno pars terrarum
Secreta vacat : cujus certis
Petitur telis fera, quæ gelidum
Potat Araxen, et quæ stanti
Ludit in Istro. Tua Gætulos
Dextra leones, tua Cretæas
Sequitur cervas : nunc veloces
Figis damas leviore manu.
Tibi dant variæ pectora tigres,
Tibi villosi terga bisontes,
Latisque feri cornibus uri.
Quidquid solis pascitur arvis,
Sive illud inops novit Garamas,
Sive illud Arabs divite silva,
Sive ferocis juga Pyrenes,
Sive Hyrcani celant saltus,
Vacuisque vagus Sarmata campis,

veras notre victoire, et plongeras le couteau recourbé dans le flanc des animaux.

Sois-moi favorable, ô déesse courageuse, toi qui règnes au fond des bois solitaires, toi dont les flèches inévitables atteignent les bêtes féroces qui se désaltèrent dans les froides eaux de l'Araxe, et celles qui s'ébattent sur les glaces du Danube. Ta main poursuit les lions de Gétulie, et les biches de Crète. D'un trait plus léger tu perces les daims rapides. Tu frappes et le tigre, à la robe tachetée, qui vient tomber à tes pieds, et le bison velu, et le bœuf sauvage de la Germanie au front orné de cornes menaçantes. Tous les animaux qui paissent dans les déserts, ceux que connaît le pauvre Garamante, ceux qui se cachent dans les bois parfumés de l'Arabie, ou sur les pics sauvages des Pyrénées, ou dans les forêts de l'Hyrcanie, ou dans les champs incultes que parcourt le Scythe nomade, tous craignent ton arc, ô Diane. Chaque fois qu'un chasseur est entré dans les bois le cœur plein de ta divinité, les toiles ont gardé la proie; aucune bête, en se débattant, n'a pu rompre les filets; les

Arcus metuit, Diana, tuos.
Tua si gratus numina cultor
Tulit in saltus, retia vinctas
Tenuere feras; nulli laqueum
Rupere pedes; fertur plaustro
Præda gementi. Tum rostra canes
Sanguine multo rubicunda gerunt;
Repetitque casas rustica longo
   Turba triumpho.
En, diva favet : signum arguti
Misere canes. Vocor in silvas.
Hac, hac pergam, qua via longum
   Compensat iter.

SCENA II.

PHÆDRA, NUTRIX.

PHÆDRA.

O magna vasti Creta dominatrix freti,
Cujus per omne litus innumeræ rates
Tenuere pontum, quidquid Assyria tenus
Tellure Nereus pervius rostris secat;
Cur me in penates obsidem invisos datam,
Hostique nuptam, degere ætatem in malis
Lacrimisque cogis? profugus en conjux abest,
Præstatque nuptæ, quam solet, Theseus fidem.
Fortis per altas invii retro lacus
Vadit tenebras miles audacis proci;

chariots gémissent sous le poids de la venaison; les chiens reviennent à la maison la gueule rouge de sang, et les habitans des campagnes regagnent leurs chaumières dans l'ivresse d'un joyeux triomphe.

Allons, la déesse des bois nous favorise, les chiens donnent le signal par des cris aigus, les forêts m'appellent, hâtons-nous, et prenons le plus court chemin.

SCÈNE II.

PHÈDRE, LA NOURRICE.

PHÈDRE.

O Crète, reine puissante de la vaste mer, dont les innombrables vaisseaux couvrent tout l'espace que Neptune livre aux navigateurs jusqu'aux rivages de l'Assyrie, pourquoi m'as-tu fait asseoir comme otage à un foyer odieux? Pourquoi, associant ma destinée à celle d'un ennemi, me forces-tu de passer ma vie dans la douleur et dans les larmes? Thésée a fui de son royaume, et me garde en son absence la fidélité qu'il a coutume de garder à ses épouses. Compagnon d'un audacieux adultère, il a pénétré courageusement dans la profonde nuit du fleuve qu'on ne

Solio ut revulsam regis inferni abstrahat,
Pergit furoris socius : haud illum timor,
Pudorque tenuit : stupra et illicitos toros
Acheronte in imo quærit Hippolyti pater.
Sed major alius incubat mœstæ dolor.
Non me quies nocturna, non altus sopor
Solvere curis : alitur et crescit malum,
Et ardet intus, qualis Ætnæo vapor
Exundat antro. Palladis telæ vacant,
Et inter ipsas pensa labuntur manus.
Non colere donis templa votivis libet;
Non inter aras, Atthidum mixtam choris,
Jactare tacitis conscias sacris faces;
Nec adire castis precibus aut ritu pio
Adjudicatæ præsidem terræ deam.
Juvat excitatas consequi cursu feras,
Et rigida molli gæsa jaculari manu.
Quo tendis, anime? quid furens saltus amas?
Fatale miseræ matris agnosco malum.
Peccare noster novit in silvis amor.
Genitrix, tui me miseret : infando malo
Correpta, pecoris efferi sævum ducem
Audax amasti : torvus, impatiens jugi,
Adulter ille, ductor indomiti gregis.
Sed amabat aliquid : quis meas miseræ deus,
Aut quis juvare Dædalus flammas queat?
Non, si ille remeet arte Mopsopia potens,
Qui nostra cæca monstra conclusit domo,
Promittat ullam casibus nostris opem.
Stirpem perosa Solis invisi Venus,

repasse jamais; il s'est rendu le complice d'un amour furieux, pour arracher Proserpine du trône du roi des enfers. La crainte ni la honte ne l'ont pas arrêté ; le père d'Hippolyte va chercher jusqu'au fond du Tartare la gloire du rapt et de l'adultère. Mais un autre sujet de douleur pèse bien autrement sur mon âme. Ni le repos de la nuit ni le sommeil ne peuvent dissiper mes secrètes inquiétudes. Un mal intérieur me consume; il s'augmente et s'enflamme dans mon sein, comme le feu qui bouillonne dans les entrailles de l'Etna. Les travaux de Minerve n'ont plus de charme pour moi, la toile s'échappe de mes mains. J'oublie d'aller aux temples présenter les offrandes que j'ai vouées aux dieux, et de me joindre aux dames athéniennes pour déposer sur les autels, au milieu du silence des sacrifices, les torches discrètes des initiées, et honorer par de chastes prières et de pieuses cérémonies la déesse de la terre. J'aime à poursuivre les bêtes féroces à la course, et à lancer de mes faibles mains les flèches au fer pesant. Où t'égares-tu, ô mon âme? quelle fureur te fait aimer l'ombre des forêts? Je reconnais la funeste passion qui égara ma mère infortunée. Les bois sont le théâtre de nos fatales amours. O ma mère, combien tu me parais digne de pitié ! Tourmentée d'un mal funeste, tu n'as pas rougi d'aimer le chef indompté d'un troupeau sauvage. Cet objet d'un amour adultère avait le regard terrible ; il était impatient du joug, plus furieux que le reste du troupeau ; mais au moins il aimait quelque chose. Mais moi, malheureuse, quel dieu, quel Dédale pourrait trouver le moyen de sa-

Per nos catenas vindicat Martis sui,
Suasque. Probris omne Phœbeum genus
Onerat nefandis : nulla Minois levi
Defuncta amore est; jungitur semper nefas.

NUTRIX.

Thesea conjux, clara progenies Jovis,
Nefanda casto pectore exturba ocius :
Exstingue flammas; neve te diræ spei
Præbe obsequentem. Quisquis in primo obstitit
Pepulitque amorem, tutus ac victor fuit.
Qui blandiendo dulce nutrivit malum,
Sero recusat ferre, quod subiit, jugum.
Nec me fugit, quam durus, et veri insolens,
Ad recta flecti regius nolit tumor.
Quemcumque dederit exitum casus, feram.
Fortem facit vicina libertas senem.
Obstare primum est velle, nec labi via :
Pudor est secundus, nosse peccandi modum.
Quo, misera, pergis? quid domum infamem aggravas,
Superasque matrem? majus est monstro nefas.
Nam monstra fato, moribus scelera imputes.
Si, quod maritus supera non cernit loca,
Tutum esse facinus credis, et vacuum metu,
Erras : teneri crede Lethæo abditum
Thesea profundo, et ferre perpetuam Styga.

tisfaire ma passion? Non, quand il reviendrait sur la terre, cet ingénieux ouvrier qui enferma dans le labyrinthe obscur le monstre sorti de notre sang, il ne pourrait apporter aucun secours à mes maux. Vénus hait la famille du Soleil, et se venge sur nous des filets qui l'ont enveloppée avec son amant. Elle charge toute la famille d'Apollon d'un amas d'opprobres. Aucune fille de Minos n'a brûlé d'un feu pur; toujours le crime s'est mêlé à nos amours.

LA NOURRICE.

Épouse de Thésée, noble fille de Jupiter, hâtez-vous d'effacer de votre chaste cœur ces pensées abominables : éteignez ces feux impurs, et ne vous laissez pas aller à une espérance funeste. Celui qui, dès le commencement, combat et repousse l'amour, est toujours sûr de vaincre à la fin et de trouver la paix. Si, au contraire, on se plaît à nourrir et à caresser un doux penchant, il n'est plus temps ensuite de se révolter contre un joug que l'on s'est imposé soi-même. — Je connais l'orgueil des rois; je sais combien il est dur, combien difficilement il plie devant la vérité, et se soumet à de sages conseils : mais n'importe; quelles que soient les conséquences de ma hardiesse, je m'y résigne. Le voisinage de la mort qui délivre de tous les maux, donne plus de courage aux vieillards. Le premier degré de l'honneur, c'est de vouloir résister au mal et ne point s'écarter du devoir; le second, c'est de connaître l'étendue de la faute qu'on va commettre. Où allez-vous, malheureuse? voulez-vous ajouter au déshonneur de votre famille, et surpasser votre mère? car un amour criminel est pire qu'une passion mons-

Quid ille, lato maria qui regno premit,
Populisque reddit jura centenis pater?
Latere tantum facinus occultum sinet?
Sagax parentum est cura; credamus tamen
Astu doloque tegere nos tantum nefas;
Quid ille rebus lumen infundens suum
Matris parens? quid ille, qui mundum quatit,
Vibrans corusca fulmen Ætnæum manu,
Sator deorum? credis hoc posse effici,
Inter videntes omnia ut lateas avos?

Sed, ut secundus numinum abscondat favor
Coitus nefandos, utque contingat stupro
Negata magnis sceleribus semper fides;
Quid pœna præsens, consciæ mentis pavor,
Animusque culpa plenus, et semet timens?
Scelus aliqua tutum, nulla securum tulit.

Compesce amoris impii flammas, precor,
Nefasque, quod non ulla tellus barbara
Commisit unquam, non vagus campis Geta,
Nec inhospitalis Taurus, aut sparsus Scythes.

trueuse; une passion monstrueuse est un coup du sort, un amour criminel est le fruit d'un cœur pervers et corrompu. Si vous croyez que l'absence de votre époux descendu aux enfers puisse assurer l'impunité de votre crime, et dissiper vos alarmes, vous vous trompez : en supposant que Thésée soit caché pour jamais dans les profonds abîmes de l'enfer, et ne doive jamais repasser le Styx, n'avez-vous pas votre père qui règne au loin sur les vastes mers, et tient cent peuples divers sous son sceptre paternel? Un pareil forfait restera-t-il invisible à ses yeux? Le regard d'un père est difficile à tromper. Mais admettons même qu'à force d'adresse et de ruse nous puissions cacher un si grand crime, le déroberons-nous aux regards de votre aïeul maternel dont la lumière embrasse le monde? échappera-t-il au père des dieux, dont la main terrible ébranle l'univers en lançant les foudres de l'Etna? L'œil de vos aïeux embrasse toutes choses, comment pourrez-vous éviter leurs regards?

Mais, quand les dieux consentiraient à fermer complaisamment les yeux sur cet horrible adultère, et à jeter sur vos criminelles amours un voile favorable qui a toujours manqué aux grands crimes, comptez-vous pour rien le supplice affreux d'un esprit troublé par le remords, d'une conscience bourrelée, toujours pleine du forfait qu'elle se reproche, et effrayée d'elle-même? Le crime peut être quelquefois en sûreté, mais il n'est jamais en repos.

Éteignez, je vous en conjure, éteignez la flamme de cet amour impie : c'est un forfait inconnu aux nations les plus barbares, et qui ferait horreur aux Gètes vagabonds, aux habitans inhospitaliers du Taurus, aux

Expelle facinus mente castifica horridum,
Memorque matris, metue concubitus novos.
Miscere thalamos patris et gnati apparas,
Uteroque prolem capere confusam impio!
Perge, et nefandis verte naturam ignibus.
Cur monstra cessant? aula cur fratris vacat?
Prodigia toties orbis insueta audiet,
Natura toties legibus cedet suis,
Quoties amabit Cressa.

PHÆDRA.

Quæ memoras, scio
Vera esse, nutrix: sed furor cogit sequi
Pejora: vadit animus in præceps sciens,
Remeatque, frustra sana consilia appetens.
Sic, quum gravatam navita adversa ratem
Propellit unda, cedit in vanum labor,
Et victa prono puppis aufertur vado.
Quod ratio poscit, vicit ac regnat furor,
Potensque tota mente dominatur deus.
Hic volucer omni regnat in terra potens,
Ipsumque flammis torret indomitis Jovem.
Gradivus istas belliger sensit faces;
Opifex trisulci fulminis sensit deus;
Et, qui furentes semper Ætnæis jugis
Versat caminos, igne tam parvo calet;
Ipsumque Phœbum, tela qui nervo regit,
Figit sagitta certior missa Puer;

peuples errans de la Scythie. Épurez votre cœur, et chassez-en le germe de ce crime horrible; souvenez-vous de votre mère, craignez cet amour nouveau et monstrueux. Vous pensez à confondre la couche du père et celle du fils! à mêler le sang de l'un et de l'autre dans vos flancs incestueux! poursuivez donc, et troublez toute la nature par vos détestables amours. Pourquoi ne pas prendre plutôt un monstre pour amant? pourquoi laisser vide le palais du Minotaure? Il faut que le monde voie des monstres inconnus, il faut que les lois de la nature soient violées, à chaque nouvel amour d'une princesse de Crète.

PHÈDRE.

Je reconnais la vérité de ce que tu dis, chère nourrice; mais la passion me pousse dans la voie du mal: mon esprit voit l'abîme ouvert, et s'y sent entraîné; il y va, il y retourne, et forme en vain de sages résolutions. Ainsi, quand le nocher pousse en avant un vaisseau pesamment chargé, que repoussent les flots contraires, il s'épuise en vains efforts et le navire cède au courant qui l'entraîne. La raison dispute vainement une victoire acquise à la passion; et l'Amour tout-puissant domine ma volonté. Cet enfant ailé règne en tyran sur toute la terre; Jupiter même est brûlé de ses feux invincibles. Le dieu de la guerre a senti la force de son flambeau; Vulcain, le forgeron de la foudre, l'a également sentie, et ce dieu, qui entretient les ardens fourneaux de l'Etna, se laisse embraser aux flammes légères de l'Amour. Apollon, même le maître de l'arc, succombe aux traits, plus inévitables que les siens, lancés par cet enfant qui,

Volitatque cælo pariter et terræ gravis.

NUTRIX.

Deum esse Amorem, turpiter vitio favens
Finxit libido; quoque liberior foret,
Titulum furori numinis falsi addidit.
Natum per omnes scilicet terras vagum
Erycina mittit. Ille per cælum volans
Proterva tenera tela molitur manu;
Regnumque tantum minimus in superis habet.
Vana ista demens animus adscivit sibi,
Venerisque numen finxit, atque arcus dei.
Quisquis secundis rebus exsultat nimis,
Fluitque luxu, semper insolita appetens,
Hunc illa magnæ dira fortunæ comes
Subit libido: non placent suetæ dapes,
Non tecta sani moris, aut vilis cibus.
Cur in penates rarius tenues subit
Hæc delicatas eligens pestis domos?
Cur sancta parvis habitat in tectis Venus,
Mediumque sanos vulgus affectus tenet,
Et se coercent modica? contra divites,
Regnoque fulti, plura, quam fas est, petunt?
Quod non potest, vult posse, qui nimium potest.
Quid deceat alto præditam solio, vides.
Metue, ac verere sceptra remeantis viri.

dans son vol, frappe le ciel et la terre avec la même puissance.

LA NOURRICE.

C'est la passion qui, dans sa lâche complaisance pour le vice, a fait de l'amour un dieu, et paré faussement d'un nom divin sa fougue insensée pour se donner une plus libre carrière. On dit que Vénus envoie son fils se promener par le monde; et que cet enfant, dans son vol à travers les airs, lance de sa faible main ses flèches impudiques; l'on donne ainsi au moindre des dieux la plus grande puissance parmi les Immortels. Vaines créations d'un esprit en délire qui invoque à l'appui de ses fautes l'existence d'une Vénus déesse, et l'arc de l'Amour! C'est l'enivrement de la prospérité, l'excès de l'opulence, le luxe, père de mille besoins inconnus, qui engendrent cette passion funeste, compagne ordinaire des grandes fortunes : les mets accoutumés, la simplicité d'une habitation modeste, les alimens de peu de prix deviennent insipides. Pourquoi ce fléau, qui ravage les somptueux palais, ne se trouve-t-il que rarement dans la demeure du pauvre? pourquoi l'amour est-il pur sous le chaume? pourquoi le peuple garde-t-il des goûts simples et de saines affections? pourquoi la médiocrité sait-elle mieux régler ses désirs? pourquoi les riches, au contraire, et surtout ceux qui ont pour eux la puissance royale, sortent-ils des bornes légitimes? celui qui peut trop, veut aller jusqu'à l'impossible. Vous savez quelle doit être la conduite d'une femme assise sur le trône; tremblez donc, et craignez la vengeance de votre époux dont le retour est proche.

PHÆDRA.
Amoris in me maximum regnum fero,
Reditusque nullos metuo. Non unquam amplius
Convexa tetigit supera, qui mersus semel
Adiit silentem nocte perpetua domum.
NUTRIX.
Ne crede. Ditis cluserit regnum licet,
Canisque diras Stygius observet fores :
Solus negatas invenit Theseus vias.

PHÆDRA.
Veniam ille amori forsitan nostro dabit.
NUTRIX.
Immitis etiam conjugi castæ fuit.
Experta sævam est barbara Antiope manum.
Sed posse flecti conjugem iratum puta;
Quis hujus animum flectet intractabilem ?
Exosus omne feminæ nomen fugit;
Immitis annos cælibi vitæ dicat;
Connubia vitat : genus Amazonium scias.

PHÆDRA.
Hunc in nivosi collis hærentem jugis,
Et aspera agili saxa calcantem pede,
Sequi per alta nemora, per montes, placet.

NUTRIX.
Resistet ille, seque mulcendum dabit,
Castosque ritus Venere non casta exuet?
Tibi ponet odium, cujus odio forsitan

PHÈDRE.

L'Amour m'accable de toute sa puissance, et je ne crains pas le retour de Thésée. On ne remonte plus vers la voûte des cieux, quand on est une fois descendu dans le muet empire de la nuit éternelle.

LA NOURRICE.

Ne le croyez pas. Quand même Pluton aurait fermé sur lui les portes de son royaume, quand le chien du Styx en garderait toutes les issues, Thésée saura bien s'ouvrir une voie interdite au reste des mortels.

PHÈDRE.

Peut-être que mon amour trouvera grâce devant lui.

LA NOURRICE.

Il a été sans pitié pour la plus chaste des épouses. Antiope l'Amazone a éprouvé la rigueur de sa main cruelle. Mais en supposant que vous puissiez fléchir votre époux irrité, comment fléchirez-vous le cœur insensible de son fils? Il hait tout notre sexe, le seul nom de femme l'effarouche; cruel envers lui-même, il se dévoue à un célibat perpétuel, il fuit le mariage, et vous savez d'ailleurs qu'il est fils d'une Amazone.

PHÈDRE.

Ah! je veux le suivre dans sa course rapide au sommet des collines neigeuses, à travers les roches hérissées qu'il foule en courant, je veux le suivre au fond des bois épais et sur la crête des montagnes.

LA NOURRICE.

Croyez-vous qu'il s'arrête, qu'il s'abandonne à vos caresses, et qu'il se dépouille de son chaste vêtement pour favoriser d'impudiques amours? Pensez-vous qu'il

Persequitur omnes?

PHÆDRA.

Precibus haud vinci potest?

NUTRIX.

Ferus est.

PHÆDRA.

Amore didicimus vinci feros.

NUTRIX.

Fugiet.

PHÆDRA.

Per ipsa maria, si fugiat, sequar.

NUTRIX.

Patris memento.

PHÆDRA.

Meminimus matris simul.

NUTRIX.

Genus omne profugit.

PHÆDRA.

Pellicis careo metu.

NUTRIX.

Aderit maritus.

PHÆDRA.

Nempe Pirithoi comes.

NUTRIX.

Aderitque genitor.

PHÆDRA.

Mitis Ariadnæ pater.

dépose sa haine à vos pieds, quand c'est pour vous seule qu'il hait toutes les femmes?

PHÈDRE.

Sera-t-il impossible de l'attendrir par des prières?

LA NOURRICE.

Son cœur est farouche.

PHÈDRE.

Nous savons que les cœurs les plus farouches ont été vaincus par l'amour.

LA NOURRICE.

Il fuira.

PHÈDRE.

S'il fuit, je le suivrai, même à travers les mers.

LA NOURRICE.

Souvenez-vous de votre père.

PHÈDRE.

Je me souviens aussi de ma mère.

LA NOURRICE.

Il hait tout notre sexe.

PHÈDRE.

Je ne crains point de rivale.

LA NOURRICE.

Votre époux reviendra.

PHÈDRE.

Oui, complice de Pirithoüs.

LA NOURRICE.

Votre père aussi viendra.

PHÈDRE.

Il fut indulgent pour ma sœur.

NUTRIX.

Per has senectæ splendidas supplex comas,
Fessumque curis pectus, et cara ubera,
Precor, furorem siste, teque ipsam adjuva.
Pars sanitatis, velle sanari, fuit.

PHÆDRA.

Non omnis animo cessit ingenuo pudor.
Paremus, altrix. Qui regi non vult, amor
Vincatur. Haud te, fama, maculari sinam.
Hæc sola ratio est, unicum effugium mali.
Virum sequamur : morte prævertam nefas.

NUTRIX.

Moderare, alumna, mentis effrenæ impetus.
Animos coerce. Dignam ob hoc vita reor,
Quod esse temet autumas dignam nece.

PHÆDRA.

Decreta mors est : quæritur fati genus.
Laqueone vitam finiam, an ferro incubem ?
An missa præceps arce Palladia cadam ?
Prô, castitatis vindicem armemus manum.

NUTRIX.

Sic te senectus nostra præcipiti sinat
Perire leto? Siste furibundum impetum.

PHÆDRA.

Haud quisquam ad vitam facile revocari potest;

LA NOURRICE.

Vous me voyez suppliante à vos genoux; par le respect dû à ces cheveux blanchis par l'âge, par ce cœur fatigué de soins, par ces mamelles qui vous ont nourrie, je vous en conjure, délivrez-vous de cette passion furieuse, et appelez la raison à votre secours. La volonté de guérir est un commencement de guérison.

PHÈDRE.

Tout sentiment de pudeur n'est pas encore éteint en moi, chère nourrice, je t'obéis. Il faut vaincre cet amour qui ne veut pas se laisser conduire. Je ne veux pas souiller ma gloire. Le seul moyen de me guérir, l'unique voie de salut qui me reste, c'est de suivre mon époux : j'échapperai au crime par la mort.

LA NOURRICE.

Ma fille, calmez ce transport furieux, modérez vos esprits. Vous méritez de vivre par cela seul que vous vous croyez digne de mort.

PHÈDRE.

Non, je suis décidée à mourir; il ne me reste plus qu'à choisir l'instrument de mon trépas. Sera-ce un fatal lacet qui terminera mes jours, ou me jetterai-je sur la pointe d'une épée? ou vaut-il mieux me précipiter du haut de la citadelle de Minerve? C'en est fait, prenons en main l'arme qui doit venger ma pudeur.

LA NOURRICE.

Croyez-vous que ma vieillesse vous laisse ainsi courir à la mort? Modérez cette fougue aveugle.

PHÈDRE.

Il n'est pas facile de ramener personne à la vie; il

Prohibere ratio nulla periturum potest,
Ubi qui mori constituit, et debet mori.

NUTRIX.

Solamen annis unicum fessis, hera,
Si tam protervus incubat menti furor,
Contemne famam : fama vix vero favet,
Pejus merenti melior, et pejor bono.
Tentemus animum tristem et intractabilem.
Meus iste labor est, aggredi juvenem ferum,
Mentemque sævam flectere immitis viri.

SCENA III.

CHORUS.

Diva, non miti generata ponto,
Quam vocat matrem geminus Cupido,
Impotens flammis simul et sagittis,
Iste lascivus puer et renidens
Tela quam certo moderatur arcu!
Labitur totas furor in medullas,
Igne furtivo populante venas.
Non habet latam data plaga frontem,
Sed vorat tacitas penitus medullas.
Nulla pax isti puero : per orbem
Spargit effusas agilis sagittas.
Quæque nascentem videt ora Solem,

n'est aucun moyen d'empêcher de mourir celui qui en a pris la résolution, surtout quand la mort est dans son devoir comme dans sa volonté.

LA NOURRICE.

O ma chère maîtresse, vous la seule consolation de mes vieux ans, si cette ardeur qui vous possède est si forte, méprisez la renommée; elle ne s'attache pas toujours à la vérité ; elle est souvent meilleure ou pire que les actions. Essayons de fléchir cet esprit dur et intraitable. Je prends sur moi d'aborder ce jeune homme farouche, et d'émouvoir son âme insensible.

SCÈNE III.

LE CHOEUR.

Déesse qui naquis au sein des mers orageuses, et que le double Amour appelle sa mère, combien sont redoutables les feux et les flèches de ton fils, et combien les traits qu'il lance en se jouant, avec un sourire perfide, sont inévitables ! la douce fureur qu'il inspire se répand jusque dans la moelle des os; un feu caché ravage les veines; il ne fait point de larges blessures, mais le trait invisible pénètre jusqu'à l'âme et la dévore.

Ce cruel enfant ne se repose jamais, ses flèches rapides volent incessamment par le monde. Les pays qui voient naître le soleil et ceux qui le voient mourir, les

Quæque ad occasus jacet ora seros,
Si qua ferventi subiecta Cancro est,
Si qua majoris glacialis Ursæ
Semper errantes patitur colonos,
Novit hos æstus. Juvenum feroces
Concitat flammas; senibusque fessis
Rursus exstinctos revocat calores;
Virginum ignoto ferit igne pectus;
Et jubet cælo Superos relicto
Vultibus falsis habitare terras.
Thessali Phœbus pecoris magister
Egit armentum, positoque plectro
Impari tauros calamo vocavit.
Induit formas quoties minores
Ipse, qui cælum nebulasque ducit?
Candidas ales modo movit alas,
Dulcior vocem moriente cycno.
Fronte nunc torva petulans juvencus
Virginum stravit sua terga ludo,
Perque fraternos, nova regna, fluctus,
Ungula lentos imitante remos,
Pectore adverso domuit profundum,
Pro sua vector timidus rapina.
Arsit obscuri dea clara mundi
Nocte deserta, nitidosque fratri
Tradidit currus aliter regendos.
Ille nocturnas agitare bigas
Discit, et gyro breviore flecti.
Nec suum tempus tenuere noctes,
Et dies tardo remeavit ortu,

climats brûlés par les feux du Cancer, et ceux qui, dominés par la grande Ourse du nord, ne connaissent pour habitans que des hordes vagabondes, tous sont également échauffés par l'amour. Il attise le feu brûlant des jeunes hommes, et ranime la chaleur éteinte aux cœurs glacés des vieillards ; il allume au sein des vierges des ardeurs inconnues, il force les dieux mêmes à descendre du ciel, et à venir habiter la terre sous des formes empruntées. C'est par lui qu'Apollon, devenu berger des troupeaux d'Admète, quitta sa lyre divine, et conduisit des taureaux au son de la flûte champêtre. Combien de fois le dieu qui gouverne l'Olympe et les nuages a-t-il revêtu des formes plus viles encore? Tantôt c'est un oiseau superbe, aux blanches ailes, à la voix plus douce que celle du cygne mourant. Tantôt c'est un jeune taureau au front terrible, qui prête son dos complaisant aux jeux des jeunes filles, s'élance à travers l'humide empire de son frère, et, imitant avec les cornes de ses pieds les rames des navires, dompte les flots avec sa large poitrine, et nage en tremblant pour la douce proie qu'il emporte. Blessée par les flèches de l'Amour, la reine des nuits déserte son empire, et confie à son frère la conduite de son char brillant, qui suit un autre cours que celui du soleil. Le dieu du jour apprend à conduire les deux coursiers noirs de sa sœur, et à décrire une courbe moindre que la sienne. Cette nuit se prolongea au delà du terme ordinaire, et le jour ne se leva que bien tard à l'orient, parce que le char de la déesse des ombres avait marché plus lentement, chargé d'un

Dum tremunt axes graviore curru.
Natus Alcmena posuit pharetram,
Et minax vasti spolium leonis;
Passus aptari digitis smaragdos,
Et dari legem rudibus capillis.
Crura distincto religavit auro,
Luteo plantas cohibente socco;
Et manu, clavam modo qua gerebat,
Fila deduxit properante fuso.
Vidit Persis, ditique ferox
Lydia regno, dejecta feri
Terga leonis, humerisque, quibus
Sederat alti regia cæli,
Tenuem Tyrio stamine pallam.
Sacer est ignis (credite læsis),
Nimiumque potens: qua terra salo
Cingitur alto, quaque ætherio
Candida mundo sidera currunt;
Hæc regna tenet puer immitis,
Spicula cujus sentit in imis
Cærulus undis grex Nereidum,
Flammamque nequit relevare mari.
Ignes sentit genus aligerum.
Venere instincti quam magna gerunt
Grege pro toto bella juvenci!
Si conjugio timuere suo,
Poscunt timidi prœlia cervi;
Et mugitu dant concepti
Signa furoris. Tunc virgatas
India tigres decolor horret;

poids inaccoutumé. Le fils d'Alcmène, vaincu par l'Amour, a jeté son carquois et la dépouille effrayante du lion de Némée; il a laissé emprisonner ses doigts dans des cercles d'émeraudes, et parfumer sa rude chevelure. Il a noué autour de ses jambes le cothurne d'or, et la molle sandale aux rubans couleur de feu. Sa main, qui tout-à-l'heure encore portait la pesante massue, tourne entre ses doigts les fuseaux légers. La Perse et l'opulente Lydie ont vu avec orgueil la peau terrible du lion laissée à terre, et ces fortes épaules, qui avaient porté le poids du ciel, revêtues d'une tunique efféminée de pourpre tyrienne. Le feu de l'amour (croyez-en ses victimes) est un feu sacré, qui brûle et qui dévore. Depuis les profondeurs de la mer jusqu'à la hauteur des astres lumineux, le cruel enfant règne en maître absolu; ses traits brûlans vont chercher les Néréides au fond des eaux bleuâtres, et la fraîcheur des mers ne peut éteindre les feux qu'ils allument. Les oiseaux brûlent des mêmes flammes. Les taureaux, en proie à la fureur de Vénus, se livrent entre eux des combats horribles pour la possession d'un troupeau tout entier; s'il craint pour sa compagne, le cerf timide se précipite avec rage sur son rival, et sa colère éclate dans ses cris. Les noirs habitans de l'Inde se troublent à la vue des tigres saisis d'une fureur amoureuse; le sanglier aiguise ses défenses, et se couvre d'écume; les lions d'Afrique secouent leur crinière avec violence, et les bois retentissent de cris épouvantables. Les monstres de la mer et les taureaux de Lucanie cèdent à l'aiguillon de l'Amour. Rien ne se dé-

Tunc vulnificos acuit dentes
Aper, et toto est spumeus ore;
Pœni quatiunt colla leones,
Quum movit amor; tum silva gemit
    Murmure sævo.
Amat insani bellua ponti,
Lucæque boves. Vindicat omnes
Natura sibi : nihil immune est.
Odiumque perit, quum jussit amor :
Veteres cedunt ignibus iræ.
Quid plura canam? vincit sævas
    Cura novercas.

robe à son empire, tout cède à sa puissance, tout, jusqu'à la haine; oui, les inimitiés les plus enracinées ne tiennent pas contre sa flamme victorieuse, et, pour tout dire en un mot, le cœur même des marâtres se laisse aller à sa douce influence.

ACTUS SECUNDUS.

SCENA I.

CHORUS, NUTRIX, PHÆDRA.

CHORUS.

Altrix, profare, quid feras? quonam in loco est
Regina? sævis ecquis est flammis modus?

NUTRIX.

Spes nulla, tantum posse leniri malum;
Finisque flammis nullus insanis erit.
Torretur æstu tacito, et inclusus quoque,
Quamvis tegatur, proditur vultu furor.
Erumpit oculis ignis, et lapsæ genæ
Lucem recusant. Nil idem dubiæ placet;
Artusque varie jactat incertus dolor.
Nunc ut soluto labitur moriens gradu,
Et vix labante sustinet collo caput;
Nunc se quieti reddit, et somni immemor
Noctem querelis ducit; attolli jubet,
Iterumque poni corpus; et solvi comas;
Rursusque fingi : semper impatiens sui,

ACTE SECOND.

SCÈNE I.

LE CHOEUR, LA NOURRICE, PHÈDRE.

LE CHOEUR.

Parlez, ô nourrice, quelle nouvelle apportez-vous? où est la reine? dites-nous si le feu cruel qui la consume est apaisé?

LA NOURRICE.

Nul espoir d'adoucir un mal si grand; cette flamme insensée n'aura point de fin. Une brûlante ardeur la dévore intérieurement; malgré ses efforts pour la cacher, cette passion concentrée s'échappe de son sein et se montre sur son visage. Le feu brille dans ses yeux, et ses paupières abaissées fuient la lumière du jour. Capricieuse et troublée, rien ne lui plaît long-temps. Elle s'agite en tous sens et se débat contre le mal qui la ronge. Tantôt ses genoux se dérobent sous elle comme si elle allait mourir, et sa tête s'incline sur son cou défaillant; tantôt elle se remet sur sa couche, et, oubliant le sommeil, passe la nuit dans les larmes. Elle demande qu'on la soulève sur son lit, puis qu'on l'étende; elle veut

Mutatur habitus; nulla jam Cereris subit
Cura, aut salutis; vadit incerto pede,
Jam viribus defecta : non idem vigor,
Non ora tingens nivea purpureus rubor.
Populatur artus cura : jam gressus tremunt;
Tenerque nitidi corporis cecidit decor,
Et qui ferebant signa Phœbeæ facis,
Oculi nihil gentile nec patrium micant.
Lacrimæ cadunt per ora, et assiduo genæ
Rore irrigantur : qualiter Tauri jugis
Tepido madescunt imbre percussæ nives.
Sed, en, patescunt regiæ fastigia :
Reclinis ipsa sedis auratæ toro,
Solitos amictus mente non sana abnuit.

PHÆDRA.

Removete, famulæ, purpura atque auro illitas
Vestes : procul sit muricis Tyrii rubor,
Quæ fila ramis ultimi Seres legunt :
Brevis expeditos zona constringat sinus.
Cervix monili vacua; nec niveus lapis
Deducat aures, Indici donum maris.
Odore crinis sparsus Assyrio vacet :
Sic temere jactæ colla perfundant comæ
Humerosque summos; cursibus motæ citis
Ventos sequantur : læva se pharetræ dabit;
Hastile vibret dextra Thessalicum manus.

tour-à-tour qu'on dénoue sa chevelure, et qu'on en répare le désordre; toutes les positions lui sont également insupportables; elle ne songe plus à prendre des alimens ni à entretenir sa vie; elle marche à pas mal assurés, et se soutient à peine. Plus de forces; la pourpre qui colorait la neige de son teint s'est effacée. Le feu qui la consume dessèche ses membres; sa démarche est tremblante, la fraîcheur et l'éclat de son beau corps ont disparu; ses yeux brillans, où luisait un rayon du soleil, n'ont plus rien de cette vive lumière qui rappelait sa glorieuse origine; des larmes s'en échappent et coulent sans cesse le long de ses joues, comme ces ruisseaux formés par les neiges du Taurus quand une pluie d'orage vient à les fondre. — Mais le palais s'ouvre à nos yeux; la voici elle-même, étendue sur les coussins de son siège doré; dans son fatal égarement, elle veut se délivrer de sa parure et de ses vêtemens accoutumés.

PHÈDRE.

Débarrassez-moi de ces robes de pourpre et d'or: loin de moi cette vive couleur de Tyr, et ces riches tissus recueillis sur les arbres de la Sérique. Je veux une étroite ceinture qui presse mon sein sans gêner mes mouvemens; point de colliers à mon cou; ne chargez point mes oreilles de ces blanches pierres, don précieux de la mer des Indes. Laissez mes cheveux, et n'y versez point les parfums d'Assyrie: je veux qu'ils soient épars et tombent en désordre sur mes épaules; dans ma course rapide, ils flotteront au gré des vents. Je porterai le carquois dans ma main gauche, et dans ma main droite l'épieu

Talis severi mater Hippolyti fuit.
Qualis, relictis frigidi ponti plagis,
Egit catervas, Atticum pulsans solum,
Tanaitis, aut Mæotis, et nodo comas
Coegit emisitque, lunata latus
Protecta pelta; talis in silvas ferar.

NUTRIX.

Sepone questus: non levat miseros dolor.
Agreste placa virginis numen deæ.
Regina nemorum, sola quæ montes colis,
Et una solis montibus coleris dea,
Converte tristes ominum in melius minas.
O magna silvas inter et lucos dea,
Clarumque cæli sidus, et noctis decus,
Cujus relucet mundus alterna face,
Hecate triformis, en ades cœptis favens,
Animum rigentem tristis Hippolyti doma.
Amare discat; mutuos ignes ferat;
Det facilis aures; mitiga pectus ferum;
Innecte mentem: torvus, aversus, ferox,
In jura Veneris redeat: huc vires tuas
Intende. Sic te lucidi vultus ferant,
Et nube rupta cornibus puris eas.
Sic te, regentem frena nocturni ætheris,
Detrahere nunquam Thessali cantus queant;
Nullusque de te gloriam pastor ferat.
Ades invocata. Jam faves votis, dea.
Ipsum intueor solemne venerantem sacrum,

de Thessalie ; ainsi marchait la mère de l'insensible Hippolyte. Je parcourrai les bois dans le même appareil où l'on vit cette reine du Tanaïs ou des Palus-Méotides fouler le sol de l'Attique, à la tête de ses bataillons d'Amazones qu'elle avait amenés des rivages glacés de l'Euxin. Un simple nœud rassemblait ses cheveux et les laissait tomber sur ses épaules ; un bouclier en forme de croissant couvrait son sein. Je serai comme elle.

LA NOURRICE.

Laissez là ces tristes plaintes ; la douleur ne soulage point les malheureux. Ne songeons qu'à fléchir le courroux de la chaste déesse des bois. Reine des forêts, la seule des immortelles qui vous plaisiez à habiter les montagnes, la seule aussi qu'on y adore, écartez de nous les malheurs que nous annoncent de sinistres présages. Grande déesse des forêts et des bois sacrés, ornement du ciel, et flambeau des nuits, vous qui partagez avec le dieu du jour le soin d'éclairer le monde, Hécate aux trois visages, rendez-vous favorable à nos vœux. Domptez le cœur de l'insensible Hippolyte ; qu'il apprenne à aimer, qu'il ressente les feux d'une ardeur partagée ; qu'il écoute la voix d'une amante. A vous de vaincre son cœur farouche et de le faire tomber dans les filets de l'amour ; à vous de ramener sous les lois de Vénus cet homme si fier, si dur et si sauvage ; consacrez toute votre puissance à ce grand changement ; et puisse votre visage briller toujours d'un vif éclat, votre disque n'être jamais offusqué de nuages ; que jamais, quand vous tiendrez les rênes de votre char nocturne, les chants des magiciennes de Thessalie ne vous forcent à descendre sur

Nullo latus comitante. Quid dubitas? dedit
Tempus locumque casus: utendum artibus.
Trepidamus? haud est facile mandatum scelus
Audere: verum justa, qui reges timet,
Deponat; omne pellat ex animo decus.
Malus est minister regii imperii pudor.

SCENA II.

HIPPOLYTUS. NUTRIX.

HIPPOLYTUS.

Quid huc seniles fessa moliris gradus,
O fida nutrix, turbidam frontem gerens,
Et moesta vultus? sospes est certe parens
Sospesque Phaedra, stirpis et geminae jugum.

NUTRIX.

Metus remitte: prospero regnum in statu est,
Domusque florens sorte felici viget.
Sed tu beatis mitior rebus veni:
Namque anxiam me cura sollicitat tui,
Quod te ipse poenis gravibus infestus domas.
Quem fata cogunt, ille cum venia est miser;

la terre; que jamais berger ne se glorifie de vos faveurs. Soyez propice à nos vœux. Mais déjà vous les avez entendus. Je vois Hippolyte lui-même; il s'apprête à vous offrir un solennel sacrifice; il est seul. Pourquoi hésiter? le hasard m'offre le moment et le lieu favorables; il faut user d'adresse. Je tremble. Il est pénible d'avoir à exécuter un crime ordonné par un autre. Mais, quand on craint les rois, il faut renoncer à la justice, il faut bannir de son cœur tout sentiment honnête; la vertu serait un mauvais instrument des volontés souveraines.

SCÈNE II.

HIPPOLYTE, LA NOURRICE.

HIPPOLYTE.

Quel motif conduit en ces lieux vos pas appesantis par l'âge, fidèle nourrice? pourquoi ce trouble sur votre visage, et cette tristesse dans vos yeux? les jours de mon père ne sont point menacés? ni ceux de Phèdre, ni ceux de ses deux enfans?

LA NOURRICE.

Soyez tranquille à cet égard; l'état du royaume est prospère, et la florissante famille de Thésée jouit d'un bonheur parfait. Mais vous, pourquoi ne partagez-vous pas cette félicité? Votre sort m'inquiète, et je ne puis que vous plaindre, en voyant à quels maux vous vous condamnez vous-même. On peut pardonner le malheur à

At si quis ultro se malis offert volens,
Seque ipse torquet, perdere est dignus bona,
Queis nescit uti. Potius annorum memor
Mentem relaxa : noctibus festis facem
Attolle : curas Bacchus exoneret graves.
Ætate fruere : mobili cursu fugit.
Nunc facile pectus, grata nunc juveni Venus;
Exsultet animus : cur toro viduo jaces?
Tristem juventam solve; nunc luxus rape;
Effunde habenas : optimos vitæ dies
Effluere prohibe. Propria descripsit deus
Officia, et ævum per suos ducit gradus.
Lætitia juvenem, frons decet tristis senem.
Quid te coerces, et necas rectam indolem?
Seges illa magnum fœnus agricolæ dabit,
Quæcumque lætis tenera luxuriat satis :
Arborque celso vertice evincet nemus,
Quam non maligna cædit, aut resecat manus.
Ingenia melius recta se in laudes ferunt,
Si nobilem animum vegeta libertas alit.
Truculentus, et silvester, et vitæ inscius,
Tristem juventam Venere deserta colis.
Hoc esse munus credis indictum viris,
Ut dura tolerent? cursibus domitent equos,
Et sæva bella Marte sanguineo gerant?
Providit ille maximus mundi parens,
Quum tam rapaces cerneret fati manus,
Ut damna semper sobole repararet nova.
Excedat, agedum, rebus humanis Venus,
Quæ supplet ac restituit exhaustum genus;

l'homme que le destin poursuit de ses rigueurs ; mais celui qui va au devant des disgrâces, et qui se tourmente volontairement lui-même, mérite de perdre les biens dont il ne sait pas jouir. Souvenez-vous de votre jeunesse, et donnez à votre esprit les distractions qu'il demande. Allumez le flambeau des nocturnes plaisirs ; sacrifiez à Bacchus, et noyez dans son sein vos graves inquiétudes. Jouissez de la jeunesse, elle s'écoule avec rapidité. A votre âge le cœur s'ouvre facilement, le plaisir est doux ; livrez-vous à son empire. Pourquoi votre couche est-elle solitaire ? Quittez cette vie austère qui convient mal à votre âge ; livrez-vous aux voluptés, donnez-vous une libre carrière, et ne perdez pas sans fruit vos plus beaux jours. Dieu a tracé à chaque âge ses devoirs, et marqué les différentes saisons de notre vie. La joie sied bien au jeune homme, la tristesse au vieillard. Pourquoi vous comprimer ainsi vous-même, et fausser la plus heureuse nature ? Le laboureur a beaucoup à espérer d'une moisson qui, jeune encore, s'élance avec force et couvre les sillons de ses jets hardis. L'arbre qui doit élever au dessus de tous les autres sa tête puissante est celui dont une main jalouse n'a point coupé les rameaux. Les âmes nobles se portent plus facilement jusqu'au faîte de la gloire, quand la liberté favorise et active leur développement. Sauvage et solitaire, vous ignorez les plus doux charmes de la vie, et vous consumez tristement votre jeunesse dans le mépris de Vénus. Croyez-vous que le seul devoir des hommes de cœur soit de se soumettre à une vie dure et laborieuse, de dompter des coursiers fougueux, et de se livrer tout entiers aux

Orbis jacebit squallido turpis situ;
Vacuum sine ullis classibus stabit mare;
Alesque caelo deerit, et silvis fera;
Solis et aer pervius ventis erit.
Quam varia leti genera mortalem trahunt
Carpuntque turbam; pontus, et ferrum, et doli!
Sed fata credas deesse, sic atram Styga
Jam petimus ultro. Caelibem vitam probet
Sterilis juventus; hoc erit, quidquid vides,
Unius aevi turba, et in semet ruet.
Proinde vitae sequere naturam ducem:
Urbem frequenta, civium coetus cole.

HIPPOLYTUS.

Non alia magis est libera, et vitio carens,
Ritusque melius vita quae priscos colat,
Quam quae relictis moenibus silvas amat.
Non illum avarae mentis inflammat furor,
Qui se dicavit montium insontem jugis:
Non aura populi, et vulgus infidum bonis,
Non pestilens invidia, non fragilis favor.
Non ille regno servit; aut regno imminens,
Vanos honores sequitur, aut fluxas opes,
Spei metusque liber; haud illum niger
Edaxque livor dente degeneri petit.

sanglans exercices de Mars? Le souverain maître du monde, voyant les mains de la mort si actives à détruire, a pris soin de réparer les pertes du genre humain par des naissances toujours nouvelles. Otez de l'univers l'amour qui en répare les désastres, et comble le vide des générations éteintes, le globe ne sera plus qu'une solitude effrayante et confuse; la mer sera vide et sans flottes qui la sillonnent; plus d'oiseaux dans les plaines du ciel, plus d'animaux dans les bois; l'air ne sera plus traversé que par les vents. Voyez que de fléaux divers détruisent et moissonnent la race humaine; la mer, l'épée et le crime! mais, en écartant même cette destruction nécessaire et fatale, n'allons-nous pas nous-mêmes au devant de la mort? Que la jeunesse garde un célibat stérile, tout ce que vous voyez autour de vous ne vivra qu'une vie d'homme, et s'éteindra pour jamais. Prenez donc la nature pour guide, fréquentez la ville, et recherchez la compagnie de vos concitoyens.

HIPPOLYTE.

Il n'est pas de vie plus libre, plus exempte de vices, ni qui rappelle mieux les mœurs innocentes des premiers hommes, que celle qui se passe loin des villes, dans la solitude des bois. Les aiguillons brûlans de l'avarice n'entrent point dans le cœur de l'homme qui se garde pur au sommet des montagnes; il ne rencontre là ni la faveur du peuple, ni les caprices de la multitude toujours injuste envers les hommes de bien, ni les poisons de l'envie, ni les mécomptes de l'ambition; il n'est point l'esclave de la royauté, ne la désirant pas pour lui-même; il ne se consume point dans la poursuite des

Nec scelera populos inter atque urbes sita
Novit; nec omnes conscius strepitus pavet.
Haud verba fingit: mille non quærit tegi
Dives columnis; nec trabes multo insolens
Suffigit auro : non cruor largus pias
Inundat aras; fruge nec sparsi sacra
Centena nivei colla submittunt boves.
Sed rure vacuo potitur, et aperto æthere
Innocuus errat. Callidas tantum feris
Struxisse fraudes novit; et fessus gravi
Labore, niveo corpus Ilisso fovet.
Nunc ille ripam celeris Alphei legit :
Nunc nemoris alti densa metatur loca,
Ubi Lerna puro gelida pellucet vado;
Sedemque mutat : hic aves querulæ fremunt,
Ramique ventis lene percussi tremunt,
Veteresque fagi. Juvit aut amnis vagi
Pressisse ripas, cespite aut nudo leves
Duxisse somnos; sive fons largus citas
Defundit undas; sive per flores novos
Fugiente dulcis murmurat rivo sonus.
Excussa silvis poma compescunt famem :
Et fraga, parvis vulsa dumetis, cibos
Faciles ministrant; regios luxus procul
Est impetus fugisse. Sollicito bibant
Auro superbi : quam juvat nuda manu
Captasse fontem! certior somnus premit
Secura duro membra versantem toro.
Non in recessu furta et obscuro improbus
Quærit cubili, seque multiplici timens

vains honneurs et des richesses périssables ; il est libre d'espérance et de crainte ; il ne redoute point les morsures empoisonnées de la sombre envie. Il ne connaît point ces crimes qui naissent dans les villes et dans les grandes réunions d'hommes. Sa conscience bourrelée ne le force point de trembler à tous les bruits qu'il entend. Il n'a point à déguiser sa pensée. Pour lui point de riche palais appuyé sur mille colonnes, point de lambris incrustés d'or. Sa piété ne verse point le sang à longs flots sur les autels cent ; taureaux blancs parsemés de farine ne viennent point offrir la gorge au sacrificateur. Mais il jouit du libre espace et de la pureté du ciel, il marche dans son innocence et dans sa joie. Il ne sait tendre de piège qu'aux animaux sauvages ; épuisé de fatigues, il repose ses membres dans les claires eaux de l'Ilissus. Tantôt il suit dans ses détours le rapide Alphée, tantôt il parcourt les bois épais qu'arrose la fraîche et limpide fontaine de Lerna. Il change de lieux à son gré : ici, il entend le chant plaintif des oiseaux mêlé au murmure des arbres agités par le vent, et aux frémissemens des vieux hêtres. Tantôt il aime à s'asseoir sur les bords d'une onde errante, ou à goûter un doux sommeil sur de frais gazons, auprès d'une large fontaine aux eaux rapides, ou d'un clair ruisseau qui s'échappe avec un doux murmure entre des fleurs nouvelles. Des fruits détachés des arbres lui servent à apaiser sa faim, et les fraises cueillies sur leur tige légère lui fournissent une nourriture facile ; ce qu'il veut fuir surtout, c'est le luxe ambitieux des rois. Que les puissances du monde boivent le vin en tremblant dans des

Domo recondit: æthera ac lucem petit,
Et teste cælo vivit. Hoc equidem reor
Vixisse ritu, prima quos mixtos deis
Profudit ætas: nullus his auri fuit
Cæcus cupido: nullus in campo sacer
Divisit agros arbiter populis lapis.
Nondum secabant credulæ pontum rates:
Sua quisque norat maria; non vasto aggere
Crebraque turre cinxerant urbes latus.
Non arma sæva miles optabat manu;
Nec torta clusas fregerat saxo gravi
Balista portas; jussa nec dominum pati
Juncto ferebat terra servitium bove:
Sed arva per se fœta poscentes nihil
Pavere gentes: silva nativas opes,
Et opaca dederant antra nativas domos.
Rupere fœdus impius lucri furor,
Et ira præceps; quæque succensas agit
Libido mentes: venit imperii sitis
Cruenta: factus præda majori minor.
Pro jure vires esse; tum primum manu
Bellare nuda; saxaque et ramos rudes
Vertere in arma: non erat gracili levis
Armata ferro cornus; aut longo latus
Mucrone cingens ensis; aut crista procul
Galeæ comantes: tela faciebat dolor.
Invenit artes bellicus Mavors novas,
Et mille formas mortis: hinc terras cruor
Infecit omnes fusus, et rubuit mare.
Tum scelera, demto fine, per cunctas domos

coupes d'or ; il aime, lui, à puiser l'eau des sources dans le creux de sa main. Son repos est plus tranquille sur cette couche dure, où il s'étend avec sécurité. Il n'a point besoin d'une retraite obscure et profonde pour y cacher ses intrigues coupables, la crainte ne le force pas de s'enfermer dans les détours d'une demeure impénétrable à tous les yeux. Il cherche l'air et la lumière, et il se plaît à vivre sous la voûte du ciel. Telle fut sans doute la vie des premiers hommes reçus au rang des demi-dieux. L'ardente soif de l'or n'était point connue dans ces âges d'innocence ; nulle pierre sacrée ne déterminait alors les droits de chacun et la borne des champs, les vaisseaux ne sillonnaient point encore les mers ; chacun ne connaissait que son rivage. Les villes ne s'étaient point encore enfermées d'une vaste ceinture de murailles et de tours. La main du soldat n'était point armée du fer homicide, et la baliste ne lançait point d'énormes pierres contre les portes ennemies pour les briser ; la terre assujétie ne gémissait point sous les pas du bœuf attelé au joug ; mais les campagnes fertiles nourrissaient d'elles-mêmes l'homme qui ne leur demandait rien ; il trouvait sur les arbres, il trouvait au fond des antres obscurs des richesses et des demeures naturelles. Mais cette alliance de l'homme avec la nature fut brisée par la fureur d'acquérir, par la colère aveugle, par toutes les passions qui bouleversent les âmes. La soif impie de commander se fit sentir dans le monde, le faible devint la proie du puissant, la force fut érigée en droit. Les hommes se firent la guerre, d'abord avec leurs seules mains ; les pierres, et les branches des arbres

Iere : nullum caruit exemplo nefas.
A fratre frater, dextera nati parens
Cecidit, maritus conjugis ferro jacet,
Perimuntque foetus impiae matres suos.
Taceo novercas : mitius nil est feris.
Sed dux malorum femina. Haec scelerum artifex
Obsedit animos ; cujus incestae stupris
Fumant tot urbes, bella tot gentes gerunt,
Et versa ab imo regna tot populos premunt.
Sileantur aliae : sola conjux Aegei
Medea reddit feminas dirum genus.

NUTRIX.

Cur omnium fit culpa paucarum scelus ?

HIPPOLYTUS.

Detestor omnes, horreo, fugio, exsecror.
Sit ratio, sit natura : sit dirus furor,
Odisse placuit. Ignibus junges aquas ;
Et amica ratibus ante promittet vada

furent leurs armes grossières. Ils ne connaissaient point encore la flèche légère de cornouillier à la pointe acérée, ni l'épée à la longue lame qui pend à la ceinture du soldat, ni le casque à la crête ondoyante. La colère s'armait de ce qui lui tombait sous la main. — Bientôt le dieu de la guerre inventa des moyens nouveaux de se combattre, et mille instrumens de mort : le sang coula par toute la terre, et la mer en fut rougie. Le crime ne s'arrêta plus ; il entra dans toutes les demeures des hommes, et se multiplia sous toutes les formes possibles. Le frère mourut de la main du frère, le père sous la main du fils ; l'époux tomba sous le fer de l'épouse, et les mères dénaturées s'armèrent contre la vie de leurs propres enfans. Je ne dis rien des marâtres : les bêtes sauvages sont moins cruelles. Mais la perversité de la femme est au dessus de tout ; c'est elle qui est dans le monde l'ouvrière et la cause de tous les crimes ; c'est elle qui, par ses amours adultères, a réduit tant de villes en cendres, armé tant de nations les unes contre les autres, amené la ruine de tant de royaumes. Sans parler des autres, Médée seule, l'épouse d'Égée, suffit pour rendre ce sexe abominable.

LA NOURRICE.

Pourquoi faire peser sur toutes les femmes le crime de quelques-unes ?

HIPPOLYTE.

Je les hais toutes, je les abhorre, je les déteste, je les fuis. Soit raison, soit nature, soit colère aveugle, je veux les haïr. L'eau s'unira paisiblement au feu ; les Syrtes mouvantes offriront aux navires une passe com-

Incerta Syrtis ; ante ab extremo sinu
Hesperia Tethys lucidum attollet diem ;
Et ora damis blanda præbebunt lupi ;
Quam victus animum feminæ mitem geram.

NUTRIX.

Sæpe obstinatis induit frenos amor,
Et odia mutat. Regna materna aspice :
Illæ feroces sentiunt Veneris jugum.
Testaris istud unicus gentis puer.

HIPPOLYTUS.

Solamen unum matris amissæ fero,
Odisse quod jam feminas omnes licet.

NUTRIX.

Ut dura cautes undique intractabilis
Resistit undis, et lacessentes aquas
Longe remittit, verba sic spernit mea.
Sed Phædra præceps graditur, impatiens moræ.
Quo se dabit fortuna ? quo verget furor ?
Terræ repente corpus exanimum accidit,
Et ora morti similis obduxit color.
Attolle vultus, dimove vocis moras :
Tuus en, alumna, temet Hippolytus tenet.

mode et sans péril, le matin brillant se lèvera sur les ondes occidentales de la mer d'Hespérie, et les loups caresseront avec amour les daims timides, avant que mon cœur se dépouille de sa haine, et s'apaise envers la femme.

LA NOURRICE.

Souvent l'amour subjugue les âmes les plus rebelles, et triomphe de leurs antipathies. Voyez le royaume de votre mère; les fières Amazones se soumettent aussi à la puissance de Vénus, vous en êtes la preuve, vous l'unique enfant mâle conservé dans cette nation.

HIPPOLYTE.

La seule chose qui me console de la perte de ma mère, c'est le droit qu'elle me donne de haïr toutes les femmes.

LA NOURRICE.

Comme une roche dure et de tous côtés inabordable, qui résiste au mouvement des mers, et repousse au loin les vagues qui viennent l'assaillir, le cruel méprise mes discours..... Mais voici Phèdre qui accourt à pas précipités, dans sa brûlante impatience. Que va-t-il arriver? quelle sera l'issue de ce fatal amour? — Elle est tombée par terre; plus de mouvement; la pâleur de la mort s'est répandue sur tous ses traits. Relevez-vous, ma fille, ouvrez les yeux, parlez, c'est votre Hippolyte lui-même qui vous tient dans ses bras.

SCENA III.

PHÆDRA, HIPPOLYTUS, NUTRIX, FAMULI.

PHÆDRA.

Quis me dolori reddit, atque æstus graves
Reponit animo? quam bene excideram mihi?
Cur dulce munus redditæ lucis fugis?
Aude, anime, tenta, perage mandatum tuum;
Intrepida constent verba : qui timide rogat,
Docet negare. Magna pars sceleris mei
Olim peracta est : serus est nobis pudor.
Amavimus nefanda : si cœpta exsequor,
Forsan jugali crimen abscondam face.
Honesta quædam scelera successus facit.
En, incipe, anime. Commodes paulum, precor,
Secretus aures : si quis est, abeat, comes.

HIPPOLYTUS.
En, locus ab omni liber arbitrio vacat.

PHÆDRA.
Sed ora cœptis transitum verbis negant.
Vis magna vocem emittit, at major tenet.
Vos testor omnes, cælites, hoc, quod volo,
Me nolle.

SCÈNE III.

PHÈDRE, HIPPOLYTE, LA NOURRICE, SERVITEURS.

PHÈDRE.

Oh! qui me rend à la douleur, qui ranime dans mon sein le mal qui me dévore? J'étais heureuse dans cette défaillance qui m'ôtait le sentiment de moi-même. Mais pourquoi fuir cette douce lumière qui m'est rendue? Du courage, ô mon cœur; il faut oser, il faut accomplir toi-même le message que tu as donné. Parlons avec assurance ; demander avec crainte, c'est provoquer le refus. Il y a long-temps que mon crime est plus qu'à moitié commis. La pudeur n'est plus de saison : c'est un amour abominable sans doute; mais, si j'arrive au terme de mes désirs, je pourrai peut-être plus tard cacher sous des nœuds légitimes cette satisfaction criminelle. Il est des forfaits que le succès justifie. Il faut commencer. Écoutez-moi, je vous prie, un moment sans témoin ; et faites retirer votre suite.

HIPPOLYTE.

Parlez, nous sommes seuls, et personne ne peut nous entendre.

PHÈDRE.

Les mots, prêts à sortir, s'arrêtent sur mes lèvres; une force impérieuse m'oblige à parler, mais une force encore plus grande m'en empêche : soyez-moi témoins, dieux du ciel, que ce que je veux, je ne le veux pas.

HIPPOLYTUS.
Animusne cupiens aliquid effari nequit?

PHÆDRA.
Curæ leves loquuntur, ingentes stupent.

HIPPOLYTUS.
Committe curas auribus, mater, meis.

PHÆDRA.
Matris superbum est nomen, et nimium potens.
Nostros humilius nomen affectus decet.
Me vel sororem, Hippolyte, vel famulam voca :
Famulamque potius : omne servitium feram.
Non me, per altas ire si jubeas nives,
Pigeat gelatis ingredi Pindi jugis ;
Non, si per ignes ire et infesta agmina,
Cuncter paratis ensibus pectus dare.
Mandata recipe sceptra ; me famulam accipe.
Te imperia regere, me decet jussa exsequi.
Muliebre non est regna tutari urbium.
Tu, qui juventæ flore primævo viges,
Cives paterno fortis imperio rege.
Sinu receptam, supplicem, ac servam tege.
Miserere viduæ.

HIPPOLYTUS.
   Summus hoc omen deus
Avertat : aderit sospes actutum parens.

www.ingramcontent.com/pod-product-compliance
Lightning Source LLC
Chambersburg PA
CBHW052047230426
43671CB00011B/1814